JN085787

心理学を遊撃する

再現性問題は恥だが役に立つ

Yamada Yuki 山田祐樹

ちとせプレス

　突然だが，私は高潔な人間ではない。本書のおもなテーマは学術研究の再現性や信頼性といったものであるが，そんな本を書くくらいなのだから，私という人間は自他に厳しく，正義感と理想に燃える潔癖で厳格な人物であるのではないかと誤解されることがあるようだ。だが，私の親しくしている人々がもしそれを聞いたなら，失笑を禁じえないだろう。かれらは私がいかに凡俗で意志薄弱で浮ついていて，高潔などとは対極に位置しているかをよく知っている。ただ私にとってそのことは，研究におけるたくさんの負の側面をリアルに感じ取ることができ，研究の闇の部分に携わってしまう人々に共感できるという点でメリットである。なぜなら，それこそが私の研究対象だからだ。

　この本の構成について，ちとせプレスさんから最初の企画案としてご提案いただいたのは「再現性の危機を乗り越えた先にある心理学の未来とは」といった内容であった。これは個人的にものすごく興味があったことだし，もしもそれが私以外の誰かの手によって出版されていたなら私は確実に予約購入したであろう。こんな魅力的なテーマを考えられるなんてちとせプレスさんはさすがだなあと思ったものである。しかし私を含めた再現性の話題について発信したり出版したりする人々は，どうもそれを「正義」の立場で行っていると誤解されがちである（実際そういう人もいるのかもしれないが）。何か議論を起こすたびに，それはたいてい現状に何らかの問題，つまり悪，が潜んでいることを暴こうとするものであり，おそらく私たちが研究治安のようなものを実力で確保しようとしていると捉えられてしまい，翻って揶揄的に「再現性警察」という言葉で表現されたりする。少なくとも私の場合これは完全に誤解なので，かくも世の中は難しいものだなあと感じる。

　そもそも私は他人の研究活動を抑え付けたり心理学がダメだと言って毀損したりしたいわけではなく，研究対象としての再現性問題に強い関心をもってい

る（三浦他，2019）。どのようにしてこの問題が生まれ，どのようにして解決されうるのかについて，学術的な議論や検討をしていきたいのである。したがって，私が行う再現性にまつわる発信は，ただの研究発表なのである。普通，研究成果を論文として公表した際には，「さすが！」とか「面白い！」とかほめてもらえることが多い。SNS ではそういった場面を本当によく目の当たりにするものだが，じつにほほえましい。そうやってみんなが互いに承認し合い，研究が盛り上がっていくさまは何より希望に満ち溢れた幸せな光景だし，当該トピックの研究進展にも勢い（momentum）を与えるからプラスである。一方で，再現性関連の研究成果や情報を公表した際には，「う，うわ，来たー」と怖がられたり疎まれたり，スススっと距離をとられたり黙殺されたりしてしまう。場合によっては怒られることもある。別にほめられたくてやっているわけではないものの，往々にしてこんな感じなので，つねに自分のモチベーションの管理には四苦八苦しなければならない。そんな状況でもこの活動を続けていられるのは，純粋に再現性問題のことを考え，整理し，新しいアイデアを出し，論文で他の研究者と議論を深めるという，つまりは普通に学術研究することに興味があるからであって（くわしくは第 2 章にて），そうでなければ他人に煙たがられるだけの活動などとっくに厭気が差してやめているはずだ。だがそうはいうものの，私が現在のように一定レベルで概念化された「再現性問題」というものにはじめて接した際に，「これはまずい。心理学をなんとかしなければ！」という青い気持ちを少しも抱かなかったかといえばそれも嘘になる。私にも，この大好きな心理学が置かれた現状に対して，看過することはできないという熱い思いはたしかにあったのだ。だがそれに勝って再現性問題自体を興味深く感じていることは事実だし，一方で歓迎されていない雰囲気をビシビシ感じるのも事実であり，初期のピュアっピュアな気持ちはもうどこかに行ってしまっている。こうした背景があって，ちとせプレスさんにはテーマの微妙な変更をお願いさせていただいた。ニュアンス程度の違いかもしれないが，心理学という大きなものの趨勢についての議論や制度改革への主張といった事柄についてはトーンを落とし，あくまで私個人のやっていることを紹介していく形

とすることを提案した。現在のまとめ方でよかったのかどうか自信はないが，自分の心情に一番合致しているのは少なくともいまの形での本書である。

　また本書では，私が経験したこの激変の時代の空気感をできるだけ書き残しておきたいという理由から，高度に個人的な話や日常の話もちょくちょく挟んでいきたい。あくまで私の経験したことなので，誤解や主観的な印象の誇張やちょっとした記憶のエラーが入り込んでいる部分もあるかもしれないが，ある程度はお見逃しいただけると嬉しい。その手の話が出てきたら，もっぱら再現性関係の知識だけをお求めの方はガンガン読み飛ばしてもらってかまわないけれども，できれば心の中で「まーた始まったよコイツ」と思いながらしばしの小噺におつき合い願いたいものである。

　というわけで早速だが1つ。私がよく尋ねられることに「何で再現性の話なんかに興味をもったの？」というものがある。なんとなく「何でお前はひたむきに心理学だけやらないの？」と言われているような気がしてしまうことも多いが，まあこれは私の邪推であると信じたいところだ。近頃はこういうとき，仮面をつけて，上辺だけでも気にしないふりを演じるのが上手になってしまった。悲しい成長である。

　私の中での契機となったのは，まだ私が右も左もわからなかった頃，2008年に登場した，Edward Vul さんの "Voodoo correlations in social neuroscience" というタイトルの論文だった。正式にはまだプレプリントの段階であったもののすでに世界中に広く出まわっており，私も同僚や先輩の誰かに論文 PDF へのリンクを教えてもらったように思う。このプレプリントは，社会神経科学の分野における多くの論文で $r = .96$ などの異常に高い相関係数が報告されている謎の傾向をユーモラスなタイトルで（本人談；Scientific American, 2009）問題提起したものであった。ちなみにこのタイトルはやっぱり voodoo の部分とかがマズかったみたいで，その後に誌面掲載された際には跡形もないほど大幅に変更されていた（Vul et al., 2009）。同時期に出た Nikolaus Kriegeskorte さんの同様の話とあわせて考えると（Kriegeskorte et al., 2009），データの二度漬け，チェリーピッキング，多重比較の問題などが複合的に引き起こしているようである。いろい

ろと意味のわからない言葉が並んでいるかもしれないが，それらの一部は第3章や第6章にて解説している。

　この論文はまさに衝撃だった。私が著名な学術専門誌に載っている研究に本格的な疑念を抱くことを覚えたはじめてのときだった。当時の私はポスドック1年目であったが，まだまだ初心な清純派で売っていた頃であり，恥ずかしながら方法論の問題点をまったくといっていいほど理解も意識もしていなかった。研究を見る際に注目していたのはトピックや発見の新規性，方法の鮮やかさ，結果の美しさばかりであって，それが信用できるかという点については無頓着だった。むしろ世に出てくる研究結果というものは「とにかく受け入れるしかない」と何かに思わされ，その信用度からは目を背けさせられている感があった。学位をとった後なのになんという不勉強さとナイーブさだとお叱りを受けても仕方がない有様だが，適切に学ぶ機会がなかったら，そんな人もザラにいるのではないだろうか。少なくとも当時，私の周囲でこの種のメタ心理学的な話が話題になることはほとんどなかったし，Voodoo 論文も一過性の雑談ネタにしかならなかった。

　ただ，そうはいっても私が専門としていたのは知覚心理学や認知心理学であり，社会神経科学での問題に対しては，どうしても対岸の火事として捉えていたところがあったと思う。そんな私が本気でびっくりしたのが，超能力を認知実験で実証したという 2011 年の Daryl Bem さんの論文であった（Bem, 2011）。これを読んだときは驚きのあまり思わず「えぇー？」と二代目マスオさん的な声が出ていた。この論文についても誰かからプレプリントのリンクを教えてもらったように思う。当時はこういう話題の PDF へのリンクがメールでよくまわっていたものである。さて，Bem 論文には感情プライミングや感情馴化といった認知心理学でもおなじみの実験が多数含まれていたが，すぐに多くの批判がその実験方法や分析方法などに対してもち上がった。そしてそれらは Bem 論文だけが特殊事例ではないことを示唆し，認知心理学に内在する研究実践上の問題点を浮き彫りにするのに十分であった。

　その後の経緯は第2章にて紹介するが，このあたりで私は完全に仕上がった。

そして同時に，自分自身がいったいどういう心理学研究をすればよいのか（しても大丈夫なのか）悩み始めることにもなった。その後もこの悩みはまだまだ全然解消しそうにない。私が再現性問題に関心をもっている理由の1つは，この悩みをなんとかしたいからなのかもしれない。

このように，本書は現時点での私的な視点からの再現性問題のまとめである。各章では私が関わってきたさまざまなテーマを扱っている。それぞれに個別の背景や経緯は存在するものの，事前に大きな計画を立てて系統的に行っているものではなく，行き当たりばったりなものも多い。私はこれを強引に美化して「遊撃的」研究と呼んでいるが，正統派っぽい研究ができない自分へのエクスキュースな部分もある（とはいえ一応，毛沢東の『遊撃戦論』も参考にしている）。当初はこういう「芯のない自分」という情けない姿に悩み，絶望し，ポスドックという大事な時期に，論文を文字どおり「1文字も書けない」時期が1年間も続いたりしたが，最近になってやっと吹っ切れて，こんな研究スタイルもそれはそれで楽しいもんだと思えるようになってきた。何より自由に動ける身軽さがいい。それに次々といろいろなヤバい問題に出会うのはスリリングだし，Jean de la Fontaine が言うように結局はまたもとの1つの大きな問題に帰ってくることになるような運命めいたものも感じる。この不思議な楽しさが少しでもみなさんに伝わればいいなと思いつつ，そろそろ本題に入っていこう。

目　次

第1章

心理学の楽屋話をしよう

　本書は良くも悪くもマニアックである。それは再現性問題を扱おうとしているという時点ですでに相当なものだ。だが，再現性問題は心理学の一般的な研究対象からはたしかに外れているものの，それゆえにか，魅力的な側面ももっている。そして王道の研究では取り扱われないからこそ，私のような周辺・末端の研究者が遊撃的な形で楽しく取り組むことができているのだ。そこで本書では，この異色なトピックに光を当て，多くの人に知ってもらいたいと願っている。まずこの章では，研究者たちが研究内容以外の側面についてどのような話をしているのか，そしてそうした話もじつは心理学にとってけっして欠かせない部分として含まれていること，そしてそのことを非専門家の方々にも知ってもらうことが重要であることについて紹介したい。

心 理 学 像

　みなさんが抱く「心理学」のイメージはどういうものだろうか。もちろん，人それぞれであり，たぶんそれはみなさんが心理学とどのように接して来たのかによって大きく異なるだろう。心理学にまったく接したことのない人だと，いきなり，お前のもつイメージを説明してみろなどと言われても困惑するだけだろう。路上で輩に絡まれているのと等しい状況である。心理学への特定の印

象などまったくない人なら，なんとか質問者（私）の気持ちを一定レベル満足させるため，とりあえず何かを無理やりひねり出そうとして，「怪しい博士が暗い部屋で被験者に謎の液体を飲ませている場面」などを想像したりするのかもしれない。いや，想像というより創作が正しいだろう。しかし，じつは「怪しい博士が暗い部屋で」というところまでは正解だ。実験心理学では暗室での実験が主流である。私みたいな実験屋は，実験用の暗室に入るととても精神が落ち着くものだ。この暗くて無音でちょっとじめじめしている狭い空間こそが，自分の「居場所」なんだなあとか思ったりする。そんな場所で作業していると，ちょっとした瞑想のような状態に入ることすらある。とくに時間的制約の小さかった学生の頃は，暗室で実験準備を夜中まで1人でワクワクしながらやっていたものである。それと，私はやったことはないけれど，「謎の液体を飲ませる実験」も普通に存在する。味覚の研究だと，被験者を目隠ししたり，音を聞かせたり，ヘッドマウント・ディスプレイで着色した映像を見せたりして「何か」を飲ませ，味を答えさせるみたいなことをよくやっている（e.g., Stäger et al., 2021）。あるいは被験者に喉が渇いた状態で実験室まで来てもらって，画面の前に座らせておもむろにストローをくわえさせ，ただひたすらノイズだらけの画面を大量に見せて，たまに1滴ずつちょびちょび水を与えるような実験もある（Seitz et al., 2009）。なので意外と先述の想像は当たっている。ただまあ，博士が怪しいかどうかは個人差の領域だと思う。

　もう少し心理学に接したことのある方は，カウンセリングや脳科学，あるいは行動心理学やメンタリストなどを思い浮かべるだろうか？　こうしたイメージはおもに消費者として心理学を見てきた人に多いものだろう。書店などの「心理学」と書かれたコーナーに陳列されているポップ・サイコロジーの本にはそうした内容のものが圧倒的に多い。それ以外の方は，マジカルナンバーやストループ効果などを思い浮かべるだろうか？　これらは学習者として心理学に触れてきた人に多いのかもしれない。ややガチ感のある入門書であれば必ず紹介されている用語である。このような心理学のイメージについての応答は，大学1年生向けの心理学の授業などでは恒例になっている。何を隠そう，私自

身も，自分の思い描いていたイメージだけを頼りに心理学を学び始めてしまった人間である。私は幼少期から映画を観たり漫画を読んだりするのが大好きなインドア派で，それらの作品を通して心理学へのぼんやりとした，おそらく非常に偏っていて不正確なイメージを形成していた。そしていつしか犯罪心理学というものに強い憧れを抱くようになり，中でも犯罪者プロファイリングをやりたいと熱望し，実際に大学の心理学科に入学するに至った。しかし入った初日の自己紹介のときに「え？　そんなのウチにはないよ」と言われ，明るい希望と将来計画が完全に崩壊してしまった経験をもつ。高校生の私はあまりに粗雑な情報収集をしていたようで（適当に何冊か赤本を流し見しただけ），実際にはプロファイリングの勉強ができる大学もあったので（緒方，2021; 桐生・古河，2008），ちゃんと事前に調べていれば，私のいまの姿も大きく異なるものになっていたことだろう。

　さて，研究者たちが接している心理学は，上述したポップなものや古典的なものとはかなり異なっている。もちろん，マジカルナンバーやストループ効果と関連する短期記憶や選択的注意はいまでも盛んに研究されているし，高度な専門性を有する人々が取り扱っている構成概念や研究結果に関する知識は，一般書やウェブ記事等に記載されているものよりもはるかに深く最新のものである。でもここで取り上げたいのはそういうことではない。そういった専門的な知識そのものについての話は，私たちも学会発表やラボでのディスカッションでは高い頻度でやり合っているのだけれども，その場面はかなり限定されているように思われる。じゃあ心理学の研究者同士で何を話しているのかといえば，私たちが日常的に交わし合っているのはもっぱら「研究や教育をいかに行うか」の話である。研究対象になりそうな時事問題，ある研究ネタに出会ったときのエピソード，どうやって被験者を確保するのか，共同研究を実現するために裏で何をしたか，科研費の申請がいかにツラいか（ついでに結果がどうだったか），査読対応でのおおいなる苦しみと怒り，学会で聞いた面白くて下世話な噂話（この話のときはみんなにやにやしている），研究指導の悩み，授業での学生のリアクション，たんに仕事上ムカついたことへの愚痴など多岐にわたる。研

究者にとって心理学とはそうした研究者生活にまつわる総体を指すのではない
だろうか。研究者が抱く心理学のイメージとは，研究者の人生なのだ。

　こういった研究者同士での研究以外の話や，雑談に近い話題を，私は心理学
の楽屋話と呼んでいる。これについては後ほど再度説明するが，まずはその具
体例として，次の節で私自身に関する話を紹介しよう。

ランダムネスの話

　そこでちょっと試しに私の研究トピックの1つである「ランダムネス」にま
つわる話をしてみよう。じつはこの話，研究仲間に対してもあまり語ったこと
がないのだが，せっかく好きなことを書けるよい機会なのでここで開陳してみ
たい。

　私が大学院時代に所属していたのは，日本に1つしかないという「感性認知
学」の研究室であった。そして，それを主宰する，知覚心理学と感性研究の専
門家である三浦佳世教授に師事していた。しかし恥ずかしながら，当時の私は，
感性というものが真の意味でどういったものなのかまったく理解できていなか
った。毎週開催されるゼミでは，他のラボメンバーの発表を聞きながらうんう
んと頷いたり，よい感じのタイミングで「あぁーなるほど」とか「へぇー面白
い！」とか言ったりするが，頭の中は真っ白だった。三浦研では「知覚」の語
源であるアイステーシスと感性との関係性を踏まえつつ，感性を「包括的，直
感的に行われる心的活動およびその能力」として捉えていた（三浦，2016）。こ
うした事柄は頭では何とか理解できていたので，私はその中でも視覚における
知覚や認知（どう見るか，見えたものをどう扱うか）という自分にとって比較的ア
プローチしやすかった方面での研究を行うことで，煙に巻いていたところがあ
った。一方で，幼少期からそこそこ「シンプル」かつ「ワイルド」な環境の中
で育ってきた私には，芸術や美術についての経験と知識と素養が絶対的に不足
していたため，感性に含まれる美や印象といった側面についてはかなり苦手と
していた。それに私は内省能力に乏しく，自分の生々しい感覚を自分自身で確

認するのが不得意なため，実感としてもやはり感性がわかっていたとは到底言い難いものだった。三浦先生（本書では直属の上司のみ先生呼びとしている）はこうした私の絶対的な不適合を明らかに見抜いておられたものの，そのことを厳しく咎めるでもなく寛大に接してくださっていた。

　その中で，ランダムネスに関する研究は，私が煙に巻いていた方面の話だったこともあって少し理解できた。とくにパターン・ランダムネスの研究では，ランダムドットを使用する。真っ白な背景の上の黒い点々がランダムに散らばっているかどうかくらいは，さすがに見てわかったのだ。ただし，残念ながらその散らばり具合のよさ（goodness）がどうなのか，それが美しいかどうかなどについてはお手上げであった。それでも「散らばっている」という認識が何らかの心理的プロセスで達成されていることは私にもイメージしやすく，じゃあそのプロセスがどんなものなのかという問題は私の興味を引いた。

　2004 年の修士 1 年のときに，まずはドットパターンのランダムネスが時間的感覚と関連するのかということを調べてみることにした。私の卒業論文から続くメインの研究テーマは注意の時間的な制御，つまり目まぐるしく変化する出来事に対して「いつ」意識を集中するかといったものであり，その延長線上で，心理的プロセスの時間的な部分に興味があったことがおもな理由である。また，当時は比較的仲のよかった先輩の小野史典さんが「時間知覚」（つまり時間の流れや時間の長さをどう感じるか）というトピックを研究していて，私も話を聞いたり実験の被験者になったりするうちに興味をもつようになっていた。そしてこの時間知覚というものは，見ている対象の複雑性によって長く感じたり感じなかったりという微妙な結果が報告されていた（Block, 1978）。先行研究では複雑性の定義からして微妙だったのだが，複雑性の一種であるランダムネスはパターン・エントロピーという指標ですごく簡単に定量化できるので（Sheth et al., 2000），これを使えば時間知覚における複雑性の問題も整理できるのではないかと考えたのだ。

　修士 1 年の 4 名しか参加していなかった三浦先生の授業で，こんな少ない人数やけどさて何しましょうかねという話になったときに，私はスッ……と挙手

し（たのかどうかは覚えていないが），みんなでこのネタを共同研究してみませんかと提案した。まあ非常に唐突な話だし，しかももともとそんなことをする授業設定でもなかったため，バッカモン的な何らかの大目玉を食うことも覚悟していたのだが，今回もやはり寛大な心で許していただいた。その後，実際にみんなで研究を行って紀要に論文も書いた（井隼他，2005）。ちなみにそのときの筆頭著者がいまの私の妻である。

　その後も自分のメインでやっていた研究の合間に，暇を見つけてはランダムネスのことを考えていた。ランダムなパターンを見るのと自分でつくるのとでは何が違うのかとか，見ているときの感情状態と関係するのかとか，どんな個人差があるのかとか，何か思いつくたびに当時世の中に出まわり始めたばかりの初代 iPod touch に嬉しがってメモしまくっていた。だがほとんどが稚拙なアイデアだったこともあって，ただただメモがパンパンに増えるばかりで，実際のところ研究としての進展はなかった。かろうじて，被験者の年齢によってドットの散らばり方が違って見えているかもしれない，くらいはわかってきた（Yamada, 2015）。

　転機となったのは 2012 年で，山口大学に「助教（特命）」という研究以外にも特殊な何かがありそうな名前のポストで着任した際に，いい機会なので本格的にランダムネスの研究をしてみようと思った。私を受け入れていただいたのは神経生理学や運動科学を専門とする宮崎真教授の研究室で，そこではノイズの心理的・神経科学的処理メカニズムの研究に従事していた。さっそく，ノイズとくればランダムネスっしょとばかりにいろいろとやってみた。

　その頃気になっていたのは，人間は何でランダムに並んでいるドットと規則正しく並んでいるドットを見分けられるのかについてだった。そんなこと当たり前すぎて何言っているんだコイツと思われるかもしれないが，ランダムネスの識別ができるということは視覚系に何らかの処理機構が備わっているはずなのだけれども，それがどんなものなのかは当時まったく知られていなかったのである。そこで，かなり古典的なやり方でもかまわないので，まずは正攻法でランダムネス知覚について実験的に調べてみようと思った。視覚的なさまざ

6

まな特徴において，陰性残効が生じることは古くからよく知られている（e.g., Gibson, 1937; Webster, 2011）。たとえば1分間くらい右方向にドリフトして動いている対象を観察し続けた後に，動いていない静止対象を見る。するとそれが反対の左方向に動いて見える知覚が生じる。つまり刺激を長時間観察した後にはその特徴について反対方向の残効が生じるのである。私は行動データから神経的なシステムを推定する心理解剖学的なアプローチ（Julesz, 1971）に影響を受けていたので，この特性を逆に利用して，陰性残効の生じ方を細かく見ていくことで所与の刺激特徴 —— ここではランダムネス —— の視覚処理が脳内でどのように行われているかを調べられるのではと考えた。この試みにおいて，まずはランダムネスについて陰性残効が生じないことには話にならないが，はたしてそんなことが起こるのだろうかと半信半疑でもあった。そこで実際にランダムドットを数十秒間パソコン画面に出しっぱなしにし，それをじーっと見続けて順応してみた。すると，なんとその後に見たパターンがものすごく規則的に並んで見えたのだ。陰性残効が実際に起きたのである！ これを発見したときは宮崎先生とサッカーでゴールを決めた後みたいに喜び合った。近隣の研究室には本当に申し訳なかったと思う。

　そのハイテンションさにまかせて膨大な数の検証実験をしまくっていたところ，ちょうど同時期にカナダの研究チームが，規則的なパターンをずっと見た後には，別のパターンが規則的に見えなくなるという「規則性残効」の論文を出してきた（Ouhnana et al., 2013）。……このときは本当に狼狽した。視界がぐにゃぁっとなって身体はガタガタと震え出した。当時は「研究ってのは新規性こそすべて」みたいな風潮が非常に強く（Higginson & Munafò, 2016），自分がもたもたしているうちに先を越されてしまったと思い，心底後悔し絶望した瞬間であった。この研究は何もかも終わった，と。圧倒的な挫折と将来への底知れぬ不安が同時に襲いかかってきた。毎晩毎晩，大学の周囲を車で何時間もただぐるぐるとまわり続けた。勤務後に家に帰ろうとして，気がついたら100 kmほど離れた島根県益田市の山中に佇んでいたこともあった。別の日には300 kmほど離れた岡山県津山市の墓地の駐車場で寝ていたこともあった。自分でもまっ

もむ
@momentumyy

@Tetsuya_Komuro いおえいｗｓｋｆｌｋ；
いよｄｔｌり；５ろ

🔙 返信　🗑 削除　⭐ お気に入りに登録　●●● その他

2013年6月20日 - 8:25

@Tetsuya_Komuroさんへ返信する

図 1-1　小室哲哉氏へのリプライ

たく知らないうちに Twitter（当時。現在の X）で小室哲哉氏に異常なリプライ
をしていた（図1-1）。とにかくまいっていたのだ。

　しかし，時間が経つにつれて少しずつ冷静に物事が見られるようになってき
た。こちらは規則的なパターンだけでなく乱雑なものにも順応できることを示
していたのだ。それに残効の生じる知覚モデルについては，あちらよりも包括
的で有望なものをつくっていた。その点を心に留めながら論文を書いて，一応
頑張ってみることにした。まずはパターンの処理に関連すると思われるテクス
チャ知覚の研究について完全に一から勉強し直した。

　論文投稿後に行われた査読では，じつに面倒臭いコメントが大量に来たのだ
が，査読にまわっただけで全然マシだと思った。そのコメント対応の相談のた
め，もう1人の共著者で大学院時代の研究室の先輩でもあった河邉隆寛さんの
いる NTT コミュニケーション科学基礎研究所（神奈川県厚木市）に行くことも
あった。当時はビデオ会議などまだ本格的には普及してなかったのだ。ホワ
イトボードにいろいろ書きながら議論したけれども，記録用のその写真をあ
らためて見返してみても解読できなかった。まあよくある話である。ともか
くいろいろやった甲斐あって，最終的になんとか論文として残すことができ
た（Yamada et al., 2013）。これは幸運と周囲の人々のサポートによるところが本

当に大きかったし，一度完全に絶望していただけに，安堵感も尋常じゃなかった。夜の大学まわりのぐるぐるも自然とやめていた。ちなみに，研究での新規性の極端な追求や，勝者総取りの「論文かけっこ競争」がおかしいんじゃないかと思い始めたのはこのときだろう。この年，別々の2つの研究チームがパターン知覚における残効現象の頑健性を確かめたと考えれば，その学術的な意義は間違いなく大きいはずだ。しかし，論文かけっこ競争だとそれは起こりにくく，たんに一着になった研究のたった1つの結果が世に出るだけである。それ以外の研究はお蔵入りとなり，学術的な損失は非常に大きい。私の研究もそうなってしまうギリギリのところであった。

で，その後も，ランダムネス残効に関連する脳活動を調べるために高知県に泊まり込みで通ったり，もう1回ランダムネスと時間知覚の関係について調べ直したり（Sasaki & Yamada, 2017），その結果をめぐって一悶着あったりもしたが（Makin et al., 2020; Sasaki & Yamada, 2020b），冒頭から長くなりすぎたため，さすがにここらで終わりにしておくことにする。さらに細かい話はまたどこかで機会を見つけよう。

楽 屋 話

大変長くなってしまったが，このように，自分のメインテーマとは違った，脇道の研究についてですらいくらでも語れることがある。またお気づきかもしれないが，具体的な研究結果についてはあえてほとんど触れていない。こういうエピソード系の話は，おそらく研究者の単独講演会や本書のような単著の書籍といった，時間もスペースも比較的ゆったりととられた場であれば語られるのかもしれないが，プレスリリースや研究発表ではなかなか出せない。たとえば先ほどのランダムネス残効の研究は，ネイチャージャパンのおすすめコンテンツのコーナーで紹介されたものの（山田他，2013），そこではヒトの視覚系がパターンの乱雑さに順応することを示した，くらいしか書かれていない。もしこの研究を，広い範囲で心理学的情報をまとめるタイプの書籍が引用したり紹

介したりしてくれたとしても，そのときに私の長々しいエピソードが登場することはない。少なくとも小室氏へのリプライのくだりは絶対にない。

　しかし実際に，研究者たちが生で語り合っているのはこういう話の方が多い。対面でなくとも，メールやチャットやSNSの一部に，表からは見えない「楽屋」的な場所がたしかに存在していて，そこで研究者たちは楽屋話をして盛り上がっている。この盛り上がりを世間の人々ともある程度共有できないものかと思うことがある。研究者は，少なくとも私は寂しがりやなので，一般の方々ともこの種の楽屋話で一緒に盛り上がりたいのである。いや，むしろ，それこそが心理学というものを的確に理解してもらうために必要なのではとすら感じている。心理学はその知見だけを前面に出していこうとすると（あるいは知見だけを世間に拾われてしまうと），どうしてもスタンフォード監獄実験みたいな逸話を科学的証拠と見なすような読み物，人のクセのまとめ事典，ライフハック，人づき合いでのTIPS集みたいなものになってしまうし，研究者が日夜それを目指して研究しているかのように誤解されてしまう（Stanovich, 1989）。なにも「大事なのは結果ではなく過程だ！」みたいに訓示したいわけじゃないんだが，実際のところどういうリアルがそこにあるかを知らずに，ただそこから産出される知見だけを取り上げていくのは，いろいろな意味で危うい。第2章以降で紹介する再現性問題なども考慮すると，とくにそう感じてしまうのだ。そういうわけで，本書を通じてそんな楽屋話としての心理学を少しだけ，せめて雰囲気めいたものだけでもいいからみなさんにお見せできたらいいなと思っている。もちろん下世話な話は共有しない方がいいだろうから，それは控えよう。楽屋ではそっちの話が最も多いのだけれども。

　ところで，あまりこれを面と向かって話すことは多くないのだが，研究者は方法論のことも話題にする。誰かの論文がパブリッシュされたと聞いたとき，私たち研究者にはどうしてもそれをすぐに入手して中身を確認したい習性がある。掲載された場所がなぜか伏せられていてすぐにわからなかったり，やっとのことで辿り着いても有料（ペイウォール）で読めなかったりした場合の，あの狂おしいほどの渇望感と焦燥感には，本当にたまらないものがある。よくニ

ュース記事などに対して研究者たちが「原典へのリンクを貼れや！」などと言い騒いでいるのを一般の方々は奇妙に感じられるかもしれないが，私たちの謎の「渇き」がその背景にあるのだ。そしてそんななかよくあるのが，入手できた論文（ネタ）を読んで仲間内で実験方法や分析方法についてわいわい検討し合う場面である。このときコミュニティによってかなり温度差はあるのだが，私が見聞きしたり実際に言われたりして経験するのは，なかなかに辛辣な批判である……。「なんでこんな方法使ったの？」とか「うーん結果が腑に落ちないな」とか，まあ正しい指摘も多いのだけれど，なんだか殺伐としている。一方でお互いに熱烈に讃え合う世界もあったりして，そういうのをまぶしげに見て憧れることも多い。科学としては前者のような批判的態度は大事なのだが，やっているのは人間なので，互いに承認することによるモチベーション・コントロールもやはり必要と感じる。私は少なくとも心理学者という人間の内面を扱う者が，ボロボロになるまで批判し合い続けたり，余裕をなくしたりしていてはいけないと思っている。つまり，何かに人間性を捧げてはならない。

　もう1つは，方法論そのものについての論文や発表が出てきたときである。とくに自分の研究にすぐに使えそうなガジェット的な論文に，研究者たちは目がない。新しい統計手法，実験刺激となる素材集，実験プログラミング用のライブラリやパッケージ，オープンに利用できる貴重な実験／調査データなどその種類は多岐にわたるが，研究者はこういうのを見つけると，まるで好きなアーティストの新譜が出たときのように目を輝かせて素早く入手したり，紹介し合ったりする。その他にも研究者たちは，構成概念の捉え方，理論や仮説の生成や検証の仕方，検定結果の解釈や理解，論文の形式や書き方，あるいは査読や引用のあれこれなど学術出版にまつわる話題といったような，メタ科学的な分野の研究にも反応する。ただし，これは人によって好みが相当分かれる。

　こうした方法論やメタ科学は，世間がもつ心理学のイメージの中にほとんど含まれないものだろう。現に2011年に日本心理学会が行った「市民が持つ心理学への知識」についての調査では，研究法や統計法について「知っている」と答えた人はほんの10％にすぎないという結果であった（日本心理学会，楠見，

2018)。先述のように，研究者でも好みや理解がかなりばらついているトピックなので，これで万人が盛り上がるようになるべしなどと言うつもりは私にもまったくない。どう考えても無理である。しかし少なくとも，それらも心理学の重要な要素の1つなんだという認識は高めていきたいものである。

　次章からはここ10年ほど，国際的な心理学の楽屋で急激に話題になっている再現性問題について紹介していく。かなりマニアックな話だと私も自認しているので，みなさんの中の一部の好事家の琴線に触れればそれで十分かもしれない。そしてこの再現性問題に携わる人々が何を憂い，楽しんでいるのかを感じ取っていただき，いつか私たちと一緒に盛り上がってもらえるときが来るのを待つ。以前，青山学院女子短期大学（当時）の武田美亜さんは，再現性問題を，心理学の「バックヤード」と表現し，市民へのバックヤードツアーをいかにすべきかという点を論じられたことがある（武田，2016）。私も今回，少しでもそのツアーができればという思いを抱いている。本書は読者の人生に何の示唆も教訓も与えないし社会生活を豊かにするものでもないだろうが，それでも1つのまっとうな「心理本」である。

第2章

再現性問題を攻略する

再現性問題

　さて，数ある楽屋話の中でもとりわけ扱いが難しいのが研究結果の再現性問題に関する話題である。再現性は方法，結果，推論それぞれの側面について考慮しなくてはならない（Goodman et al., 2016）。方法再現性は，ある実験の方法を再度同様に繰り返すことができるかどうかであり，それを担保するため，論文の方法セクションを書く際に気をつけましょう，と学部の授業のときから叩き込まれる基本である。推論再現性は，ある結果やデータから同じ結論を下すことができるかどうかである。そんなのできて当たり前じゃんと思われるかもしれないが，同じ結果を見ても研究者によって思うことはけっこう違うし，鯉の群れに餌を撒くように，ある同じデータをたくさんの研究者たちに与えてみたら，まったく正反対のものまで含めてバラバラに結論を下してしまったという事例もよく知られている（Breznau et al., 2022; Schweinsberg et al., 2021; Silberzahn et al., 2018）。けっこう絶望感があって興味深いのだが，ここではあえてそれらの話は深掘りしないことにする。

　一方，私がここで意図しているのは，おもに結果再現性というものの低さについてだ。つまり，ある研究をそれと同じやり方で追試した場合に，もとの研

究と同じような結果がなかなか得られない問題についての話である。そのため「研究結果の」をあえて加えた。また，英語では reproducibility（replicability）problem（crisis）と呼ばれているため，その訳し方や意味するところの研究者ごとの解釈に依存して，再現可能性問題とか再現性の危機とか再生可能性問題とかさまざまな呼ばれ方をするのだが，本書では，少なくとも私にとって一番聞きなじみのある再現性問題と呼ぶこととする。いろいろややこしいけれど，最初に断っておかないと後々もっとややこしいことになるのでこれらは必要な宣言である。ほら，この時点でもうこんなに扱いが難しい。研究者同士で話すときも「ふむ，君の言っている再現性とは，いったいぜんたいどの意味のことなのかね？」とまあ，このままのしゃべり方をするような人は正直見たことないが，こんな場面はけっこうある。

　なぜ話自体の取り扱いが難しいのかというと，第1に，どうしても否定的な話にならざるをえないからというのがある。「問題」なのだから，現状の何かがいけないのではという話になる。しかも，研究結果を得るために使用する方法論のどこかに原因が潜んでいるだろうという話になりがちである。ゆえにこの話題を不用意に出すと，現在の自分の研究のやり方に対してケチを付けられていると思われ，多くの場合に不快感を示され，時には「そういうあなた自身は再現できる結果だけを出されてきたのでしょうね，えらいねえ」みたいな皮肉を言われたり，より直接的な激昂や嚇怒を招くこともしばしばある。それはとても哀しいことである。

　次に，分野ごと，研究トピックごと，個人ごとにこの問題の受け止め方がまったく違うというのがある。少なくない頻度で，「再現性問題などない」と言う人に出会うことがある。その人自身がそう思う理由はさまざまだろうが，よく聞くのは「自分は追試してから新しい条件を試すから，再現なんかできて当たり前だ」というもの。ついでに「そんなこともせずに研究している人がいるの？」などと追加でマウントをとられることも珍しくない。だがじつは，この感覚は理解できる。私の専門分野である（とはもう思ってくれない同業者もいるだろうが）知覚心理学や認知心理学では実験刺激の設定にとくにこだわっていて，

14

その刺激の効果を予備観察でじっくり確認しながら非常に細かく調整していく。予備観察の被験者には自分自身，あるいは実験参加経験の豊かな数名の同僚や学生などを用いることが多い。そうしてある現象について最適化された刺激をつくってからはじめて実験を行うため，再現性が低い場合があるなどと言われても，そもそも再現できないものは研究対象にすらならないので，そうした人にはピンとこない。その最適性の最高峰が錯視だろう。錯視は錯視が起きないと錯視ではない。100％再現できて当たり前の世界である。そして私も比較的そっちの世界で育ってきた。そのため，視覚的意識を研究していた頃，「見えない刺激」を使って無意識的な視覚処理過程を調べる実験を準備していたときの心許なさは尋常じゃなかった。自分自身を被験者にして，自分の実験刺激の調整や予備実験を行っていても，自分が何を見ながら反応しているかすらわからないので，自分の反応が自分で全然信用できなかったのだ。

　このように，自分の研究実践を侵害されそうに感じる人には防衛的に反発され，自分の研究実践に強い自信をもっている人には再現性問題の話をしてもその存在自体を否定され取り合ってもらえないのである。なので，話の切り出し方としては，「ワタシんとこの専門トピックでは問題になってて大変なんすよねえ」などのように，あくまで自分事として話すのが無難である。ましてや「あなたのご専門も，うかうかしてられないかもよ？」みたいなうかつな忠告は相手をヒートアップさせるだけで完全に逆効果である。とにかくこの話題の場合は特別に慎重に進めていかねばならない。たしかキケロやタキトゥスも言っていた気がするが，まず慎重であるべきなのだ。それに加え，誰にとっても「自分の専門」というのは特別に感じるものなのかもしれないと思い始めている。つまり，研究者には自分の専門トピックの再現性を実際より高く見積もるバイアスが存在するのではないかと，いつか検討したいネタとして考えている。そもそも私自身がそのバイアスを有してそうな１人であると自覚しているので，いますぐにでもいろいろな人に意見や感想を聞いてみたい魅力的な仮説である。

　再現性問題は，楽屋話の１つとはいえ，とくに気心の知れた仲間同士であるか，あるいは事前に意見がある程度一致しているとわかっている人たちの間で

しかなかなか話題に出せず，多くの場面で人々はこの話を抑制する傾向にあるように思う。思い切って切り出したとしても，「タブー中のタブーに触れやがった……」みたいな変な空気になることも多く，黙っているのが得策となってしまっている。正直なかなか息苦しい。場合によっては「最近，なんか面倒くさい輩が再現性再現性と言ってきたり，やかましくなってきましたなあ」みたいに切り出されることもあり，そんなときは私も「あ，そうなんッスね」と答えるしかなかったりする。私は小心者でナイーブなので，「おん？」とか言ってバトルすることはありえない。おそらく議論で説得できるような問題ではないし，そもそも他人を説得や宗旨替えさせることにまったく興味がない。

Amy Orben さんという初期キャリア研究者（俗にいう「若手」）の中でもとくに世界的スーパースターみたいな存在の人が中心になってつくった，ReproducibiliTea という草の根勉強会の国際的ネットワークがある（Orben, 2019）。その名称が示すとおり，再現性問題に関わることについて，お茶でも飲みながら気楽に話す場を各地につくって盛り上がっていきましょうといったノリである。私はこの話を聞いてすぐに Amy さんに連絡をとり，日本にも ReproducibiliTea Fukuoka という支部をつくった。だけどガワをつくっただけで，本格的な活動はなかなかできていなかった。正直なところ福岡はローカルすぎて，そのようなコミュニティを形成できるほど研究者がいなかったのだ。そうこうしていると 2020 年，慶應義塾大学の平石界さんと池田功毅さんによって ReproducibiliTea Tokyo が設立された（平石・池田，2023）。私はいち視聴者としてこれに初回から参加しているのだが，本当にすばらしい。なぜなら，ここでは我慢やご機嫌取りなんか一切せずに，再現性の話題で思う存分盛り上がっていいのである。「えっ今日は全員再現性の話していいのか!!」てな感じである。この，まるでトランスミュージックにも似た開放感と爽快感は筆舌に尽くし難いものがある。それに平石さんと池田さんの知識や熱意が並外れており，再現性関連トピックにおける世界最先端の事柄について，とても有用な情報交換ができる場となっている。正直あのレベルで日常的に方法論関係の議論が行われている場は他に知らない。本書にも，そこでの議論に影響を受けた部分が至る

ところにある。あと 2022 年からは九州大学の植田航平さんと益田佳卓さんに
よって Fukuoka の方も定期開催されるようになった。私が「面倒見」として傍
から見ているかぎり，こちらもとても楽しくやっていそうなのでぜひとも続い
ていってほしいものである。それだけでなく，新たに Kansai とか Shikoku とか
もできればいいのにと思ったりもしている。
　またも前置きが長くなったが，次節では再現性問題にとって最も大きな契機
となったあの論文について述べる。

世界でいちばん熱い 2015 年の夏

　あれは夏の暑い日だった。2015 年 8 月，まだ九州大学に箱崎キャンパスが
存在していて，大学院のゼミや研究指導のために，週 2 くらいの頻度で普段の
仕事場から汗まみれになりながら箱崎へ通っていた頃だった。私の研究室は
伊都キャンパスにあって，下手すると授業ごとに 1 時間以上かけて都市高速を
使ってキャンパス間を移動しないといけないこともあったりして，いろいろな
意味でツラかったことを思い出す。さて，そんな夏のある日に突然，とんで
もない論文が Science に掲載されたとの報が入った。心理学のトップジャーナ
ルに掲載されていた論文 100 本を個別に追試した結果，そのうち 4 割に満たな
いほどしか結果を再現できなかったというのだ（Open Science Collaboration, 2015;
以下 OSC 論文と呼ぶ）。ここで対象となった論文の掲載誌は *Psychological Science*,
Journal of Personality and Social Psychology, *Journal of Experimental Psychology:
Learning, Memory, and Cognition* の 3 つであった。まあ雑誌名だけを並べられて
もわけがわからんという人が多いかもしれないが，これらは実験心理学界では
真の「リアルガチ」とされる学術誌で，以前の日本であれば，ここに筆頭著
者の論文が掲載されただけでパーマネント・ポジション（終身雇用の教員・研究
職）での就職が決まることも少なくなかった。つまりその 1 本で研究者人生さ
えも決することがありえたレベルの場所である。そんな場所に掲載されている
論文 100 本を追試して検討した，と聞けば，心理学の中でもけっこう重大なと

ころに手を突っ込もうとしていることが何となく想像していただけるのではなかろうか。

　この研究では世界中のラボで手分けしていっせいに追試を行い，それらの結果をもとに 5 つの観点から元研究の再現性が評価された。そのうち最も簡便なものは p 値をベースとした有意性の一致度を見るやり方であった。従来の心理学研究でよく使われてきた帰無仮説有意性検定の枠組みでは，まず何らかの処置の効果や関連などがないとする帰無仮説と，あるとする対立仮説をそれぞれ立て，統計的検定を行って p 値を算出する。そこでもしも事前に設定しておいた有意水準（ほとんどの研究で 0.05 に設定される）を下まわる p 値が得られた場合に有意であるとされ，帰無仮説は棄却され，翻って対立仮説が採択されると考える。OSC 論文はまず元研究と追試研究それぞれについて，主要となる効果の p 値が 0.05 より低い（有意）か高い（非有意）かの 2 グループに分けた。すると元研究では 100 個中 97 個が有意であったにもかかわらず，追試研究では有意なものは 35 個しかなかった（図 2-1 左）。これはかなり大幅な減り方である。ただし，元研究には $0.05 < p < 0.06$ のレンジ内の p 値を「まあほぼ有意みたいなもんだから有意扱いでいいやろ！」と解釈したものも 4 件あったらしく，それに倣って今回もそれらを有意としてコードしたらしい。俗にいう「有意傾向」の解釈問題である。研究者の中には，p 値が 0.05 を超えていても，0.10 を下まわっていれば，もう少しで有意になりそうだということで，それを「有意傾向」と表現してポジティブに考察で利用する人がいる。「有意か否か」という二分法で仮説検証をやっているかぎりにおいて，こういったことは成果の粉飾にあたると思われる（Velde et al., 2021）。ゆえに私はこのような有意傾向というもの自体をなくした方がいいと思ってはいるが，今回にかぎり，元研究とフェアに比較するならば，今回の追試研究でも同様に $0.05 < p < 0.06$ をあえて有意としてコードすべきだと思った。そう思って実際に公開されている生データを見てみると，そのレンジ内の p 値は追試研究の方には 1 つもなかったので一安心。こういうことがすぐに確認できるのってすばらしい。

　ところでこのように，生データを学術誌のサーバーや公開リポジトリなどに

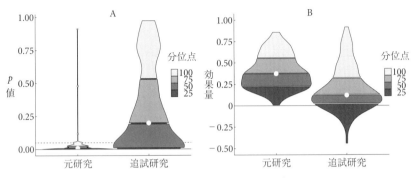

図 2-1　OSC 論文における結果のグラフ

（出典）　Open Science Collaboration（2015）より作成。
（注）　左のパネルでは縦軸は *p* 値，右のパネルでは効果量を示しており，どちらにおいてもグラフ
の横幅は推定密度を表している。

アップロードするなどして誰でも利用できるようにする「オープンデータ」の
実践は，オープンサイエンスの取り組みの中でも比較的普及してきているし，
重要である（科学技術・イノベーション推進事務局，2023）。それゆえ逆に，デー
タの公開が適切に行われないケースも問題視されている。たとえば，学術誌の
エディターが投稿者に生データの提出を求めたところ，まともに提出されたの
は 41 件のうちたったの 1 件だけだったとか（Miyakawa, 2020），「リクエストすれ
ばデータを利用できる」と書かれた論文の著者にリクエストしてみたら，1792
件のうち 6.8％しか実際には提供してくれなかったとか（Gabelica et al., 2022），す
ごい話が多い。何でそんなにデータを公開したくないんだろうかと思ってしま
うが，まあおそらく「面倒くさい」というのが一番の理由じゃないかと思う。
つねに忙しい研究者たちは，データの開示という，自身に直接的なメリットの
なさそうな行為に時間と手間を割きたくないのだろう。オープンデータについ
てのフレームワークである FAIR 原則（GO FAIR, n.d.）に基づいて，もっと効率
的な方法が確立されていけば，そういった人たちの保有するデータも利用でき
ることが増えていくかもしれない。

さて話を戻そう。有意差の次に検討されたのが効果量という指標であった。効果量とは，実験操作による差の大きさや変数間の関連の強さを表すもので，検定ごとに Cohen の *d* や *r* などいくつかの種類が存在している。これらの値の絶対値が大きいほど効果が大きいと解釈される。ちょうどこの頃，効果の評価には *p* 値よりも効果量や信頼区間（大久保・岡田，2012）を使っていこうぜという気運が高まっていたこともあり（Cumming, 2014），OSC 論文でもそれが検討されたのだろう。各研究の効果量を *r* に変換して統一した後に比べてみたところ，元研究の効果量の平均は 0.4 だった一方で，追試研究では 0.2 であった。そして，元研究の方が追試研究より大きな効果量を示したのはじつに 82 件に及んだ。つまり，元研究と同じやり方で追試してみると，そのほとんどのケースで効果量が下がってしまうことが示されたのである（図 2-1 右）。

　第 3 の指標は主観的評価であり，追試チームに「追試では元研究を再現できたか？」という質問をした際の Yes/No での回答であった。結果として 39 件で Yes と答えられた。OSC 論文の結果についての説明でよく出てくる「39%しか再現できなかった」という数値はこれを根拠としている。まあ，実際に追試を担当したチームによる主観という時点でフェアな評価ではない気がするが，*p* 値を使った評価結果と比較的近いため，バイアスは大きくなかったのかもしれない。その他にメタアナリシスや効果量の信頼区間を使った検討もなされたが，詳細は割愛する。総合的に見ると，どの評価でも追試研究が元研究よりも非常に弱いエビデンスしか提示できなかったことが示唆された。

　この論文によって，「心理学の再現性問題」が世界中に知れわたるところとなった。研究結果の再現性への懸念については，心理学や近接領域ではそれまでにも Voodoo 論文（Vul et al., 2009）や Bem 論文（Bem, 2011）などでたびたび話題にされており（「はじめに」参照），それが心理学分野で有名な学術誌上でも議論されたりしていたのだが（たとえば *Perspectives on Psychological Science* や *Social Psychology*），*Science* という雑誌の性質上，今回は非心理学者にまで広く読まれることとなった。著者らは「たまたま私たちが心理学者だったので心理学でこれをやっただけで，心理学が特別どうとか言いたかったわけではない。どこ

の分野もヤバいよ」と論文中で断ってはいたのだが，そんな意図とは無関係に「心理学ヤバい」と内外に強く印象づけるに至ったのが悲しい事実だ。一応論文への批判の声もあって，OSC 論文が再現性を過小評価している可能性に言及したり（Gilbert et al., 2016; 著者反論：Anderson et al., 2016），「安心してください，危機じゃないですよ」と沈静化を図ろうとしたり（Feldman Barrett, 2015），同時期にいろいろと指摘されていた。私も個人的に，対象雑誌や論文の選択バイアスはどうなのとか，この OSC の研究結果自体の再現可能性はどうなのとか思うところはさまざまあるが，まあそれでもとにかくインパクトを与えるに十分だったことは間違いない。日本国内でも Yahoo! ニュースに出たり（Yahoo! ニュース・ウェブアーカイブ, n.d.），日本心理学会で特集が組まれたり（日本心理学会, 2015），心理学評論で特集が組まれたり（心理学評論刊行会, 2016），ちとせプレスさんのサイトでも特集連載が組まれたり（池田他, 2015）と，反響はすごいものだった。2023 年 6 月の時点で，この論文の被引用数は Google Scholar ベースで 7648 回と，実験系の心理学論文としては異常極まる数値である（なお，定番の統計手法，アプリ，パーソナリティ尺度などの論文では，化け物みたいなもっと激しいものがたくさんある。たとえば質的研究における主題分析についての論文は被引用数 16 万 5437 回；Braun & Clarke, 2006）。OSC 論文は著者数も 270 人という異様な人数で，心理学における 1 本の査読付き雑誌論文での連名者数としてはおそらく2015 年時点で最多だろうと思われる。第 5 章で触れるが，これをきっかけに，ビッグチーム・サイエンスという超多人数で共同研究を行う実践が発展していくことにもなった。まさにさまざまな意味で記念碑的な論文である。

　ややテクニカルな話だが，私が個人的に認めている OSC 論文のその他の功績は，これ以降の再現性問題についての論文のイントロダクションを劇的に簡潔にしたことである。研究論文では背景，動機，目的などを，冒頭にあるイントロダクションのセクションでロジカルかつ説得的に書かなければならない。つまり，どういう経緯で研究対象となる事象が起こり，議論されてきたか，なぜ，どのようにして現在の論文がその事象を取り扱いたいのか，現在の論文が目指すところは何なのか，を納得感のあるまとまりとして最初に提示

する必要がある。再現性問題の論文を投稿した際，必ず査読で物議を醸すのが「再現性問題なんて実際にあるの？」「それってあなたの感想ですよね？」みたいな点である。これをうまいことクリアするには，以前であれば，1950年代の出版バイアスについての論文（Sterling, 1959）や1960年代の検定力不足（Cohen, 1962）あるいは理論の弱さの問題や帰無仮説検定の問題（Meehl, 1967）についての論文などに始まり，やや間接的な流れでかなりの語数と引用を使った説明を行い，あるいは独自に調査した何らかの情報を見せたりする必要があった。ところがOSC論文以後は，これを引用しつつ再現性問題が「話題になっている」と書けば，その時点で背景と動機の大部分を記述できてしまう。いやまあ「手抜きしようとせずきちんと書け」というお声は理解できるが，この種の論文はたとえばオピニオンやパースペクティブなどの字数制限の厳しいセクションに投稿されることが多く，そのような論文で本題に入る前に大量の字数を使わねばならないなら，中心的議題を十分に論じることができなくなる。あのOSC論文が再現性問題の存在を本当に実証できたのかどうかはまだ検討の余地があるとはいえ，これによって具体的な話の中身にスムーズに入っていけるようになった。このことは後続論文の顕在化と議論の活性化を促したはずである。

　じつはOSC論文よりも30年近く前，日本でも同様の試みが行われていた。1987年10月15日に日本教育心理学会総会で開かれたシンポジウムにおける，愛知教育大学の松田惺さんのご発表がそれに当たる（寺田他，1988）。そこでは，『教育心理学研究』『心理学研究』『実験社会心理学研究』の3誌から抽出された97本の論文を対象に，元論文と追試論文の結果の一致率を算出したとのことである。どのようにして対象雑誌や対象論文が選ばれたのか，一致性の判定にどのような基準が使われたかなど多くが不明であることに注意すべきだが，結果として一致率は「全般的にあまり高くない」ようだった。ポジティブな結果になった追試研究が雑誌に載りやすいという出版バイアスの可能性を考慮すると，実際に行われたすべての追試結果と元研究の結果の一致率はそれよりもっと低いことが推察される。個人的にはこのデータのくわしいところをいろい

ろ検証してみたいが，それにしても時代を先取りしすぎである。本当にすごい。さらにすごいことに，このシンポジウムの他の登壇者の方々の発表は「研究の面白さとは」「研究知見の応用可能性」「再現性と一般化可能性」「若手研究者の役割」「そこに学術誌はどのように関わるのか」と，そのどれもが現在でも議論されている問題を取り上げていて，最初から最後までじつに面白い。当時の研究者の熱い雰囲気も何となく伝わってきて，ちょっと泣きそうになる。折しもこの箇所を執筆しているのは 2022 年 10 月だが，35 年前もいまも何も変わらない，今日のこの日も研究者のよくある秋の 1 日にすぎないのだろうなと思いを馳せている。

私が「そっち系」になっていくまで

先ほど触れたちとせプレスさんの 2015 年 10 月の連載記事を見てもらえばわかるのだが，社会心理学者の方々はこの問題について非常に早期から明確な危機意識をもたれており，OSC 論文が出たのは，かれらも実際に再現性問題の理解と解決に向けていろいろと取り組み始められていた頃だった。一方，その頃の私ときたら，恥ずかしながらこの時点ではまだ通販番組のお客さんのように「あー」とか「ウソー！」とか言って驚いているだけの存在であった。Bem 論文によって認知心理学にも何かヤバい部分があるかもしれないとは感じていたものの，具体的にそれが何なのか，どうすればよいのかといったことについてはまだまだ何もわかっておらず，まさに素人同然であった。2012 年の *Perspectives on Psychological Science* の再現性特集号についても，たまたまそのうち何本かの論文は個別に読んでいたけれど，かれらのように特集号に収録されていたすべての論文を，みんなで集まって一気に全読みするなんて思いもよらなかった（PPS 読書会，n.d.）。ちなみにこの読書会はなんとぶっ通しで 9 時間にも及んだという伝説的イベントだ。かれらの先取性と情熱には本当に計りしれないものがある。

しかし私が本格的に再現性問題について行動を始めたのもまた 2015 年であ

った。経緯はさらにその 10 年前に遡る。2005 年の頃，私は修士課程の 2 年生であった。収入が奨学金（利子付き確実，免除可能性なし）しかなく，毎日生活費に頭を悩ます赤貧さながらの生活で，もやし料理を得意とし，とにかくできるだけ長い時間大学に居続け，ラジオで「松本人志・高須光聖の放送室」を聞きながら，見様見真似で研究らしきことをひたすらやっていたような時期であった。フロリダの国際学会に行くためにとうとうサラ金にまで手を出していた，まさに背水の陣の時期であった。

　私の所属研究室の首領であった三浦佳世先生はちょうどその頃，日本認知心理学会の中に感性学研究部会というコミュニティを立ち上げられていた。その記念すべき第 1 回キックオフ研究会のゲストスピーカーに，京都大学霊長類研究所（当時）の友永雅己さんが呼ばれていた。そして当方からは河邉さんなどの歴戦の勇士たちをさしおいて，なぜか私が登壇することになった。「何で俺？」と思ったし実際に言った気もするのだが，当時，私は他者の視線方向の知覚と運動知覚の関係性についての研究をやっていたので（Yamada et al., 2008），友永さんの予定されていたチンパンジーの視線認知の話とピッタシまとまりそうだと思われたのだろう。このときお会いしたのをきっかけに，その後も友永さんとは雑談やメールなどでちょいちょい情報交換をしていた。

　それから時は流れ，2013 年，ひょんなことから一緒にイルカの視覚認知についての研究を行うことになった。イルカの視力は私の裸眼と同じ 0.1 程度であるため（Herman et al., 1975），おもに超音波の反響によるエコロケーションで空間を認識している。なろう系の小説や漫画ではエコロケーションを極限まで有効に使いこなせるキャラがたくさん出てくるので，できることなら視力 0.1 の私もエコロケーションを使いたいと思うし，くわしく知りたいとも思うのだけど，いまのところ厳しい。イルカはこのように聴覚が優れていることが有名なため，逆にかれらの視覚機能についてはあまり注目されてこなかった。とくに水中を移動する際に視覚がどのように貢献するのかはほとんどわかっていなかったので，そのあたりを研究しようとするプロジェクトだった。当時の私が専門としていた研究トピックは身体化認知というもので，中でも自分の身体を

中心とする上下左右空間への好みの形成に興味があった。ヒトには自分の上の空間を好み，下を嫌う傾向があり（Casasanto, 2009），私たちはその傾向が22もの言語において共通することを報告していたが（Marmolejo-Ramos et al., 2013），その理由は現在でもまったくわかっていない。イルカはつねに水中を上下方向にも移動しており，背泳もしたりする。そんなイルカたちの身体化認知や上下の好みがヒトとどう違うのか調べられたら，ヒトの理解を進めるうえですばらしいだろうな，と考えたのだ。そこで互いに少し歩み寄った研究トピックとして「ベクション」を設定した。ベクションとは重力以外の情報入力に由来して生じる自分自身の移動感覚である。つまり，本当は動いていないのにあたかも自分が動いているように感じる錯覚である。これがイルカでも起きるのであれば，かれらも水中移動時に視覚を利用している可能性が高くなる。とまあ，こういうようなことを調べていた。九十九島水族館海きらら，名古屋港水族館，南知多ビーチランド，かごしま水族館など多くの場所でハンドウイルカ，ハナゴンドウ，シロイルカ，その他の鰭脚類等と触れ合わせていただく機会をもらった。私は完全に犬好きなのだが，そんな交流を続けているうちに，自分でも知らぬ間になかなかのイルカ好きになっていた。

　このようなイルカを通した研究交流が続くなかで，2015年に，友永さんから『心理学評論』の「再現性特集号」への寄稿の話をいただいた。認知系だと君がこういうのくわしいでしょということだった。これはたしかOSC論文が出た翌月くらいのことだったはずであり，そのスピード感は尋常じゃないと思った。すでに述べたとおり，当時の私は再現性問題について，たんなる驚き役のお客さん同然だったので非常に恐縮したのだが，私にもそれなりに思うところはいろいろあったし，思い切って投稿することとした（山田，2016）。これが私の再現性問題に関わる最初の活動であった。この論文では，再現性問題につながりうるような，研究者自身の認知的メカニズムを検討することの必要性を提起していた。その提案が説得力をもっていたかどうかについてはまったく自信がないものの，認知心理学的アプローチで再現性問題を考えるのはいまも重要だと思っていて，最近でもおもに不正行為の発生の仕方に着目してこの路線

の研究を続けている。たとえば部屋が暑いとズルばっかりするようになるんじゃないかとか（Liu et al., 2020），ズルを禁止するときの言い方の違いが大事なんじゃないかとか（Guo et al., 2020），そういった類いのことをいくつかやっている。

　じつはもう1人，私のいまの方向性を決定づけた人物がいる。2017年の3月に，関西学院大学で開催されているKG-RCSPセミナーという社会心理学関連の院ゼミに呼ばれたことがあった。そのゼミを主催されていた1人が三浦麻子さんだった（三浦佳世先生とややこしいが，こちらは「さん呼び」とする）。社会心理学を専門とし，例の伝説の9時間読書会を主催された方である。私からすると三浦さんは再現性問題のトッププロであり，そんな方の前で発表するというのだから膝がくんがくんに震え上がり，ねっとりとした変な汗にまみれざるをえなかった。じつはそれ以前から上記の『心理学評論』再現性特集号やサイエンスコミュニケーション研究会の創設などでご一緒し，オンラインでの交流はあったのだが，おそらくまともに対面でお会いしたのはこのときがはじめてだったのではないかと思う。私は極度の人見知りなのでかなりオドついていたのだが，三浦さんがたくさんしゃべってくださったので気が楽だった。それ以後は再現性問題関係のイベント・特集記事，『心理学評論』の再現性特集号第3弾の編集，とある意見声明文，とある学会の委員会などで何度もご一緒することになるのだが，じつのところ，対面したことは不思議なことにその後2〜3回くらいしかないかもしれない。そのうち1回は，詳細は省くけども，2人でGIGAZINEさんの編集部にお邪魔したときである。そのときはたぶんもう膝がくんがくんとはなってなかったと思う。このように，たくさんの奇縁を経ることで，私はいまの形に仕上がっていったようである。

消極的遊撃

　間に私事の唐突な長話が挟まったとはいえ，ここまでの紹介で，再現性問題やそれを取り巻く流れについてはある程度イメージしていただけたかもしれない。しかし同時にこうも思われたのではなかろうか。「再現性は何で低い

の？」と。「改善できるの？」と。そう思われたみなさんは正しい。これらは心理学が未来に向かうにあたってじつに重要な点である。研究者たちは，OSC論文とその追検証の行方を見守りながら，ただただ不安と安堵を繰り返していればいいというわけではない。極端な話，再現率が何％であるかはそこまで重要じゃないのだ。再現性を「かりに低いとした場合」に，その背後の因果モデルと最適な介入法が何なのかを知ることこそが求められている。

　とはいえそれも一筋縄では行かない。まず再現性が低いことへの説明として非常にポピュラーな「心理学とはそういうものである」説を考慮しなければならない。どういう意味で「そういうもの」なのかというと，人間というシステムの出力としての行動が，社会的・文化的文脈によっていかようにも変わりうる特性をもつという点に立脚している。心理学では，心というものをいきなりものさしで測るかのように直接的に調べることはできないため，心理的現象を人間にとって理解可能な言葉で言い表した「構成概念」というものを想定し，それを何らかの形で測定したりモデル化したりしている（渡邊, 1995）。そしてその測定は，観察可能な行動に対して行われることが多い。ところが行動は社会や文化の経時変化や差異の影響を受けやすい（Greenfield, 2017）。たとえば，自分の振る舞いが学校や会社にいるときと自宅にいるときとでまったく同じだろうかと自問してみると，このことがイメージしやすいかもしれない。実験時のさまざまな文脈が行動に与える影響を考慮すると，いくら表面的には実験者が環境をうまく統制したとしても，それでもなお未測定・未観測で，認識されない攪乱要因や剰余変数，すなわち「隠れ調整変数」の影響はどこまでも排除できない可能性があり，それが追試の再現性を低下させるのはある種当然である，ということである。そしてむしろ，その隠れ調整変数には何があるのか，それらがどのような調整を行っているのかを明らかにすることこそ大事だという話になる。これは先述の「危機じゃないですよ」の記事でも述べられていた（Feldman Barrett, 2015）。

　この考え方には魅力的な部分がある。社会に生きる人間としての本質を知るためには，その社会との関わりを維持したままの形でそれを理解する必要があ

り，流動的で一過的な社会の性質を反映する人間行動の有り様を，文脈から切り離した（あるいは別文脈上での）追試を行ったとしても適切な再現性の評価はできない。この考え方で行くと，実験にはデモンストレーションとしての意味がもたされることとなり，そのデモンストレーションが低品質でないという前提においてではあるが，再現性なんてものを考えること自体がナンセンスとなる。それはよくわかるし尊重したくもある。だが，今後どういうシフトが起こるかわからないとはいえ，少なくとも現在の科学では再現性は重要な要素であるから（Popper, 1959），心理学を科学的にやっていきたい私としてはそれでもいまのところは再現性を重んじていたい。文脈の効果を調べたいなら，異なる文脈も用意して，再現できる確証的な比較を行いたい。ただし一回性の現象は扱いにくくなるから，それについては探索的・質的に研究していく他ないとは思う。それを確証的・量的だと言わなければいいだけのことだし，その知見をその後の確証的研究に役立てていけばよいだろう。

　もう1つ，研究知見の文脈依存性を突き詰めていくと，深刻な一般化可能性の問題が生じる。つまり，そういった研究知見は人間全般に一般化できなくなる。たとえば，「人は尿意を我慢すると認知課題で抑制効果が強くなりますよ」（Tuk et al., 2011）と言いたくても，文脈の支配を前提にしなければならないから，時間や場所の情報は可能なかぎり詳細に盛り込む必要があるし，実験者や参加者についても具体的な情報が必要になる。つまり「2022年11月17日午後16時51分に福岡県福岡市西区元岡の九州大学の行動実験棟で実験に参加した日本人の山田さん，小野さん，有賀さん，佐々木さん，高橋さんは1Lの水を飲んでから3時間尿意を我慢すると，日本人の鍋田さんが実験者を務めたストループ課題で抑制効果が強かったですよ」といった感じの説明をしなくてはならなくなる。これは「方法」の説明ではなく，「知見」の説明に必要な粒度のことである点にご注意されたい。もっといえば，「でもこの条件から外れたらどうなるか知りませんよ」という一般性の制約宣言も必要である（Simons et al., 2017）。それでもよければかまわないのだが，実際のところは文脈性を重んじる方々であっても，実験結果をもとにして「人は……」と一般化して言っ

ちゃっていないだろうか。ただ，難しいとしても，私としては知見の文脈性と一般性を両立的に最適化することができる方向性を模索したいと思っている。特定文脈上の一回性の現象に対して，それを記述するだけでなく，説明，予測，制御もできて，しかも何らかの形でそれを一般化できる方法はないものだろうか。

　それ以外にも，測定と統計の問題がある。人間相手の測定にはさまざまなレベルでの誤差が生じていて，それを統計的にうまく扱えているかどうかで，その測定と統計によって評価をしている再現性も大幅に変わる。OSC 論文もこの点で批判されることがよくある（Gilbert et al., 2016; Patil et al., 2016）。また社会科学には「カス因子」（crud factor）と呼ばれる，相関係数に影響してくる説明不能な謎の測定効果もあったりする（Meehl, 1984; Orben & Lakens, 2020）。こういった種々の問題についても非常に重要な指摘や議論や提案が数多くなされているのだが（たとえば Loken & Gelman, 2017），いかんせん本書の範疇を超えてしまうのでここでは扱わない。

　それでは他に再現性に関連しうるものには何があるのだろうか。何度も同じことを言って申し訳ないが，何か特定の理由を挙げて「これこそがそれだ」と断定することは現時点では難しいのである。OSC 論文が出た 2015 年の時点ではなおさらそうだった。もしも解決の糸口が事前にはっきりわかっているのならば，資源投入の選択と集中によって問題を効率的に対処できる可能性が高まる。しかしそうではないのだから，できるだけいくつもの側面を多角的に攻める必要があった。相手にするのは研究結果の再現性の問題であるから，おのずと研究を取り巻くすべてがその候補となってくる。研究とは，もちろん研究者が行うものである。したがって，研究者の日常，いや研究者の人生そのものを総点検する必要があると思われる。第 1 章で述べたように，研究者にとっての心理学とは，研究者の人生である。その人生の諸相を調べ，考えることは，心理学にとって何か利益となるかもしれない。

　まずは日常的な研究実践について考えるのが最も直接的だろう。ちなみにこの「実践」とは心理学の応用的・臨床的実践を意味しているのではなく，研究

自体の実践であることに注意されたい。誤解を避けるために研究営為と呼ぶこともある。OSC 論文以前から，疑わしい研究実践（Questionable Research Practices: QRPs）と呼ばれる「マズい」研究のやり方が指摘されてきていた（John et al., 2012）。くわしくは次章で述べるが，この側面についての知見と意見は最も集積されてきているといってよいだろう（e.g., Anderson & Liu, 2023）。というより，研究者たちが最も「いろいろ言いやすい」側面なんだと思う。やはり，自分の研究のやり方だからこそ思いつくことも多いだろうし，逆に自分が師から学び，行ってきた研究のやり方自体がマズいかもしれないと言われると，反論したい気持ちになる人も多いのだろう。かなり激しい応酬の中で，事前登録制度を始めとする処方箋がいくつか提案され，実装されてきた。

　再現性を知るためには元研究と同じやり方での追試（直接的追試）をしないといけないので，当然ながら追試という行為自体も検討対象となってくる。第4章ではおもに私自身の経験を通して，追試というものを眺めてみたい。また追試に限らず，ある仮説の検証が非常に多数の人数でもって集中的に行われることも多くなってきた。いわゆるマルチラボ研究，あるいはビッグチーム・サイエンスと呼ばれるものである。OSC 論文以降，こちらの発展も著しい。第5章ではこれを扱う。

　研究成果はおもに論文として報告されるが，そこにさまざまな歪みが起きていることは何十年も前からいわれてきた（Sterling, 1959）。出版バイアスと，そこにつけ込んだ捕食的・略取的・詐取的出版（predatory publishing），密かに行われる1回こっきりの査読の機能など，論文を取り扱う出版システム自体がもう限界に来ているのではないだろうか？　少なくとも何らかの改革が行われなければ，この歪みは大きくなり続けるばかりだ。それと同時に，研究や研究者の評価の仕方についても細かく見直していく必要があるかもしれない。いまのところ，少なくとも実験系の心理学の研究者は論文出版をおもな業績とし，その本数やインパクトファクターや雑誌ブランドなどによって評価されている。はたしてそれでよいのだろうか。出版システム自体に無理が来ている現状で，そのシステムにたんに乗っかっただけの評価を続けていて本当によいのだろうか。

さらには社会においての研究者の立ち位置や，心理学の「ポップな」扱われ方もこのままでよいのだろうか。これらの問題については第6章，第7章で触れたい。

　こんなにどっさり山盛りの問題だらけのような状況に対し，いったいどこから手をつけていけばよいのかというと，とてもじゃないが私には優先順位など決められなかった。ただその時時で，湧き出てきた興味と，人や機会との不思議な巡り合わせに従って，あるときは並行して，あるときはまったく関わらない期間もあったりしつつ，再現性にまつわりそうな諸問題の研究を細々とやってきた。つまりまったく戦略的でなく，ただたんに結果的に，無差別で多数同時の遊撃的研究になってしまったのである。しかし後知恵かもしれないが，このやり方にはメリットがあると考えている。というのも，1つひとつのトピックへ短期的な集中力を維持したまま機動的に攻めることができるからだ。やりたいとき，やれるときに，やれることをやれるだけやればいいのだ。ここで「自分の力で再現性問題を完全解決するぞ」とか何か勇ましい目標を立ててしまうと，その目標から外れるのを懸念したり，ある中心的課題を解決するまで他のことを躊躇したり，進展のなさに厭気が差したりして，何もできないまま硬直してしまうんじゃないかと思う。「再現性に関わってそうなこのテーマ，何かしらんけどちょっとやってみるかあ」くらいでやるのが精神的にもちょうどいい。

　私がこの再現性問題という巨大な相手に1人でできることなどたかがしれている。はっきりいって無力である。だから他の研究者や，あるいは市民までもがこの攻略に参加してくれるのであれば，その戦力に期待して，いろいろな細かくてマニアックなところを先んじてちょろちょろ動きながら叩いておく，くらいの役割を果たしたい。いかにも消極的な動機だが，私がやっているのは事実そういうことで，これが私の性にも合っていて，そのちょろちょろと物色しているときが，何だかんだで一番楽しかったりするのである。「再現性に関わってそうなこのテーマ，何か知らんけどちょっとやってみるかあ」くらいでやるのが精神的にもちょうどいい。やりたくないときにはやらなくてもいいのだ。

「逃げるは恥だが役に立つ」というハンガリーのことわざは，逃げるという一見するとネガティブなことでさえも，柔軟に選択肢に入れる重要性を示唆している。私の好きな孫子の「以正合，以奇勝」も同様である。THA BLUE HERB の「早く進むと見せ早く休む　長く休む間さらに速く進む」も同様である。自分のやり方を自分で決めつけてしまわないことが肝心だ。

第 3 章

研究のチートとパッチ

QRPs と事前登録

　研究者たちは，その研究を論文の形で公表するまでにさまざまなことを行っているが，そのうち表に出てくるものはほんの一部である。かれらが何を目的とし，何を行っているのかというのは，じつはその多くが楽屋話の領域に存在しているのである。そして，そこで行われている数々のことが再現性問題に結びついていると指摘する声が多い。本章では問題があるとされる研究者の行為やその対処などについて，現状を多くの人に知ってもらうべく，くわしい紹介を行っていきたい。

や り 込 み

　ゲームの世界には「やり込み」というものがある。普通にクリアすることだけでは飽き足らず，ゲーム内に存在する特定の要素を徹底的に突き詰めるという，作り手の意図を完全に無視したおかしな遊び方である。よくあるのがスコアアタックで，クリアまでに可能なかぎりのハイスコアやロースコアを目指したりする。タイムアタックでは最速クリアを目指すことが多いが，時刻ぴったりを目指すジャストタイムアタックとか，実時間での最長プレイ時間を目指すものとかもある。カンスト（カウンターストップ）ものでは，レベルやステータスのシステム上の最大値を目指すものがポピュラーで，これくらいなら小学生

の頃の私でも難しくなかったのでよくチャレンジしていた。

　1990年の私は小学3年生であったが，そこそこヘヴィな事情があって，春から新しい小学校に転校した。転入初日はちょうど遠足の日で，出発前の運動場で，学年全員に自己紹介をした。そのことを同級生たちにしばらく揶揄され続けていたことを覚えている。私もさすがにそんな転入の仕方はおかしいと思っていたので，同級生から指摘されてもハハハッという渇き系のリアクションしかできなかった。私がその日を選んだわけじゃなく，ヘヴィな転校理由のせいだったのだがそれを言えるわけもなく，理由を言ったら言ったで今度はその同級生の方がハハハ笑いだったろう。で，そういうわけで友達もあんまりいなかったので，放課後はすぐに家に帰って，2月に発売されていた『ドラゴンクエストIV』を1人で無表情かつ無言でひたすらやっていたのである。攻略自体は早々に終わっており，とにかく延々とレベリング（レベル上げ）作業を遂行していた。時間的にどれくらいやっていたかはもう覚えていないが，全員をレベル99にしていたのは間違いない。とにかく何日も何日も戦闘だけを繰り返し続けていたのを覚えている。ところで私の家では当時，リリちゃんという名前のかわいらしいマルチーズを飼っていた（図3-1）。日頃家には家族がほとんど在宅していなかったので，いつもリリちゃんと一緒だった。大学院生の頃に「そういうわけでマルチーズが好きなんですよ」と三浦先生にお話ししたところ，なぜか私の頭髪を見て「だからそうなんかぁー」とおっしゃったことがあったがアレはどういう意味だったのか。

　私の部屋はそのリリちゃんの便所みたいなエリアと共用であった。いま考えるとあれは人権的に絶対おかしかったが，当時の私はマルチーズと最近接距離で触れ合えるメリットによって，湧き上がる違和感に蓋をしていたのだ。そしてそんなある日，リリちゃんが『ドラクエIV』のカセットにダイレクトに小便をし，データが飛んだ。……普通だと，それが悲しかったんだよねで終わる話なんだと思うが，なんと私はもう一度作業を行い，再び全員レベル99にしたのであった。本当に意味がわからない。じつをいうとさらにもう一度粗相され，3回目のレベル99にしたところでさすがの私も学習したのか，カセット

34

図3-1　リリちゃん

を安全な場所へ移したために、それ以上の作業は発生しなかった。

　さて、当時の私は何を頭に浮かべながらプレイしていたのだろうかと振り返ってみる。少なくとも、作業中にはゲーム内のことはほとんど考えず、操作全般は自動的に行われていたはずである（Bargh & Chartrand, 1999; Moors & De Houwer, 2006）。そうじゃないと認知資源が枯渇したりヴィジランス（持続的な注意力）が低下したりして（Mackworth, 1948, 1956）、あんな長時間のプレイには耐えられない。では、そうやってゲームプレイに割かなくてすんだ認知容量の空きスロットを使って、当時はどんな高尚な思考を巡らしていたのだろうか。……いくら思い返してみても、ゲーム以外のことすら何も考えていなかったんじゃないかという気がする。ただたんに、白い犬をなでながら、徐々に画面の数値が増えていくのを楽しんでいたのだろう。マインドフルな廃人プレイってやつだ。だけど、全員がレベル99に達した瞬間のあの虚無感はけっこうリアルに思い出す。そこには達成感や満足感などなく、「やっと終わったか。で、終わったけど明日からどうしよう？」という何かを喪失したかのような、五里霧中ともいえるあの心情には独特なものがある。全然関係ないが、『ドラクエ IV』の通常戦闘曲の後半にあるものすごい変拍子の部分（「地獄の蟲」の「平

常」パート）が当時から大好きでずっと口ずさんでいた。あれを聴けたからこそ，長時間プレイできたのかもしれない。

　そろそろ，お前は何の話をしているのかと怪訝に思われている方がほとんどじゃないかと思う。じつはこのやり込みプレイは研究にも適用できるところがあるということを言いたかった。たしかにリリちゃんや戦闘曲の話は余計だったが，私たちがやっている研究活動の中にはゲームにとても似ている側面があると思われるし，実際にそのようにたとえて話す研究者はたくさんいる。といっても，研究には明確なクリア条件が決められておらず，しかもオープンワールドである。プレイ目的はプレイヤーである我々自身が決め，少なくともその世界の中でのルールに従いながら自由に活動している。ただ，オープンワールドなゲームの中でも，特定の目標と達成条件が定められたイベントやクエストは用意されている。これは研究文脈だと論文出版にたとえることができる。つまり論文を投稿し，学術誌にアクセプトされた時点をクエストクリアと考える。普通はクリアさえすればそれでいいはずなのだが，そこにやり込み要素が存在するならば，そこにアタックしようとする人々もまた存在する。アクセプトという結果だけで業績になるのだからそれに集中すればいいのに，その過程に異常な執着を見せる人がいるのである。あるとき，私が共著していた論文の筆頭著者であった後輩の佐々木恭志郎さんが，興奮しながら「僕たちの論文がアクセプトされました！」と嬉々として報告してきた際に，「チィッ！」と言ってしまったことがある。本当に頭がおかしいとしか思えないのだが，これはあの小学3年生の頃の，主人公全員をレベル99にしてしまったときの「過程を失う絶望」と同じ心情だったのかもしれない。ちなみにこれを彼に言ったのは一度ではない。

　そういうわけで，ここでは研究におけるやり込み要素，とくに制限プレイについて紹介したい。制限プレイとは，ゲームではたとえば低レベルクリアとか初期装備のみでクリアとかそういうものがメジャーだが，心理学の研究では近年，「事前登録」というものが導入されるようになってきた。これは自分が行う研究内容を，事前に自分で決めておいて，そこからの逸脱を許さないという

やり方である。そう,「事前登録してアクセプト」という完全なる制限プレイである。それがなぜ必要とされるのか,その功罪とは,その現状とは,といった点についてこれからお話ししよう。

チートされる研究——QRPs

　制限プレイを行う前提の1つとして,研究におけるチート行為について触れなくてはならない。というか,ここが方法論の研究者たちの間で最も熱く議論されているところなのかもしれない。前段に述べたとおり,論文出版はクエストクリアのようなものなのだが,それをできるだけ効率的に,最小限度の努力で,速く,そして盛大に成し遂げる方法はたしかに存在する。英語で論文を書くのがうまい人は,私たちのような,まず日本語で下書きしてそれを頑張って英語化してさらに業者に英文校正させてやっと書ける人に比べて,圧倒的に小さい労力と出費で迅速に論文を投稿することができる。プログラミングが得意な人は,実験プログラムの作成を技官さんに相談したりクラウドソーシングで依頼したりしなくてはならない人と比べて,これまた圧倒的に迅速かつ正確に実験を行うことができる。分析も同様である。熟練したR使いの人は,lme4やbrmsでモデリングしたりggplot2で美麗なグラフを作図したりして,説得的で印象的な結果の提示が自在にできる。こうしたことの積み重ねで,人によっては論文出版に至る道程が非常に短くて歩みやすいものとなっていることは想像に難くないし,実際そうだろう。

　しかし,そういったスキルや研鑽で進めていく真っ当な攻略法とは異なるものも存在する。それこそが研究におけるチート行為であり,「疑わしい研究実践」と呼ばれているじつにさまざまな手練手管である。私たちの間では,単純に言いやすさのために,英語略称のQRPs(Questionable Research Practices; John et al., 2012)の方で呼ばれることが多い。なおアマチュア無線においても低出力で運用することをQRPと呼び,それが一部の無線家から迷惑がられているという点では似てもいるが,本件にはまったく関係ない。

個人的に「Questionable Research Practices」という言葉の学術的な初出がいつ
なのかとても気になってしまって，実際に探してみたのだが，学術誌上では
1974 年まで遡ることができた（Norman, 1974）。しかしこの論文ではいわゆる人
体実験に関する研究倫理について議論されており，ちょっとガチ感が強すぎて
現在の意味とは異なると思われる。その後，心理学分野でもこれを扱う論文
が出始めるが，そこでも捏造や剽窃といったガチの研究不正のことを指して
いる（Riordan & Marlin, 1987）。学術誌以外まで含めると，1958 年のアメリカ世論
調査協会の学会抄録集の倫理綱領実践規程 A-5 にてこの言葉が使用されている
（Riley, 1958）。ちなみに同協会の 2021 年 4 月修正版の規程ではどういうわけか
この言葉は使われていないようだ。さて，この 1958 年の規程では，科学を行
う上での基準として「前もって予想したとおりの結果を得るため，あるいは何
かを『証明』するために Questionable Research Practices に故意に加担しないこ
と」と定めている。まさしくこれは現在使用されている意味とほぼ同じである
ように思えた。現在の QRPs はおもに研究不正（捏造，改竄，盗用など）とまで
はいえないような「ギリギリ許容されるグレーゾーン」を指している（John et
al., 2012）。それだけに，あからさまな研究不正よりも使用者や使用範囲が多大
で，また仮説検証に関わるものが多いため，科学的知識体系に与えるダメージ
が大きいとされている。

●p 値ハッキング
　ではこの QRPs をいくつか具体的に見ていこう。最初に，最も有名にして
効果的な QRP として，p 値ハッキング（p-hacking）が挙げられる（e.g., Stefan &
Schönbrodt, 2023）。私の周囲ではピーハッキングとかピーハクとか呼ばれること
が多い。第 2 章で触れたように，いまのところ仮説検証の際に……とは限らな
いが，とにかくよく使われるのが帰無仮説有意性検定であり，そこでは p 値が
慣例的に 0.05 以下になった場合に有意であるとし，対立仮説を採択する。つ
まり，結果として $p < 0.05$ が得られたら，何か実験的操作による効果や変数
間の相関関係などが有意である，といって一定の結論を下そうとする。そして，

そういった「陽性」の結果を有する研究を，従来の学術誌は大変よく好んできた。これこそが，有意な実験結果ばかりが掲載されていく典型的な「出版バイアス」である（Sterling, 1959）。OSC論文を思い出してほしい。心理学のトップジャーナルに掲載された100個の研究のうち97個が有意であった。これは心理学実験の経験がある人には同意してもらえると思うが，普通に100種類の実験をして，そのうち97実験にて一発で有意差が出揃うことなどまったくありえない。となれば，データが得られ，論文が書かれ，出版されるまでのどこかで強力なセレクションがかかっているのは明らかである。以前では，有意な結果が得られた際に「結果が出た！」と呼ぶ光景が多く見られた（いまも見られるかもしれない……）。つまり，これを言う人々にとっては，結果＝有意な結果なのである。他にも「やったー！　これで論文にできる！」という言葉も多く見られてきた。結果が有意じゃないと論文を書くことすらできない世界だったのである。これを「ゆーい差決戦主義」や「p値バンザイ突撃戦」と呼ぶこともあったという（三中，2016）。

　この傾向を逆手にとると，論文出版（クエストクリア）を達成するためには，有意な結果が最低限必要なキーアイテムということになる。ゆえに，その有意な結果を何とかして効率良く得ることで，スムーズにクリアを目指そうと考える者が現れる。その「何とかして」の中に含まれるのがp値ハッキングである。研究不正とまではいかないグレーな方法で，できるだけ小さなp値を得ようというわけだ。

　ちなみにこのp値ハッキングという言葉だが，初出時期がかなり曖昧である。非常に有名な「false-positive psychology」論文（Simmons et al., 2011）ではp値ハッキングに該当する行為が紹介されているものの，この名称自体はまだ使われていなかった。それ以前についても，Peter Michael Hacking さんや Paul Hacking さんが「P. Hacking」という形で引用されるパターン以外では私には見つけられなかった。一方で，アメリカの性格・社会心理学会の2012年大会で Joseph Simmons さんたちがこの言葉を使用したという話も聞く。Urban Dictionary でも2012年1月31日にこの項目ができている（Urban Dictionary, 2012）。さら

に，同学会の 2012 年秋のニュースレターでは p 値ハッキングという言葉が確実に使用されている（Simmons et al., 2012）。これらを総合的に考えると，おそらく 2011 年から 2012 年はじめのあたりまではたんなる楽屋話として使用されていたこの言葉が，2012 年から文書や発表などでも出てくるようになってきたのではないかと推測できる。ちなみに公式に使用されたとされるのは 2014 年の論文においてであり（Simonsohn et al., 2014），このことについてはかれらのさらに後の論文にて，かれら自身が命名したものであると述べられている（Simmons et al., 2018）。これらの事柄については海外の研究者ともいくつかやりとりして確認をとっているので，ある程度は妥当であろう。まあほとんどの人にはまったくもってどうでもいい話だと思うが，この言葉の発明はたぶん科学史的に重要な出来事だと思うし，意外とこういうのはきっちり記録しておかないとどんどんあやふやになっていくものである。このパラグラフだけでもいいので語り継がれていってほしい。

● チェリーピッキング

　さて，どういった方法でハックされるのだろうか。基本的なポイントは，研究者自由度（つまり裁量権）の大きさを利用することである。研究者はそもそも，仮説生成のために入念な予備調査や予備実験，分析計画の精緻化などを行うものである。これは，手元のデータや文献やその他さまざまな知識を使いながら，ありうる方法論的空間内をくまなく探索するような作業である。この時点において研究者は自由である。いろいろ好きに試しまくって，好きなやり方を探せばいい。これこそ冒険者の本分である。明確な仮説はなくても仮説（仮）みたいなのを名目的に設定して有意性検定をたくさんしてみることもあるだろう。そして有望そうな仮説とその検証方法を見つけ出し，採用する。その後，生成された仮説は新たなデータによって検証される。この仮説検証の段階では，検証方法は事前に定まっているため，ここではじめて研究者は自由でなくなる。立ちはだかる試練みたいなものだ。頭の中で例の戦闘曲が流れ出す。

　しかし，この「仮説生成」のために行った探索を，「仮説検証」で行ったか

のように見せかけることで，有意な結果を思いどおりに提示することができる（Greenwald et al., 1986）。たとえば，同時にたくさんの同一の実験を走らせたり，1 つの分析にたくさんの変数を投入したり，変数の組み合わせを手当たりしだい試したり，シミュレーション時に多数の同じ計算を同時に行ったりして探索を繰り返し，何らかの美しい結果がたまたま出たら，その 1 つだけを検証結果だとして報告する。まるで，大人買いでガチャを何度も何度もドローしてお目当てのキャラを当てたくせに，あたかも 1 回目のドローで当たったみたいに見せかけるようなものである。もちろん，これだと偶然の結果であっても意味があるように偽装できてしまうので，検証としては無価値である。これは古典的な p 値ハッキングの方法の 1 つで，選択的報告（selective reporting）やチェリーピッキング（cherry picking）といわれるものである（John et al., 2012）。私たちの周囲ではセレレポとかチェリピクとか呼ばれているが，この行為はなんと 1843 年の時点ですでに問題視されている（Shafer, 2020）。180 年以上前から続く伝統芸能のようなものが現代まで受け継がれているのは，ある意味では胸熱なのだが，まあそれだけ根が深い問題なのだろう……。

　前に触れた false-positive psychology 論文（Simmons et al., 2011）では，どんな無理筋な仮説であっても有意な結果でサポートできることが，p 値ハッキングを実演しながら例証された。彼らは 20 名の実験参加者にビートルズの「When I'm Sixty Four」か，または Windows 7 にデフォルトで入っている「Kalimba」のどちらかを聴かせた。そして無関係な課題として参加者自身の生年月日と父親の年齢を答えさせた。参加者の年齢のばらつきを調整するために，父親の年齢を共変量として投入した共分散分析を行ったところ，「When I'm Sixty Four」を聴かせた群の平均生年月日（20.1 歳）が「Kalimba」群（21.5 歳）よりも 1 年半ほど若くなるという有意な結果を得た（$F(1, 17) = 4.92, p = 0.04$）。つまり，年齢に関係する特定の音楽を聴くことで，参加者の生年月日が「何か不思議なチカラ」で時間編集されて若返ることが示されたのである！　これが本当ならえらいことである。

　しかしこの論文の後半で，衝撃のタネ明かしがなされる。まず，実際には

20人ではなく34人の参加者がいたが，報告されていなかった。さらに，2種類の楽曲の他に The Wiggles の「Hot Potato」を聴かせる条件も存在していたが報告されていなかった。そして最もあくどいことに，生年月日と父親の年齢以外にも「母親の年齢」「自分が何歳だと感じるか」「ダイナーでの食事の楽しさ」「100の平方根」「コンピュータが複雑な機械だと思う度合い」「早割りを利用するかどうか」「政治的志向」「4人のカナダ人クォーターバックのうち誰が受賞すると思うか」「過去を懐かしい日々だと言う頻度」「性別」が尋ねられていたが，それも報告されていなかった。ダメ押しに，父親の年齢を共変量にしなかった場合には有意差が得られなかったのだが（$F(1, 18) = 1.01, p = 0.33$)，これも報告されていなかった。もうやりたい放題である。しかし当時の報告基準ではこうした報告欠如が不正だと見なされることはないし，ましてや問題視されることもなかった。というか，こうした情報が報告されず伏せられてしまうと，そもそもそれらが存在したことすら誰にもわからない。そして出版バイアスの世界では有意こそ正義であるため，もしもこれらの情報をすべて開示して正直な結果を報告した場合には，おそらく論文出版は難しく，逆に伏せられたままの状態であれば，衝撃的な研究結果だとして好まれ，いずれどこかの学術誌に載るだろう。クエストクリアである。それはめでたい。でもいったい，何を明らかにしたことになるのだろう？

● N 増し，逐次検定，任意停止

　データ収集を巧みに操ることで有意差を創出することもできる。p 値にはデータを追加するたびに揺れるという特徴がある。その揺れのせいで，ある時たまたま0.05を下まわる値が出ることがある。この時を見定めてデータ収集を打ち切れば，見事，有意な結果を得ることができる。つまり，N（サンプルサイズのこと）をちょっとずつ繰り返し追加し（N 増し），そのたびに検定し（逐次検定），いい感じの結果が出たらデータ収集をストップ（任意停止）するという3つの組み合わせによって有意な結果を生み出すトリニティアタックだ。これはなかなか強力な p 値ハッキングなのだが，じつは意外と広く使用されているよ

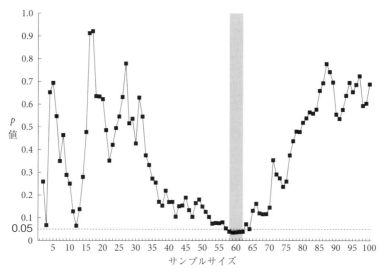

図3-2 ランダムなデータを100人分とる間に毎回 t 検定した結果

うに思われる。卒論などで学生が検定結果を先生に見せて，「もう少し粘って
みなさい」みたいな指導がされているという話はよく聞くし，プロフェッショ
ナルな査読においてもいまだに査読者が具体的な根拠もなく「なんとなく足り
なく見えるから」データの追加を要求してくることがある。私も実際に何度も
経験している。そんな感じで追加を要求するってことは，ご自身は普段からや
ってんすねーと返事したい気持ちを抑えるのに一苦労である。

　そこでちょっとシミュレーションしてみることにした。2水準の被験者内計
画での実験を想定する。1人の被験者は2試行分のデータを提供する。まあ犬
と猫それぞれの好意度をマイナスからプラスまでの好きな値で答えるとかそう
いう場面を想像してもらえばいい。で，そこに実際には差がない状況をつくり
たいので，1人ごとに標準正規分布からランダムに2個の数値をドローするこ
とにする。これを1人ずつ N 増ししながら，追加するたびに t 検定を実施する。
すると図3-2のような結果が得られた。グレーのエリアは有意差が出た箇所で

ある。ここで任意停止すれば，クエストクリアとなるだろう。しかし実際には
そこに差などなく，同じ分布から得られたランダムな 2 条件の比較である。じ
ゃあ，この非常に狭いグレーの範囲内で，たまたまマグレで得られた有意差っ
て，いったい何を意味するのだろうか？　その結果を出版する意義とは何なの
だろうか。

● 外れ値活用
　今度は分析時のデータハンドリングにおける妙技である。測定ミス，入力ミ
ス，個人差，偶然，故意，その他さまざまな理由で，まれに突飛な値のデータ
が得られることがある。これがデータセットに混ざった状態で分析すると，誤
差分散の増大のせいで検出力が低下したり，正規性や等分散性といった分散分
析や回帰分析の仮定に抵触したりで困ることがあるので，それらを外れ値とし
て処理することが試みられる。これ自体は問題視されてはいない。そんなこと
よりロバストな方法で分析しなさい（藤澤，2017）という考え方もあって，そ
れにも同意するが，とりあえずここでは外れ値を除外するという前提でお話す
る。データの分析において外れ値の検討をやらなければならないとは定められ
ておらず，やるかやらないかは研究者の分析方針に任される（ただまあ，普通は
データの分布くらいは見る）。そして，外れ値を除外するかしないかで，p 値はか
なり変動する。ここを突くのである。N 増しして逐次検定をする際に，外れ値
ありとなしとで両方試してみる。もしもそのどちらかでたまたま良い感じの結
果が出たらそこで任意停止する。この外れ値活用オプションを加えると，N 増
しの威力が飛躍的に上昇するのである（Neuroskeptic, 2012）。
　そこで，先ほどの N 増しシミュレーションに外れ値のやりくりを導入した
ものを再度行ってみた。外れ値の検出にはさまざまな方法が提案されている
が，非常に簡単な方法である「Z 得点の絶対値が 2 以上の（平均から標準偏差の
2 倍以上離れた）データを除外する」という方法を採用した。やり方は先ほどの
とおりで，正規分布から 2 回ずつドローすることを繰り返し，毎回 t 検定を行
っていくが，その際に外れ値除外の処理をするかしないかも吟味した。する

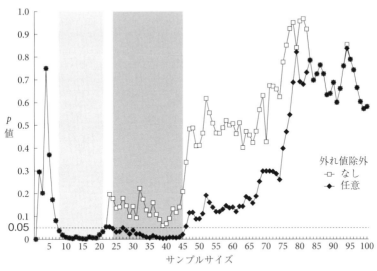

図3-3　ランダムなデータを100人分とる間に毎回外れ値を吟味してt検定した結果

と，図3-3のような結果となった。白四角のグラフと薄いグレーのエリアが外れ値除外をしなかった場合で，黒四角のグラフと濃いグレーのエリアは「有利な場合だけ任意に除外」した場合である。序盤，8人目でいきなり有意になるが，このあたりでは外れ値がそもそも生じていない。N = 20を超えたあたりから外れ値が除外され始め，グラフの形が変わっていく。そしてN = 24から今度は外れ値を吟味した場合のみ有意領域になる。この有意性の領域展開こそがこの手法の効能を示しているのである。もしも私が経験豊かな腕利きのpハッカーなら，序盤の8人とかだとサンプルサイズが小さすぎると査読者に怒られそうなので，もう少し粘って25人を超えたあたりで任意停止すると思う。これできっとクエストクリアできるだろう。ただ，これって科学なんだろうか……？

　このようにp値ハッキングは変幻自在に有意差を生み出すことができる，まさに自在化有意差メソッドである。これをノイズの中からパターンをつくり出

そうとする「ノイズマイニング」だと表現する人もいる（Gelman, 2020）。そして p 値ハッキングが使用されたかどうかを確認する術はないといっていい。p 値の出方の不自然さを可視化するために，有意な結果を示した研究を集めて p 値の分布の偏りを調べる p カーブ（Simonsohn et al., 2014）や，そこからさらに p 値を z 値に変換したうえでチェリーピッキングまで想定して拡張した z カーブ（Bartoš & Schimmack, 2022; Brunner & Schimmack, 2020）といった方法も提案されてきたが，それらはあくまでメタアナリシス的であるため，間接的な示唆や徴候，つまり p 値ハッキングの「ニオイ」をほのかに漂わせることしかできない。p 値ハッキングを検出する方向性はどうしても限界があるため，システム的に防止するか，その行為を無意味化してしまう方が有望である。それが後述のプレレジやレジレポなのである。

● **HARKing**

　p 値ハッキングとともに QRPs の 2 大巨頭として名を馳せるのがこの HARKing（Hypothesizing After the Results are Known）である（Kerr, 1998）。日本語訳としては「仮説の事後生成」なんかがあてられるが，言いづらいし野暮ったいので，日本語の文脈でも普通に「ハーキング」と呼ばれている。その名称のとおり，（有意な）結果を知った後に，その結果に都合のよい仮説をつくる作業のことである。これはある意味で最強のチート方法であって，その結末だけを見れば，その研究は仮説を 100％必ず実証することができる。まるで蹴ったボールの先へゴール自体を動かすような，またはテキサスの狙撃兵の誤謬として知られるように，壁に撃った弾痕のまわりに的を描くような作業である（Wagenmakers et al., 2012）。中国ではこういうのを「事後諸葛亮」と呼ぶらしい。すべてが終わった後に「全部わかってましたよ」と言い出す人，あなたのまわりもにいないだろうか？　それのことである。

　非常に細かい話だが，HARKing にはいくつかバリエーションがある（Rubin, 2017; Hollenbeck & Wright, 2017）。CHARKing というのは Constructing Hypotheses After the Results are Known の略で，事後に仮説を構築するタイプの普通の

HARKing のことである。Norbert Kerr さんのいうところの「純 HARKing」である。もう 1 つは，RHARKing（Retrieving Hypotheses After the Results are Known）である。これは自分で仮説を作り出すわけじゃないけれど，結果が出た後に過去の似たような研究を必死で検索して，使えそうな仮説を見つけ出して提示することである。3 つ目は，SHARKing（Suppressing Hypotheses After the Results are Known）である。これは，事前にたくさん仮説を並べていたけれど，結果的に支持されなかった仮説を事前に考えていなかったことにする，つまり仮説を「いまのナシ！」「ノーカン！」といって報告時に取り消す，または黒歴史化するやり方である。もちろんだが，報告された文書には「ノーカン宣言」自体の記載を封印するため，その仮説が想定されていた事実を知る者は誰もいない。このように，結果によって支持させるための仮説の準備方法にも多様性がある。いずれにせよ，HARKing は時間を遡って過去を書き換えてしまう行為であり，「催眠術だとか超スピードだとかそんなチャチな」ものではない「もっと恐ろしいもの」なのである。ちなみにドラえもんによれば，「時の流れをさかのぼり，歴史をかってにつくりかえようとする」のは「時間犯罪者」とのことである。

そういえば，予知を立証したという Bem 論文ではほとんどの実験結果が仮説どおりであった（Bem, 2011）。じつは，心理学者の書く論文における仮説サポートの高性能さには定評がある。さまざまな科学分野において，出版された論文のうち，仮説を検証した際にそれがポジティブな結果でサポートされた論文の割合を調べた研究がある（Fanelli, 2010）。結果として，心理学はダントツのトップで，なんと 91.5％ものサポート率であった。最近出た別の論文では，さらに驚愕の 96.1％というサポート率が報告されていた（Scheel et al., 2021）。この割合を，仮説に基づく予測の的中率と考えると，その高さには驚愕するほかない。こうなってくると心理学者たちはみんな予言者だとしか思えない。

しかしもちろん実際には予言者なんかではなくて，やはりどこか研究のやり方に問題が潜んでいると考える方が合理的に思える。その候補の筆頭格が HARKing なのである。仮説の方を密かにいじることができれば，その見かけの的中率はテキサスの狙撃兵のようにいくらでも上げることができる。96.1％

も夢じゃない。

　心理学には，論文の書き方についての有名な教科書的読み物があって，これは Daryl Bem さんによって書かれている（Bem, 2004）。その中には次のようにある。

　　以下の 2 つのどちらの論文を書くべきだろうか？　（a）研究を計画したときに書こうと思っていた論文，または（b）結果を見たときに最もつじつまの合う論文。この 2 つが同じであることはほとんどなく，そして，正しいのは（b）だ。

これはあくまで一例であって，Bem さんが特殊な考えをもっていたというわけではないだろう。むしろ当時のスタンダードであるからこそ，1987 年初版のこの本が 17 年後にも改訂され流通し，再認識されたのだろうし，出版から 20 年が経っても超大御所に褒められたりするのである（Roediger III, 2007）。心理学の分野ではないが，2022 年になっても HARKing やチェリーピッキングを推奨するような教育的論文が出版されたりしている（Montagnes et al., 2022）。こうした教育を行っていけば，それに「薫陶」を受けた後出し予言者（postdictors）たちは今後も次々と生まれてしまうだろう。むしろ HARKing をしないと先生に怒られるなどと思う学生さえいるのかもしれない。再現性問題について考える際に，私たちは心理学教育や研究者教育を抜きにして語ることはできないと思われる。

　だが HARKing にも限界はある。それは有意な結果をしっかりと保有していなければ効果が薄いということである。なぜなら，出版バイアスの世界では有意な結果が大前提だからだ。仮説を後づけでどんなにひねくりまわそうが，有意な結果とセットで提示されなければ論文出版には至れない。したがって，HARKing は p 値ハッキングと組み合わされることによって絶大な力を発揮することとなる。最強の有意差自在化と，最強の仮説自在化の 2 大チート法を手に入れてしまえば，クエストクリアが自在化されるのである。

制限プレイ ── 事前登録

　やっと制限プレイの話に入ろう。ここまでの説明で理解していただけたら嬉しいが，つまりはこうしたチート行為を自分で行わないよう戒める，というタイプの制限プレイが研究者には常日頃から求められているのである。いやそんなの当たり前の話だろうと思われるかもしれない。「自分は大丈夫だから余計なことするな」とか「自由な研究の邪魔するな」とか，私も何度も言われてきた。しかし研究者も人間であり，しかも後の章で紹介するように，業績構築にはさまざまな評価や金銭などが関わってくる。学位取得にも，特定の期間内に 2 本とか 3 本とかの査読付き論文が必要だったりする。そして p 値ハッキングや HARKing はそれ自体が直接バレることがほとんどないし，研究不正として扱われてはいないことから，実行時の心理的抵抗感や罪悪感も小さい。研究過程には強い誘惑と密室性がつねにつきまとっているため，QRPs を自分で完全に制限できるかどうかについては，さまざまな要因を考慮すると紙一重な部分がある。なにも研究者が意志薄弱で自制心がないとか，研究者は悪意と欲望の塊だとかいっているのではない。たとえどんなに倫理教育を徹底したとしても，状況が人の行動を変えてしまったり，一時的に判断が乱れたりすることは誰だってあるだろう。むしろそれこそが人間の魅力的な部分なんじゃないだろうか。そしてそれを明らかにしてきた学問こそが心理学ではないか。研究者は機械ではない。第 1 章で述べたように，心理学の研究者が人間性を捧げてしまってはいけない。それだけに，不言実行型の制限プレイを誰でもやれると考えるのは間違っている。もちろん，そのようにできる人にはぜひともそのようにやっていただければと思う。それがユートピアだ。だからといって，チート対策を何もしなくてもいいのだろうか？　いや，そういうわけでもない，と私は思う。ゲームでも，とくに e スポーツ界ではチート対策が厳しく行われている（宮下，2021）。

　システムの方を変えてしまおう。科学の制限プレイを，不言実行ではなく，

有言実行できる仕組みをつくるのである。そこで提案されたのが事前登録（pre-registration）である（Nosek et al., 2018; 植田他，2023; 山田，2018, 2022a）。日本語ではプレレジとかプリレジとか呼ばれるが，本書では以降「プレレジ」と呼んでいく。プレレジの具体的なやり方については，私たちがマニアック感満載のチュートリアル論文（長谷川他，2021）を用意しているのでそちらを参考にしてほしいが，以下に非常にざっくりとした説明をしておく。

　仮説を検証する確証的研究において重要なのは，その検証されるべき作業仮説とその検証方法の確定である。ここは研究者の自由度がきわめて大きな部分なので，それをシークレットに行う場合に（私たちの周囲では「秘儀」とか「ステルス」とか呼ばれている），データ取得後に好き勝手できることは前節でのチートの説明のとおりである。そこで，データを集める前に，変更不可の研究計画を登録して，研究者自由度をゼロにしてしまうのである。プレレジ内容には仮説，サンプリング計画，使用する変数等の実験計画，ならびに統計モデル，推論基準，除外基準等の分析計画が含まれる。つまり，事前に仮説－手続き－分析－解釈という確証的研究のコアに当たる一連のプロトコルを宣言しておくのだ。まずプロトコルを一生懸命書いて，登録して，そのとおり実行して，そのとおりの結果を書いて報告する。この有言実行サポートシステムがプレレジなのである。これを使うことで，古くより重大な問題とされてきた（de Groot, 2014），探索的研究と確証的研究の間の曖昧性を排すことができる。事前に分析方法が決められているので p 値ハッキングはできない。事前に仮説が決められているので HARKing はできない。プレレジの下ではこれら 2 大チートは使用不能になる。プレレジは，チート行為に対するシステム側の有力なパッチとしての役割を果たしている。

　ところでどこにプレレジすればいいのだろうか？　究極的には，登録した研究者自身の手で改竄ができない場所であればどこでもいいと思っている。立命館大学の高橋康介さんとの楽屋話では，2 ちゃんねる（いまの 5 ちゃんねる）に書いておけばいいんじゃないか？と提案されていたこともある。まあこれは冗談としても（高橋さんは真剣な顔をしていたが），AsPredicted というプレレジ専門

サイトを使ったり，プレプリントサーバーにプロトコルをアップロードしたりするのは比較的簡単なプレレジの手段である。だがやはり一番メジャーなのは Center for Open Science が運営する Open Science Framework（OSF, n.d.）へのプレレジであろう。ここにはガチガチの一問一答型テンプレートから，自由に何でも書ける空欄だけが置かれているものまでじつにさまざまなフォーマットでプレレジできる機能が実装されており，2023 年 6 月現在で 13 万 2000 件以上のプロトコルが登録されていて，私自身も 71 件プレレジしている。なお，自分がこんなにプレレジしていたとは，調べてみるまで気づいてなかった。初心者はとりあえずこの OSF にプレレジしておけば間違いない。それに，純粋に備忘録になるので，プレレジしておくと後で自分の研究計画の詳細を確認するうえで非常に役立つ。登録内容はタイムスタンプ付きでオープンにできるので，研究アイデアを先出ししたのが自分であると主張するのにも便利である。とりあえずアイデアだけ登録しておく，という使い方をしている人も知っている。また，人によってはプレレジする際にイントロやメソッドまでガチ論文と同レベルで書いておいて，データをとって論文化する際にそれをそのまま使うこともある。ちなみに Center for Open Science は公式に，プレレジからの一貫性を高めるため，プレレジ内容を論文本体へ利用することを勧めている（DeHaven, 2020）。

　また，OSF は 2015 年から 2019 年までの間，プレレジチャレンジというキャンペーンも行っていた。これは OSF にプレレジした研究を「きちんとした」雑誌に掲載させることができたら賞金 1000 ドルをプレゼントというものである。私のまわりではゲットした人を見たことはないが，日本人でもこれを得た人はたぶんいると思う。公式のリーダーボードを見ると「Kyoto University」「Chiba University」「Keio University」がそれぞれ 1 件ずつエントリーしていたためである。ただし，プレレジチャレンジは先着 1000 件の早い者勝ちなうえに，合計 3033 件のエントリーがあり，賞金獲得できた研究がどれなのかも不明なため，実際のところはわからない。しかし OSF がこれだけの大判振る舞いをしてまでプレレジの普及に努めていたということはよくわかるだろう。

とここで話を終えると，たんなるプレレジシンパがプロパガンダしているだけのように見えてしまう。現に私は世間からそのように見られているフシがあり，同業者からは悪の手先みたいに言われ，いつも不本意で切ない思いをしている。実際，プレレジはいくつかの側面で問題点が指摘されている。たとえば，Mark Rubin さんらは，仮説が理論から適切に導出されうる場合や，方法やデータがオープンにされている場合，HARKing や p 値ハッキングは問題にならず，ゆえにそれらを防ぐためにプレレジを行うことは信頼性の向上には寄与せず，むしろ研究の探索性やセレンディピティ（予想していなかった偶然の発見）を阻害する点で有害だという意見を述べている（Pham & Oh, 2021; Rubin, 2020）。

　そして何より，プレレジもハックできる。この話は私の転機の1つでもある。第2章で触れたように，私が「そっち系」の人間になり，再現性問題に興味をもった時期は，まさにプレレジチャレンジなどのキャンペーンの真っ只中で，プレレジ導入が国際的に推進されている時期であった。私は再現性問題に関わりながら，非常にたくさんのことがものすごい勢いで海外では議論されていて，こちらはそれを眺めて学ぶばかりという状況に少しだけ，まあほんの少しだけなんだがイラッとしていた。たとえば Center for Open Science を設立した Brian Nosek さんやプレレジ関連で強いリーダーシップを発揮していた Chris Chambers さんなどが華々しく活躍していて，かれらには強い憧憬の気持ちを抱いていた。しかし，延々とただ教えをいただいて学ばせていただくばかりじゃなく，こちらから向こうに何かを提案することはないのだろうかという気持ちも去来していて，もやもやする日々が続いていた。そして思ったのは，とにかくどんなしょうもないことでもいいから英語論文にして発信しないかぎり，彼らにはこちらの存在を認識すらされない状態のままではないかということだった。

　折しも当時，私はプレレジの仕組みを学んだり体験したりしているうちに，その急所が見えてきていた。それは，プレレジは「プレレジ作業開始後」における研究計画と実験実施の時間的順序関係を明確にし，固定化する役割をもつが，「プレレジ前」については依然として大きな自由度が存在するということ

だった。つまり，プレレジする前に，すでにプレレジする予定の方法でデータをとっていても，さらにはそこでp値ハッキングをしてもHARKingをしても，誰にもわからないということである。入念なQRPsによって美しい結果が確定した事後に，その結果を出すためのプロトコルをプレレジし，あたかもその後にそのデータをとったかのように見せかけて報告する，これがプレレジのQRPsであるPARKing（Pre-registering After the Results are Known）である。日本語では事後事前登録と呼んでいる。とてつもなく矛盾をはらんだ名称なので，その行為の不自然さもわかっていただけるかと思う。

　これ，論文にしてみるか！と思ってからは速かった。私はじつは毎年3月になると，なんだか急激に変化する周囲の人々に置いていかれているような気がして，必ず憂鬱になって寝たきりみたいな状態になるのだが（この状態を妻からは「3月の山田」と呼ばれている），2018年の3月3日にPARKingの論文を書き始め，その2日後には初稿が完成していた。そして10日後には英文校正も含めた投稿準備が完了した。この年は，「3月の山田」状態にならずに済んだようだ。再び，このときに私が何を思いながら執筆していたのだろうかと振り返ってみるが，……やっぱり余計なことは考えなかったし，何の感情も生起していなかったはずである。とにかく淡々と，ひたすらPARKingの説明を事務的に書いていた。少々興奮はしていた気もする。早くみなさんのお手元にPARKingというアイデアをお届けしたいとは思っていた。でもそれだけだった。執筆環境はじっとりと湿りきった万年床で，うつ伏せに寝そべって，台湾のホラーゲームの実況動画を流しながらパチパチとキーを打っていたことは覚えている。やはり，環境音は私にとって大事なんだろう。

　さて，私は自分ではこの論文がすばらしい指摘をしているように思い込んでいたので，まず「高位誌」の数々に投稿した。だが4連続でデスク・リジェクト，つまり査読にすらまわされず即時に却下されてしまった。それによってテンションもおおいに下がり，危うく「3月の山田」になりそうになった。そこで精神状態の自衛も兼ねて，それなりに相手してくれそうなほどほどのランクの雑誌に投稿したところ，やっと査読にまわり，9月に何とか出版されること

となった（Yamada, 2018a）。このときの査読者やデスク・リジェクトしてきたエディター等には「何で PARKing なんてする必要があるの？」とか「誰かがやっている証拠を見せろ」とか言われたが，PARKing することで，美しい結果をプレレジ付きで読者に信頼させるという粉飾が可能になってしまうことを主張した。また，私はいつも，将来生じうる問題を先まわりして考えているので，その時点では証拠などあろうはずがない。プレレジがさらに普及していく前にこの問題についてしっかり議論し，対策を考えておく必要があると言っていたのである。結果的に，これを国際誌に出版したことは意味があったと思う。日本からもなんか出てくるんだよ！ということを国際的なコミュニティに認知させることができ，オープンサイエンス用語集にも収録され（Parsons, 2022），実際に同僚が PARKing しているのを見てしまったというお知らせを海外からいただいたりもした。そしてその後の「実演」にもつながった。

　PARKing などのプレレジの内包する弱点をさらに強調するためには，何らかのインパクトのあるデモンストレーションを行うことが必要であると考えていた。そこで大学院の授業で院生さんたちと議論した結果，とりあえずプレレジの弱点がどこまで突けるかディベート的に戦ってみようという話になった。つまり，プレレジ・システムを攻撃する側と防衛する側に分かれて，1 週間ごとのターン制で攻撃と防御のやりとりを繰り返したのである。これを数カ月やっていると，プレレジのさまざまな問題点がさらに明らかになってきた。次にこれをどう実演するかで議論した。やはり，実際にプレレジの QRPs をやって見せるに尽きるということになった。そこでまず，私たちはこれから実演用の嘘プレレジをするよ，ということを先にプレレジしておいた。つまり，「プレレジのプレレジ」である。私たちはこれをメタプレレジと呼んでいる。その中ではその他のさまざまな QRPs についてもすべて説明している。これをしておかないと，もともとは通常の研究用に本当に PARKing してプレレジしていたのに，その研究の出版がうまくいかなかったから「じつは実演でした」的に後づけで再利用していると指摘されるおそれがあった。つまり，本当にただのプレレジハッカーだったことを誤魔化そうとしている，などといったフレームアップ

を回避するため，すべてが起こる前にメタプレレジしておくのは重要なことであった。これで，準備は整った。

　私たちは，「追い込まれた場面で右利きの人は，右を選択しやすくなる」という現象を報告した（Ikeda et al., 2019）。私が専門とする身体化認知の分野では，身体特異性仮説というものが提案されていて，右利きの人は右側を好む（逆に，左利きは左を好む）といわれている（Casasanto, 2009）。そこで，左右に2枚並んだカードのどちらかを繰り返し選ぶという課題において，感情的判断が強く現れそうな文脈では右利きの人に右選択バイアスが生じるという仮説を立て，検証した。そこで予測したのは，ハズレが続いたときに右利きは右側のカードを選びやすくなるのではということだ。3連続でハズすと実験報酬がゼロになると被験者に伝え，絶対に2回目まではハズレになるプログラムを使って，3回目にどっちのカードを選ぶかを見たのである。しかも不快感情を強く感じている被験者でそれが起きやすいと予測し，PANAS（Positive and Negative Affect Scheduleの略で，感情尺度の1つ）で不快感情も測定した。左利きの被験者は非常に少数であるし，今回は右利きに注目していたため，分析から除外することにした。そしてこれらをプレレジしたうえで実施した。結果として，不快感情をより強く示した群で，そうでない群よりも右側のカードを選ぶ人の割合が有意に高かった（$\chi^2(1) = 5.72, p < .02$）。このように，身体化認知の影響はカード選びのような日常的な場面ですら見られるのである。これ，なかなか面白い知見ではないだろうか？

　だが，お察しのとおり，この実験は欺瞞に満ち溢れている。まず，いい感じの結果が出るまで8回も実験を仕切り直している。これは「実験リセマラ」と呼んでいるQRPである。つまりゲームアプリ等でのガチャにおけるリセットマラソン（リセマラ）のように，いい感じの結果が出るまで実験自体を何度もやり直すのである。これはいまのところ防止不可能な強烈なチェリーピッキングで，古くより問題視されている（Greenwald et al., 1986）。さらに，報告していない条件が多数あった。尺度はPANASとは別にSTAI（State-Trait Anxiety Inventoryの略で，不安尺度の1つ）もとっており，4パターンの群分けが可能で

あった。群分けの基準（上位と下位30％など）も微妙に数値を変えて5種類試していた。除外条件についても，左利きや両利きの被験者のデータを入れたり外したり，さまざまなことを試した。結果的に手を替え品を替え合計99回もの分析を実施し，一番いい感じの結果を採用した。これらはすべて p 値ハッキングである。次に，その結果に合わせていい感じの仮説を作り，HARKing を実行した。そしてその結果を生成するためのプロトコルをプレレジした。これはPARKing である。これらが合わさることで，興味深い仮説が美しい結果で支持され，プレレジによって信頼性のお墨つきまで得ることができる。やろうと思えばこういうばかげたことができてしまう，その危険性を訴えたのである。とはいえこの実演研究を実際に行うには，オープンサイエンスへの深い理解，心理学実験法や実験プログラミングの習熟，R による統計解析の技術，そして英語論文執筆と査読対応の能力がすべて必要であった。これを修士1年で成し遂げた院生さんたちの成長は本当に著しかったと思う。驚嘆に値する。

　このように，私はプレレジのシンパなどではまったくなく，むしろそのシステムを批判する側である。Rubin さんや私の意見は，「プレレジのもたらす信頼性を過大評価してはいけない」という点で一致している。何かを不用意に信頼しようとすると，必ずそこにつけ入ろうとする者が出てくる。つねに怪しむくらいがちょうどいい。プレレジだってそうなのだ。

　途中で実験リセマラの話が出たので，これを商業的にやっている業者が2023年3月頃に話題になったことに触れておきたい。あえて社名は伏せるが，臨床試験の代行を有料で行っており，ウェブサイトでは「ヒト臨床試験有意差保証プラン」と名づけられ，「業界初！有意差，完全保証！」と宣伝されていた。つまり，ここに依頼すれば絶対に有意な結果を納品してくれるわけである。どうにも大変危険な匂いがプンプンしてくる。これが Twitter で話題になった次の日には，すでにネットニュースがこの会社へインタビューした記事が出ていた（野村，2020）。尋常でない速さだった。その記事には次のような重要な回答が記載されていた。「1回で出なかったからといって諦めるのではなく，何回でもトライを繰り返す」「もう一度試験をして，有意差が出るまで待つ」「有

意差が出た試験のみを報告する」。これはすでにご紹介した，実験リセマラと
チェリーピッキングがあてはまる行為だと見なすことができる。私は製薬の分
野には正直なところ不案内であるため，この業者が行っていることが分野的に
異常なことなのかはわからない。ただ，彼ら自身が言っているように「業界
初！」ということは，やっぱりかなり異端な行為なのではないだろうか。しか
し，2022 年にレカネマブの臨床試験にて話題になった「このような p 値を見
たのは初めて。非常に高い統計学的有意性」発言（谷井, 2023）や，アビガン
の臨床試験で話題になった「サンプルサイズを増やせば有意になるはずだから
効果的」発言（野村, 2020）などを鑑みると，そもそもどういう業界なのかと
いう興味が尽きない。

　最後にもう 1 つ。2022 年に，OSF に関して私たちはある懸念を報告している。
またうちの院生さんなのだが，なぜか OSF で私の名前（Yuki Yamada）を検索し
ていたところ，「有名俳優の方」が引っかかった。それは彼が出演する某映画
のダウンロードサイトへのリンクであった。そんな……嘘だろ？と思って他に
もいろいろな有名映画のタイトルを検索すると，それらも次々と引っかかって
きた。それだけでなく，あるユーザーのプロフィールに書かれているリンクを
踏むと，個人情報やクレジットカード情報が盗まれる危険性があるという表示
とともに，ブラウザによってアクセスが遮断されてしまった。つまり，OSF を
舞台として違法ダウンロードやフィッシング詐欺が横行していることを偶然発
見してしまったのである。これは非常に大きな問題になりうる。著作権法第
113 条によれば，違法コンテンツへのリンクが掲載されているリーチサイトは
権利侵害を認定できる対象となっており，欧州でも GS Media 事件でそれを認
めた判例がある。したがって，OSF もリーチサイトと見なされ差止請求や閉鎖
に向かう可能性がゼロではない。もしそうなると，登録済みのプレレジが消失
するということが起きるかもしれない。その場合，そのプレレジに依拠してい
た多くの研究が保証されなくなってしまう。これはまずい。私たちは大変ヤバ
いものを見てしまったという妙なテンションのまま，このことを報告する論文
を 1 日で書き上げ（Ikeda et al., 2022），まずは OSF にそれを送った。すると，彼

らもすでに調査・対処中であり，この論文を公開しても大丈夫であるという返事をもらうことができた。こうした学術的情報のオープンアクセスにまつわる弊害のような問題についても，今後はもっと積極的に議論が進められるべきである。

　研究におけるチートとパッチのイタチごっこは続いている。QRPs が問題視され，それに対してプレレジが考案され，それを打ち破るための QRPs が考案されている。そしてさらに，これらに対抗できると思われるのが，第 6 章で触れる「レジレポ」である。私たちの大学院の授業でもここまではシミュレーションできたが，結局のところそのレジレポを使ったとしても実験リセマラだけは対処不能のままであった。新たな一手を考えていかなければならないが，はじめに述べたように私は負の側面への親和性が高いため，その一手を突破することの方を考えてしまうだろう。ではなぜそんなに批判しているプレレジを 71 回も行っているのかというと，私は Rubin さんたちとは異なり，プレレジが探索性やセレンディピティを制限しているとまでは思っておらず，むしろ備忘録としての役割に期待でき，自分の研究計画を整理するうえで有用だと感じているからである。そしてそれ以上に，プレレジも結局は義務なんかじゃなく，自分でやるかやらないかを決める制限プレイであり，私はそのやり込み要素に抜群のやりごたえを感じている。ただ，それだけなのである。

第4章

研究リアルシャドー

追 試 研 究

いわゆる追試

　非常に短い期間だが，私はボクシングをやっていた。いや全然ガチではない
お遊びのようなものではあったが，体系的な練習や対人での実戦は貴重な経験
であった。アゴやボディを打たれたときのあのダメージ感覚は，やられてみな
いとわからないところがある。で，その練習の中にシャドーボクシングという
ものがある。1人でシッシッて言いながらやるアレである。私は常々，科学研
究における追試とはこのシャドーボクシングみたいなものだなあと思っていた。
というのも，シャドーは仮想の敵を想定し，その相手との打ち合いをイメージ
しながら実施する。このとき，実際に対戦したことのある相手や，あるいはタ
ーゲットとなる何らかの選手を想定する。追試も同様である。実際の先行研究
を想定し，それと同じ実験を実施する。その際に，相手をどこまでリアルにイ
メージできるか，つまり先行研究とどこまで方法論的に肉薄できるかで追試の
意味が変わってくる。
　追試の再現度については，それなりに議論が行われてきた。まず，追試
というものは便宜的に直接的追試（direct replication）と概念的追試（conceptual
replication）の2種類に分けられる。前者は先行研究と同じ仮説，刺激，手続き，

分析，被験者を用いて先行研究と正確に同じ実験を行い，同じ結果が得られるかどうかを調べる試みである。第2章で見たように，このようにして直接的追試を行わないかぎり，ある現象の再現率を算出することすらできない。後者は必ずしも先行研究と同じことをするわけではないが，方法やアプローチを変えつつも，それによって先行研究と同じ理論をテストしようとする試みである。この場合，検証しようとする仮説すら元研究と異なる場合がある。理論はいくつもの仮説を生成できるので，同じ理論をテストする目的であれば，検証する仮説は違うものを狙ってもよいのである。非常にざっくりと分けると，直接的追試は先行研究の方法をテストしており，概念的追試は先行研究の理論をテストしている。研究者が目指しているのは心理学の理論的発展なのだから，それゆえに，概念的追試の方を推奨する意見が目立つし（Carpenter, 2012; Crandall & Sherman, 2016），そもそも同じ被験者をそろえる必要性や文脈による行動への影響を考えると，完全な直接的追試は不可能である（Stroebe & Strack, 2014）。しかし，直接的追試がもたらす再現率の情報はまさしく再現性問題における KPI（Key Performance Indicator の略で，目標の達成度合いの指標）であり，無視できるものではないと多くの人が考えてもいるんじゃなかろうか（Pashler & Harris, 2012; Zwaan et al., 2017）。実際，追試研究と銘打って出版されるものの多くは直接的追試を試みている。また，そもそもこれら2つをカテゴリカルに分けること自体を問題視し，統一的に扱おうとする考えもある（Machery, 2020）。最近では，実験の方法や目的がどうとかで区別するのではなく，ある研究を行ったとき，先行研究と一致する結果が得られた際にその主張の信用度を高め，一致しない際にその主張の信用度を低めうることが満たされる場合にそれを追試と呼ぶという定義がなされたりもしている（Nosek & Errington, 2020）。つまり，何を追試と呼ぶのかというかなり根本的な部分から，けっこうもめてきたのである（McGrath, 1981）。

　いずれにせよ，追試はある研究やその主張に対する三角測量の役割を果たしている（Munafò & Davey Smith, 2018）。対象を的確に知るためには，1点からの観測では不十分なことが多い。たとえば眼は顔面の異なる位置に2つついている。

そのため，対象を視た際に，それぞれの眼の位置の違いのせいで各眼の網膜像には微妙なズレが生じる。このズレの情報を使って視覚系は対象の奥行きを計算している。つまり，複数の箇所から対象の視覚情報を得ることで，その対象の三次元世界での姿がわかるのである。科学的理論や主張に対しても，元研究とは異なる研究者が異なるアプローチで検討することで，その姿がより明確になるのだろうと思う。これは暗に，完全な直接的追試は不可能であるという立場を認めている。元研究から少しでもズレがあれば，それはむしろその元研究の主張を的確に理解するための情報となる。そしてこのズレの大きさはたんにそれが提供する情報を変えるだけである。したがって，私はそれが科学的に適切に実施され，その方法とデータがオープンにされる場合にかぎり，どのような追試であっても奨励したいと思っている。もしも追試がきちんと実施されなければ，測量としての意味をなさない。追試の中身がすべてオープンでなければ，元研究からのズレを評価できない。

　お気づきだとは思うが，そもそも元研究の方がきちんと実施され，かつオープンでなければ，この三角測量はうまくいかないのである。この「元研究の情報が少なすぎて追試すらなかなかできない」というシチュエーションは，追試経験者にとっては屈指のあるある話として名高い。一時期までの *Psychological Science* の論文は，スペース節約のためか方法のセクションが極端に短く，下手するとそんなセクションすら存在しない場合も多々あった。そしてその時期にインパクト重視の現象報告が多数なされていたものだから，その後も追試できないまま放置されている「一見めっちゃ面白い」研究がたくさん存在する。第2章でも少し触れたが，これは元研究の方法再現性が非常に低い事例である（Goodman et al., 2016）。どうやって実験をしたか，どうやってデータを分析したかがほとんどわからない状態では，その実験結果を信用することはできないし，追試で信用度を確認することもできないのである。このような論文が量産されてしまうと，科学という積み上げ式の営みが成立しなくなってしまう。この観点からいえば，追試とは，元研究の関係者との時間を超えた共同作業なのである。探索と確証の分業ということもできるかもしれない。このためには，元著

者と追試者の両方がともにきちんとオープンに研究するのが理想的だ。ところで一応つけ加えておくと，現在の同誌の方法セクションは文字どおり無限に書けるようになり，さらに刺激・素材，データ，分析コード等の公開も強く求められるようになったため，この種の問題は改善されていると思われる。

　先ほどは分業という表現をしたが，先行研究の確証作業ともいえる追試，とくに直接的追試について，誰がそれをするのかという問題も重要である。まず大前提として，追試によって確認された仮説だけが検証済みの仮説であるというくらいまで保守的な態度をとるような共通認識がなければ，分業自体が成り立たない。そうでなければ，追試はいつまでも無益な努力のままで，「骨折り損」とか「賽の河原」とか呼ばれ続けるのである。また，セルフラボつまり元研究と同じ研究室での追試にはバイアスが入りやすいため，追試が行われるとしたら第三者による直接的追試が望ましい。この第三者によるバリデーション（検証）は，たとえばソフトウェア開発の分野では必須の工程として組み込まれている。実験心理学においてこれを行うための最もシンプルな方法は，ラボ間での相互追試だろう。他のラボの追試を引き受ける代わりに自分のラボの追試も他に委託するようなことは，たんに知り合いのラボと提携するのでもいいし，StudySwap といったプラットフォーム（StudySwap, n.d.）を使うことでも比較的楽に実践できる（Chartier et al., 2018）。ただし，ラボ間の利益相反についてはかなり厳密にオープンにされる必要がある。

　または，大学の授業で追試をやっていくという手もあるだろう。追試や分析の再現を教育目的で行う提案は，心理学に限らず人気のあるアイデアだ（Frank & Saxe, 2012; Karathanasis et al., 2022; Marwick et al., 2020）。次節で紹介するように，私は以前より追試を大学院での授業に導入している。また，アメリカでも 2013 年から CREP（Collaborative Replications and Education Project）という全国的なコミュニティが整備されており（CREP, n.d.），追試をインカレでの共同研究として行っている（Wagge et al., 2019）。2018 年頃に私もここに入ろうとしたことがあったが，いろいろとややこしい問題のため追試には携われず，あくまで外部監査者として参加したのみである。教育的意義が非常に大きいので，そろそろ日本版

の CREP を立ち上げる必要がある。誰か頼む。

あるいは，追試専門の研究機関や企業があるといいかもしれない（山田，2016）。これはニュートラルな検証の役に立つだろう。ただお金のないラボがこれを利用するのはおそらく難しく，それが出版バイアスにつながる可能性をどう解決するかが課題だ。それに「再現成功，完全保証！」みたいな業者が出現するのも勘弁願いたいものである。やはり，一番望ましいのは追試専門の研究者が確立されることだろう（Mogil & Macleod, 2017）。新規の提案をする研究者と追試を厳密に行える研究者のそれぞれが等しく学術界で尊敬され，分業し合い，生きていけるようになってほしい。

思い出の追試

何かの参考になるかわからないが，私がこれまで経験してきた追試プロジェクトについていくつか紹介しておこうと思う。こういうのをくわしく語ることのできる場もやっぱりなかなかないので，この機会を最大限に有効活用させていただきたく。

●チアリーダー効果

2014 年度から私は現所属の大学院の担当をすることになった。しかし当然ながら新米の私にいきなり指導学生などいるわけもない。そこで，私の出身ラボの首領である三浦先生とファカルティ・カップリングという学内制度を（名称に違和感を覚えつつも）利用し，共同授業を開講することになった。例の，修士 1 年のときのあの授業を私が受講してから 10 年経って，今度は私が教員として同じ授業に参加することになり，大変感慨深く感じていた。第 1 回の授業では 10 年前と同じく，さて何しましょうかねという話になり，やっぱり私から共同研究をしましょうと提案する流れとなった。するとやっぱり三浦先生は寛大な心でそれを許してくださった。

当時，先述したように，方法セクションが極端に短いオモシロ実験が多数

載っていた *Psychological Science* に，チアリーダー効果という現象が報告されていた（Walker & Vul, 2014)。ちなみに著者はあの Voodoo 論文（Vul et al., 2009）のEdward Vul さんである。この現象は，顔の魅力評価をする際に，写真に単独で写っている場合よりも，複数人が並んでいるなかに混ざって写っているときの方が同じ対象でも魅力がより高くなるというものである。この名称の初出はアメリカのコメディドラマ「How I Met Your Mother」における 2008 年 11 月の「Not a Father's Day」の回であるとされているが（How I Met Your Mother Wiki, n.d.)，たぶん同じ趣旨のことは以前から言われていたのだろう。Vul さんの研究では，チアリーダー効果が魅力度評定実験において生じることはもちろん，刺激が女性だけでなく男性の場合でも生じることを示していた。また，自然な構図の写真だけでなく，顔部分の画像のみを人工的に並べた場合でも，顔にブラー（ぼかし）をかけた場合でも生じる非常にロバストな現象であると報告されていた。したがってこの現象は性別に特化した何かではなく，顔に一般的な平均化処理のメカニズムが関与している可能性が示唆されていた。いやあ面白い。授業でも，あの某アイドルグループはどうだとか卒業アルバムはどうだとかでおおいに盛り上がった。それにきちんと検討していけば，顔のアンサンブル・コーディング（顔集団からの要約的特徴抽出 ; Haberman & Whitney, 2007）やコイノフィリア（平均顔の選好 ; Langlois & Roggman, 1990）みたいな学術的にも興味深い話との関連が生まれそうであった。それでぜひこの路線の研究を行いましょうということになった。

　しかしこれを我々が研究するためには，日本人でもチアリーダー効果が起こるのかという一般化可能性の検討が必要であった。そこでまずは追試をしましょうという話になった。これがすべての始まりだったと思う。すべてというのは，私の中での「追試をパブリッシュ目的で行う」という取り組みの最初のものだということだ。ただ，当初は日本人でのチアリーダー効果を確認し，その後さらにそのメカニズムに迫るさまざまな実験を行う予定であった。とくに顔の配置，元々の顔の魅力度，あるいは顔の呈示時間とかいろいろな効果を調べたかった。そこでまずは Vul さんたちにメールして，元研究で使った刺激をも

らった。ちなみにこの問い合わせメールを書くのだけに 3 日もかかっていたらしい。当時は何もかも未熟だった。

さらに，2013 年の 10 月頃から，私はクラウドソーシングを使ったオンライン実験の準備も進めていた。当時はクラウドソーシング業者との間にさらに仲介業者をカマさないといけなかったので，契約や発注にけっこう難儀した。発注のために業者に電話とかしないといけなかった。そういうわけで，ちょうどよい機会だったのでこの追試はオンラインで行うことにした。したがってこれは私にとってはじめてのオンライン実験でもあったのである。元研究の 2.5 倍のサンプルサイズのデータを集めたので，検定力もばつぐんだ。そして，結果として……全然再現できなかった。グラフ真っ平ら。おかしい。Vul さんはあんなにロバストだって言っていたのに。

自人種効果として知られるように，顔の処理には刺激や観察者の人種が影響してくる。元研究の刺激はアメリカ人の顔だったので，日本人被験者向けに新たに日本人顔刺激を用意して，もう一度追試してみた。ついでに今度はサンプルサイズを元研究の 4 倍以上にまで増やした。だが……だめっ！　やっぱり再現できなかった。

そう，現象が再現できなさすぎてそれより先に進めなかった，というのがこのプロジェクトが追試のみで終わった実情なのである。そこで，この結果を追試論文としてまとめて何らかの形として残すしかないということになった。私が院生の頃なら学内紀要に出すところだったが，一応国際誌で追試を掲載してくれるところがないか探してみた。しかし 2014 年とはいえ当時はまだまだ追試への理解ある動きが学術誌側で進んでいなかった。そんな折に，*Quantitative Methods for Psychology* というところが追試セクションを新設するという話を，そこのエディターの 1 人から個人的に直接教えてもらう機会があった。これは僥倖とばかりにこの雑誌をターゲットに定め，みんなで必死に執筆作業を進め，結果的にそこに掲載させることもできて，なんとかプロジェクトを成功裡に終えることができたのであった（Ojiro et al., 2015）。ただし，最初から直接的追試を出版することを目的として厳密に行っていたわけではなかったため，そして

私自身の研究能力やオープンサイエン
ス実践に未熟な部分が多々あったため，
いまの水準で振り返るといくつも改善
点が見つかってくる。いろいろな意味
で次につながるスタートであった。

●ウェイト・リフティング実験

　2016 年に三浦先生が退官された後
も，同様の授業を続けていた。この年
の授業では，院生が「重りを持ってい
ると視力が上がる」という奇妙な現象
を見つけてきた（Gonzalo-Fonrodona &
Porras, 2013）。私の専門トピックが身体
化認知だったこともあって，とても興
味をそそられた。またこの現象を研究
していたのはこの著者らくらいしかお
らず，第三者による検証が必要だとも
感じられた。とにかく意味がわからな

図 4-1　実験時の被験者の様子
（出典）　ある院生による画。
（注）　重りとして水アレイを手提げ袋に入れて
　　　いる。実際の手提げ袋はもっと大きい。

い。何で重いと目がよくなるんだ。私たちはこの年のネタをこれに決めた。
　なかなか過酷でシュールな実験だった。図 4-1 のように最大 28 kg の重りを
もった状態で，3 時間にも及ぶ入念な視力検査をひたすら行うというものだっ
た。元研究の被験者の性別や年齢と合わせるため，プロジェクトメンバーの親
族や，その親族の勤める会社の取引先の方にまで実験参加をお願いしたりもし
た。当時，実験室には大量の水アレイが転がっていて，体育会系の部室みたい
になっていた。いつものごとく元研究の 2 倍のサンプルサイズのデータをとり，
統計解析の専門家としてアデレード大学の Fernando Marmolejo-Ramos さんを
共著者に迎えた。彼とは私がポスドックの頃から腐れ縁が続いている。ちなみ
にチアリーダー効果のときに情報提供してくれた雑誌のエディターも彼である。

そして，結果として……だめっ！　全然だめっ！　まったく再現できなかった。そりゃそうよな，視力が上がる理由がわからんもんなあ……と，メンバー誰もが結果に納得していたと思う。ともあれこの結果もなんとか載せてくれる国際誌があったので，しっかり報告はしておいた（Yonemitsu et al., 2017）。

●糞 実 験

　いや，ひどい実験だからそういう名称なのではない。本当に糞を使った実験を行ったのである。2016 年，じつは授業の受講者がけっこう多く，プロジェクトはウエイト・リフティングのものとこちらとで，2 つのチームが同時に動いていた。これもよく見つけてきたものだと思うが，院生が「ラバーハンド錯覚中に偽物の手に汚物を乗せると気持ち悪くなる」という奇想天外な研究を紹介してきた（Jalal et al., 2015）。ラバーハンド錯覚とは，ゴムなどでつくられた偽物の手を被験者の目の前に置いて，本人の本物の手は見えないところに置いて，それら 2 つの「手」をハケなどでサッサッサッと同時にリズミカルに刺激すると，だんだん偽物の手が自分の本当の手のように思えてくるという錯覚である（Botvinick & Cohen, 1998）。身体意識を物体へ移動させるテクニックとしてよく用いられている。この錯覚が起きている最中の偽物の手に，排泄物，吐瀉物，血液（のダミー）を付着させると，ゴムの手というただの物体であるにもかかわらず，まるで自分の身体が汚されたかのような強い嫌悪感を喚起するということを報告した研究であった。理屈はわかる。ただ，本当か？という気持ちも拭えない。それに元研究は 14 人しか被験者を集めていなかった。しかもそのうち 3 人が分析から除外されていた。これは……ぜひ確かめてみようということで，こちらのチームのネタはこれに決まった。

　私たちがまず向かったのはキッチンであった。排泄物などのダミーを作成せねばならない。幸いにも，インターネットで調べると，理由は不明だがそういったもののレシピがすぐにたくさん見つかったので，それらを参考になかなかリアルなものをつくることができた。念には念を入れ，おならスプレーを海外から調達して嗅覚情報も追加した。問題は，被験者は毎日数人しか来ないのだ

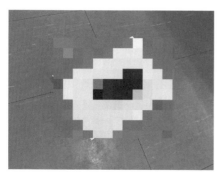

図 4-2 「汚物」実験の刺激と手続き

が，検定力分析の結果，元研究の4倍以上のサンプルサイズのデータを集めなければならず，そのため長期にわたる実験期間中に毎日毎日「汚物」を生成し続けるわけにはいかないということだった。仕方ないので大学近所に住んでいるチームメンバーの友達の家の冷蔵庫に「汚物」を保管しておき，実験のたびに持ち出すというやり方をとったらしい。冷蔵庫を開けるとつねに排泄物や吐瀉物（のダミー）が冷やされているその友達の心情を察するに余りある。被験者が来るたびにおならスプレーが撒き散らされる実験室の異臭も大変なものだったらしい（図4-2）。とにかく大変な実験だったのだ。

　この頃ちょうど，アメリカの心理科学協会（Psychonomic Society）が刊行する *Cognitive Research* で，事前査読付き登録報告（Registered Reports: レジレポ）という論文タイプの募集を始めるという情報を得ていた。これはプレレジ用のプロトコルに対する査読を行い，アクセプトされるとその時点で事前登録され，実験して論文を完成させた後にもう一度査読を受け，アクセプトされるとパブリッシュされるという方式である（2回目の査読では，プロトコルに沿って適切に実験が行われ，分析されたかが確認される）。特徴的なのは，プロトコルへの査読にパスすることを原則的採択と呼び，実験の結果がどうであろうとそこは問わ

ずに掲載を確約してくれるという点である。私たちのこれまでの追試ではプレレジをしてこなかったので，これにチャレンジしようという話になった。いまのところ，追試の価値を高めるにはプレレジはある程度有効である。なぜなら，追試者は，追試を失敗することで先行研究を否定し，インパクトを生み出そうとする方向へ動機づけられている場合があるためである（Bryan et al., 2019）。そのために QRPs をする可能性もあり，たとえばあえて有意にならないようにさまざまな裏操作を行うことが簡単にできる。これは逆 p 値ハッキング（Chuard et al., 2019）や p 値スラッキング（Tim Smits, 2014）といった名称で呼ばれているが，これを防止するのにもプレレジは作用する。

　したがって，このプレレジを学術誌側が査読付きでやってくれるというレジレポへのチャレンジには，私たちの追試の遂行具合をきちんと評価してもらいたいという気持ちもあったのである。*Cognitive Research* 内はまだこの新システムが始まったばかりでバタバタしていたようだったが，当時のチーフエディターであった Jeremy Wolfe さんがかなり柔軟に対応してくれて，ほぼ奇跡的にだがアクセプトしていただき，めでたくこの雑誌第 1 号のレジレポ論文となった（Nitta et al., 2018）。実験が大変だっただけに報われた思いである。ちなみに今回は元研究の結果を完全に再現できた。そういうときもちゃんとあるのだ。まあ，今回は実験内容がものすごいので，結果の方がどうなろうとどうでもよかったのだが……そういうフラットな気持ちが大事なのかもしれない。

●笑顔の年齢効果

　翌 2017 年，この年の院生が見つけてきたのは「笑顔は年老いて見えるけど，思い出すと若々しくなる」というまたもトリッキーな研究であった（Ganel & Goodale, 2018）。彼らはどうして次々と不思議な研究を見つけてくるのだろうか。もっとコテコテでインパクトのありそうな研究がたくさんあるはずなのだがそういうのはスルーしてくる。とりあえず面白いのでネタはこれに決めた。

　実験内容自体は簡単なもので，被験者に笑顔，真顔，驚き顔の写真をそれぞれ見せて，その人の年齢が何歳なのか推測してもらうというものである。写真

を見ながら年齢を見積もる「直接条件」と，後で写真を思い出しながら年齢を見積もる「回顧条件」とがあった。元研究では，直接条件では笑顔の年齢が他の表情よりも高く見積もられ，回顧条件では低く見積もられていた。これが私たちの実験でも再現できるかというのがポイントだ。

　今回もレジレポを行いたかったのだが，受け入れてくれそうな雑誌探しに難儀した。とくに1回査読にまわった後にリジェクトされたのが痛かった。院生メンバーに残された時間を大幅に消費した。そこでひとまず数年前からちょくちょく交流のあったハイデラバード大学の Ramesh Mishra さんがチーフエディターを務める雑誌に，こういう面白研究の追試を出せないかとメールしてみたが，レジレポのセクションがないとのことだった。そこでレジレポのシステムについて Mishra さんにあらためて説明をしたところ，なんとセクションを新設して受け入れてくれることになった。それはいいのだがこのときすでに2018年の7月頃であり，もう院生たちは修士2年の夏であった。時間が全然ない。

　査読も大変だった。元研究が使っていた刺激なので仕方なかったのだが，顔画像がスウェーデン人のものだったことに査読者たちが盛大にツッコんできた。日本人にそれ見せるのおかしいじゃん？と。そして，ある査読者が気安く言い放った一言「スウェーデン人のデータもとってみろよ」がキツかった。そんなの簡単にできるわけないだろうが。しかし偶然にも，なじみの Marmolejo-Ramos さんがスウェーデンでポスドックをしていたことがあるため，そのときの彼の同僚であったストックホルム大学の Veit Kubik さんとともに共著者に迎えてスウェーデン実験室を確保し，完全に国際共同研究となった。ただの授業だったはずなのだが。

　その後も元研究の5倍弱のサンプルサイズ，コロナ禍による実験室の長期完全閉鎖などさまざまな困難が立ちはだかったのだが，第一著者の吉村直人さんの気合いで乗り切り，なんだかんだでめでたく2021年1月にパブリッシュされた（Yoshimura et al., 2021）。開始から3年8カ月もかかった。すでに，吉村さん以外の院生メンバーたちは立派な社会人になっていた。そして吉村さんはこ

の研究で博士の学位を取得した。彼は大学院にいる間，最初から最後までずっとこれをやっていたことになる。

　ちなみに今回も元研究の結果を再現できた。この現象が起こるメカニズムは未だに解明されていないが，そんなことよりひたすら苦難の印象が強い追試研究であった。

● Bem 実験

　最後に一応，この研究の追試もやったので紹介しておきたい。それは本書冒頭から定期的に何度か出てきている Daryl Bem さんの超能力研究についてである（Bem, 2011）。Bem 論文ではとくに「予知」についての実験が認知心理学的な方法を用いて 9 つも行われていて，私たち追試グループはそのうちの実験 1 に着目した。この実験では，まず，被験者はパソコン画面に表示された 2 つのカーテンを見せられる。このカーテンはその裏に何かを隠していると伝えられる。そしてどちらかのカーテンを選ぶ。どっちのカーテンの裏にエロ画像（失礼。しかしこう表現せざるをえない）が配置されるのかが「被験者がカーテンを選んだ後に」パソコン内でランダムに決定される。そして被験者の選択が当たった場合にはカーテンがめくれ，エロ画像が「報酬」として呈示される。このようにして，被験者は自分の選択後に決まる事象を予知しながら，次なる報酬を求めて 36 試行の課題を遂行していくというわけだ。……まあ，現時点でいろいろ言いたいことはあるだろうが，こういう実験だったという事実を説明しているだけなのでご容赦願いたい。この実験には 50 名ずつの男女が参加し，結果としてエロ画像がある方を選んだ割合が 53.1％ で，偶然水準の 50％ よりも有意に高かった（$t(99) = 2.51, p < .01, d = 0.25$）。つまり，この実験結果は，被験者がエロ画像を見たいがために，自分が選ぶカーテンの位置にエロ画像が配置される未来を予知したことを示唆している，と主張されたのである。

　大方の予想どおりいくつもの批判や議論が起こるが，本書はべつに Bem 論文の批評を行いたいわけではないので詳細は割愛する。重要なのは，そうした応酬の中で多くの検証や追試が行われたということである。つまり，私たちが

やる前からすでにこの実験については何度も追試されていた。そして Bem さん自身が行ったメタアナリシスでは，実験 1 のプロトコルを使って 4 つの国で行われた 14 個の実験には合計 863 名の被験者が参加し，その結果は他の実験と比べて最小の p 値（p = .000012），最大の効果量（Hedges' g = 0.14）を示していた（Bem et al., 2015）。したがって，論争が起きている元研究の中においてもとくにこの実験 1 は最もロバストで信用度が高いとされていた。

　私たちの研究では，実験の信用度を限界まで高めるにはどうすればいいかを突き詰めて考えた（Kekecs et al., 2023a）。ここではおもに 4 つの方法を提案し，それを実験的に実装してみることが目的だった。1 つ目は「直接データ寄託」と呼ぶもので，実験時にデータをサードパーティ（GitHub 等）のサーバーにダイレクトに送信し，管理する方法である。これにより生データを不正な操作や不意の損失から守る。2 つ目は「ボーンオープンデータ」である（Rouder, 2016）。データがサーバーに送られた瞬間からオープンにされることで，リアルタイムでの結果の公開と集計が可能となった。3 つ目はリアルタイムな研究報告で，実験実施中に収集されたデータが自動的に分析され，その結果が即時ウェブ公開されていた。最後の 4 つ目は，実験の正常な実施を評価する 3 名の外部監査者を置いたことである（実際に，この論文の出版後に行われた監査報告に基づいて修正を実施している ; Kekecs et al., 2023b）。他にも実験者の事前トレーニングなどの多数の措置を講じつつ，従来にないレベルの慎重度で実験を行った。そしてその対象としてたまたま選ばれたのが Bem 論文の実験 1 だったわけである。論争が起こるのはその実験過程に曖昧な部分や何かしらのバイアスが入り込む余地があったためであり，それらを可能なかぎり排除した状態での検討を行うためには格好の標的であった。

　実験は 9 カ国・10 個のラボで分散して行われ，合計 2220 名の被験者が実験に参加した。これは元実験のサンプルサイズのじつに 22 倍である。結果として，エロ画像がある方を選んだ割合は全 3 万 7836 試行のうち 49.9％で，偶然水準（50％）ときわめて近い値であった。つまり，Bem 論文の結果はまったく再現されなかった。おそらく元研究の実験 1 の結果は何らかのバイアスによっ

て生み出されてしまったものだろうと思われる。

　一応最後にこれだけはつけ加えておきたい。超心理学以外の，一般的な自然科学において，予知という現象や能力が存在しないことはほとんど常識的といってもいいだろう。そうした認識のラチ外にあたる，つまり予知能力が存在するという実験結果が Bem 論文のようにして報告されることは，非常に刺激的な知的興奮を与えるものであり，一種のロマン的な気分を醸すこともあろう。私の授業では，予知やテレパシーといった超心理学研究の話を批判的文脈で提示することがある。すると，学生からはそこでの意図に反して，ロマン派な肯定的感想（「でもやっぱり，科学ではわからない何かがあるって考えるのは，ロマンがあるよねえ……」等）が返ってくる。気をつけねばならないのは，こうした科学的な常識から外れるような驚愕的結果というものは，バイアスによって不意にもたらされる場合があるし，第 3 章で紹介したようなチート行為を使えばいくらでもつくり出すことができることだ。そうした疑念を払拭しつつ，元研究が主張するような仮説を検討するためには，ここまでのおおがかりな実験を行わないといけない。いや，下手すると，どこまで完璧に実験したとしても，もとの仮説を検証しきることはできないのかもしれない（平石・中村，2022a, 2022b）。「予知能力はない」という当たり前のことすら実験では確認できない可能性を考えると，はたしてここまでの高コストな実験をやる必要があるのかと思えてくる。この点は第 5 章でのビッグチーム研究にも当てはまることだろう。

注目をあびる優れたコンテンツへ

　追試は地味でつまらない作業だと思われがちである。以前にも述べたように，私と専門の近い研究者は日常的に追試を行っているのだが，それはおもに現象確認と刺激調整のための作業であり，自分の研究に本格的に入る前の準備段階でのことである。ある先行研究が報告した現象を再現できたときに，はじめて自分のアイデアをそこに乗っけられるようになるのである。10 年ほど前であれば，そのような準備的な時点で追試結果をパブリッシュするという発想など

絶対に湧いてこなかった。もしも再現できなかったら、たんにその先行研究をフォローしないだけである。正直なところ、追試を「論文」にするなんて、そんなことは無駄だとさえ感じていた。ある研究結果が再現できるかどうかなど、自分が知っておけばそれで十分だと思っていた。そう、追試を地味でつまらない作業だと思っていたのは何を隠そう私自身だったのである。当時は楽屋話であってもこんなつまらないことは話題にしなかったため、他の同業者がどういう感覚だったのかよくわからないのだが、多分私と似たような人もけっこういたんじゃないかと思っている。いま思い返してみると、10年足らずで自分の価値観がこれほど大きく変化したことに驚くばかりだ。いまはみんなでお互いに追試結果をどんどんパブリッシュして共有したいという気持ちが強い。

　私がこれまで関与してきた数々の追試プロジェクトを経て思うのは、追試というものは本当に大変な仕事であるものの、追試論文としてパブリッシュするというクエストクリアまで見据えながらやろうとすると、そこには意外と攻略要素が多くて、やり込み好きの私にはとくに面白く感じるということである。また授業で行う際にはその過程で大幅に成長する学生を何人も見ることができたし、最近では追試プレイヤーがかっこいいとすら思うようになってきた。なんというか、研究知見の新規性という、万人にとってわかりやすいことこの上ない強力武器（エクスカリバー）をあえて封印・制限してきっちりとプレイする姿に、実直なストイシズムを感じてしまうのである。私の基礎研究者としての性質なのか、そういうのが好きなのだ。

　本章冒頭にて、追試はシャドーボクシングみたいなものだという話をした。シャドーも本来は地味なものだ。とくに何も意識せずぼうっと見ていると、何をやっているのかさっぱりわからない。踊りにすら見えたりもする。だが、真のトッププロのやるシャドーは本当にすごい。身体のキレやスピードや安定感はもちろんのこと、対峙している相手を尋常でない明瞭度でイメージしている。一定のレベルを超えたシャドーは、明らかに芸術性を帯びてくる。ただ密かに練習の一環としてやるだけではもったいない。私と同じように、こう思う人が多かったのだろう。近年ではシャドーボクシング選手権が開催されるようにな

った。ネット上に動画もたくさんあるのでぜひご覧いただきたい。このように
シャドーボクシングが耳目を集めるのなら，きっと追試も人々の心をくすぐる
に違いない。

　実際，追試は一般社会からもだんだんと注目されてきている。かつては新聞
などの媒体で心理学の研究成果が扱われる際には，もっぱら「こんな新発見が
ありました！」という系統の話ばかりであった。たしかに「心理学でとあるト
ピックが研究されたけど，とくに結論できることはありませんでした！」なん
ていう新聞記事など私は見たことがない。おそらく一般記事には学術誌以上の
出版バイアスが存在していて，陽性の知見のみが扱われていたと言っていいと
思う。しかし近年になってやっと，再現性問題（日本経済新聞，2019）や過去の
知見を修正するような意見（GIGAZINE, 2021）などの，追試をベースとした話
題が新聞で報じられたり情報サイトで発信されたりするようになってきた。海
外ではもっと多い印象である（たとえば Gelman, 2018; Schnall, 2014）。なかでも手
記千号さんのブログ記事（手記千号，2021a, 2021b）は爆発的な反響をもたらした。
本当は，よりによって私の大好きな心理学を「ヤバい」というフレームで扱っ
ている記事がバズるのは不本意なのだが，2015 年の OSC 論文以降，再現性問
題や追試が日本国内でこれだけ多くの人に注目され，かれらの強い反応を引き
出したことはなかったように思う。そして同時に思うことは，「今回はついに
私もプレイヤーとして参加できたなあ」ということである。私もこれらのブロ
グの中で何度か言及されていて，やっとではあるが，ぼちぼち人の目に触れる
活動になってきたんだなあと感慨深い。以前は通販番組のお客さん役だったこ
とを思い出す。

　そして，追試は学術界での強い関心も集め始めた。その端緒となり，かつ最
も顕著な取り組みでもあったのが OSF の Many Labs プロジェクトである。こ
のプロジェクトは多数の先行研究の追試を中心に据えつつ，その周囲を取り巻
く要素を検証することも目的としており，例の OSC 論文のプロジェクトとほ
ぼ並行して進められ，その開始時期は 2013 年頃に遡る。Many Labs は 5 つの
サブプロジェクトで構成されており，その第 1 号である Many Labs 1 は，実験

室とオンラインの比較やサンプルの一般性についても検討しており，2014年に出版されている（Klein et al., 2014）。プロジェクト開始から出版まで1年ほどと，意外と短く感じられるが（私たちは笑顔年齢効果のやつで，たった1つの実験の追試に3年8カ月かかったことを思い出してほしい），13個の先行研究を検証しているためけっして簡単な追試事業ではない。そしてこの研究では，実験室の効果もサンプルの効果も非常に小さいことが明らかとなった。

　次なる Many Labs 2（Klein et al., 2018）と3（Ebersole et al., 2016）は，第2章でも触れた「隠れ調整変数」について扱ったものである。隠れ調整変数とは，おもに直接的追試が元研究を再現できなかった際の説明に頻出するもので，「追試者の実験するスキルが稚拙だからだ」「被験者の母集団が元研究と違うからだ」「実験設備が元研究と違うからだ」とかの何かしらが未統制・未調整なため悪さしたといった形で使用されることが多い。この2つの Many Labs では，隠れ調整変数の影響を元研究の著者などと協議して事前に潰して実験を行っている。その結果，よほど元実験と追試実験がかけ離れたセッティングでないかぎり，隠れ調整変数の影響はかなり小さいことが示唆された。これまで追試論文を書く際には，多少無理やりであってもこの隠れ調整変数について何かひねり出して議論しないといけなかったので，この知見はかなり助かるものであった。ただたんに査読者――往々にしてそれは元論文の著者であるが――のお気持ちを満足させるためだけに，言い訳がましい隠れ調整変数の議論をするのは本当に労力と誌面スペースの無駄だったからだ。

　残り2つの研究も同様に追試者にとってありがたい。追試プランについて，実験の開始前にきちんと査読しておかないから，実験方法があまりに稚拙すぎて再現できなかったんだ，みたいな批判を元研究の著者から受けることがあった。つまり「追試の場合だけ」なぜか事前査読を義務づけられるような，レジレポを必須とするような，不公平で差別的な風潮になりつつあった。そこで Many Labs 5 では，追試プロトコルへの事前査読の効果が調べられた。その結果，なんと事前査読による再現率への改善効果はなかった（Ebersole et al., 2020）。Many Labs 4 では元研究の著者が追試を「指導」する必要があるかを調べた

（Klein et al., 2022）。追試には元研究の著者を関与させて隠れ調整変数を含めたさ
まざまなアドバイスを受けるべきという風潮もあったのだ。とにかく元研究の
著者さんたちは追試者を幼稚で無能な輩どもだと考えていることがよくわか
る。それにこれは，元研究の著者のお気持ち一つで追試を開始させなくするこ
ともできる条件となっており（一番簡単な追試の防ぎ方は，元研究の著者がアドバ
イザーの就任要請に対し，そもそも返事をしないこと），追試の普及にとってなかな
かやっかいであった。しかし結果として，追試に元研究の著者を参加させた場
合であっても再現率が大きく変わらないことを示し，この風潮に風穴を開けた。
プロトコルへの査読や元研究の著者の参加自体は致命的なエラーを防ぎ，追試
実験の複製度（あくまで手続き再現の忠実さの意味であることに注意）を高めるう
えで重要だが，結果の再現率という観点ではそれほど重要ではなさそうである。
こうして，研究者の間では特定の〇〇効果が単純に追試で再現できるかどうか
ではなく，「いかにして見事な追試を行うか」という方法論の発展の方へ関心
が移っていっている（たとえば Kekecs et al., 2023a; Romero, 2018）。

　OSC 論文や Many Labs プロジェクトは間違いなく追試の文化を醸成した功
績を有するが，それだけでなく，もう 1 つの見逃せない特徴を示している。そ
れは著者数である。先述のように OSC 論文の著者は 270 名，Many Labs は平均
130 名の著者によって執筆されている。とくに心理学ではとんでもない著者数
だ。明らかにオーサーシップというものが変貌し始めている。このことは次の
第 5 章で見ていくとしよう。

第5章

多人数で研究対象を制圧する

マルチラボ研究

私の共著者数は 2017 人です

　オペレーションズ・リサーチの始祖的なものにランチェスターの法則という
ものがある（Lanchester, 1916）。これは，使用される武器の種類や性能に依存す
るものの，非常に簡単な数理モデルで戦闘時の損失兵力を見積もろうとする
ものである。トラファルガーの海戦やバトル・オブ・ブリテン（Mackay & Price,
2011），ゲティスバーグの戦い（Armstrong & Sodergren, 2015）など過去の有名な戦
闘がこの数理モデルによりうまく記述できるとされている。このように，単純
に戦闘する「人数」が勝敗を分けることは珍しくない。ランチェスターの法則
はマーケティングにも応用されているらしい。だが，そちらがうまくいってい
るのかどうか私はまったく知らない。さすがにそのまま使うにはモデルが単純
すぎるような気がするので，いろいろとカスタマイズされているんだろうなと
予想している。
　こうした数の力というものを実感したのは小学生の頃であった。3 年生のと
きに遠足のタイミングで衝撃的に転入した後，自宅で 1 人でレベル上げ三昧の
相当なインドア派である私なんかにも，少しくらいは友達ができていた。1990
年代初頭の当時，私の住んでいた福岡県大牟田市は炭鉱で栄えていて，とても

活気があった。私は4歳頃から，毎晩，石炭で風呂を沸かすことが任務だった。そこら中に巨大なボタ山があり，町並みは，いまより暗く，重く，汚く，臭く，錆かかっていたのだが，なぜか人間だけは町中の至るところにいた。ただ歩いているだけで，あの頃の，かの地域特有の，いわゆる「戦闘系」の方々とエンカウントする危険性がつねに大きかった。それを避けて，あえて普段使わない細道の方にルートを変更したりすると，そっちにも別の方々がいたりしたものである。子どもたちも同様であった。黒々としたドブのまわり，寂れた薄暗い路地，田んぼの枯れ草の上など，どこに行っても誰かがいた。その中でもホットスポットと呼ばれる，子どもたちの出現確率がとくに高い場所が何箇所かあった。駄菓子屋とか公園とかお宮とか，あるいは特定の友達の家とかそういう場所に行くとだいたいウジャウジャと子どもたちがポップしていたので，放課後や休日などはとりあえずホットスポット巡りをしていたものだ。なにせ通信手段が皆無なので足で稼がなくてはならない。私だけではなくみんながそうしていた。だから子どもたちはあてもなくつねにどこかへ移動していた。みんなが巡回セールスマン問題（Wikipedia, n.d.）みたいなことを毎日やっていた。もしも誰かと遭遇した際には誰がどこにいたとか，いまの時間帯に一番湧いているのはどこだとか，ホットスポットについての情報をすれ違いながら口頭で交換していた。不便で危険なことだらけだったけど，ああいう生活は大好きだった。

　そのホットスポットの1つが小学校の校庭であった。私たちはよくその校庭の全面を使ってサッカーをしていた。同時にその校庭に向けてゴルフもやっていたので非常に危険だったが，ショットが直撃したケースはなかったと思う（多分）。どちらかというとそのサッカーのルールの方が危険で，コート内のある特定のエリアだけファウルなしという意味不明な決まりがあり，普通に殴り合っていた。そんなふうに楽しんでいたある日，高校生の男子4名が遊びに現れたのである。いま思えばよく小学校に入ってきたなあと思うけれど，当時はいろいろな謎の人々が自由に校内に入ってきていたので違和感はなかった。しかし成育環境的に危険への感度もきわめて高かった私たちである。友達の1人

が何か話しかけられていたのを見て，内心「ヤバいか⁉」と警戒レベルを急激に上げたものの，どうやらサッカーの試合をしようという提案だったらしい。こちらが勝ったらジュースを奢ってくれるという契約までとりつけていた。なんて交渉力の高い友なんだ。あちらは 4 人で，こっちは 8 人くらいいた。そしてこちらの出場人数は何人でもいいという。ハンデのつもりだったのだろう。全員でかかればランチェスターの法則的には勝てる可能性もあったが，個人の性能が違いすぎるため厳しいだろうと思った。幸いにも兄さんらは戦闘系ではなかったため，さらなる交渉の余地はあった。そこで「20 分待ってほしい」と言い，複数のメンバーを各ホットスポットに走らせた。すると 15 分くらいで，話を聞きつけた子どもたちが大量に参集してきた。兄さんらは確実に怯んでいた。そして結果的に 20 対 4 での試合となった。潤沢な人的資源にまかせて，小学生用の狭いゴールの中に 8 人くらいの少年を詰め込んで物理的に塞いだので，失点する心配はなかった。それでも 10 人以上余っている。そこで例のノーファウルエリアに誘い込み，1 人の兄さんごとに少年 2 名程度がラグビータックルし，全員をそこに固定した。残りの 4 名で無人のゴールに決め放題。数のたしかな力を感じ取った経験であった。

　またも前置きが長くなってしまったが，ここでしたいのはやはり，研究でも同じようなことがあるのだろうかという話である。つまり，何らかの研究対象に対し，それを明らかにしようとする行為に参加する人数が増大することで，アドバンテージが生まれてくるのかという点に興味がある。当然ながら，科学にはトレンドがあり，特定の研究トピックには流行り廃りが存在し，グローバルな観点で見ると，一時的にそれを専門とする人員が増えたり減ったりする。

　たとえば私がかつて取り組んでいた注意の瞬き（attentional blink）という現象がある（Raymond et al., 1992）。非常にかいつまんで紹介すると，認知システムがある対象を処理している間，別の新しい対象への処理が 500 ミリ秒間ほどフリーズしてしまうというものである。実験によく使用されるのは多数の数字が高速逐次視覚呈示という，バラバラバラとすごいスピードで連続で切り替わっているなかに，2 文字だけアルファベットを混ぜるものである。たとえば

W，Jという順に出たとする。このときWの方はほぼ100％答えられるが，こ
れを答えられる場合にのみ，Jがわからなくなる。Wを無視すれば，Jはわか
る。Wが出てから500ミリ秒以上経ってJが出れば，WもJもわかる。つま
りWの同定処理中にはJが処理できないことを示すとされている（異論もある）。
この現象は私が学部生くらいの頃に最大級の盛り上がりを見せていて，私もお
もに学部生や院生の頃に取り組んだ（Yamada & Kawahara, 2005, 2007）。なにせ刺激
がシンプルなので，文字を写真にしてみたり音にしてみたり，WとJの場所
を変えてみたり，WとJの呈示時間や間隔を変えてみたり，個人差を調べて
みたり，脳波を調べてみたり，まさしくあらゆることが検討できるため，大
きな注目をあびる優れたコンテンツだったのである。2005年にVision Sciences
Societyという視覚科学系で最大規模の国際学会に参加した際，ポスターセッ
ションに「Attentional Blink」という現象名のコーナーができていたのには驚い
た。それくらいこの現象の研究発表が多かったのである。現在ご活躍のとあ
る人気声優の方も大学院時代に研究していたくらいである（立花・御領，2013）。
しかし，ある時期から徐々に勢いが沈静化し，この学会での発表数がたった2
件というところまで落ち込んだ。一時的に加熱しすぎて，だんだんと目新し
いことがなくなっていったのかもしれない。だが2017年にまたも「Attentional
Blink」のコーナーが復活した。干支がひとまわりして世代交代したのか？と
かいろいろ考えさせられた。こういう意味ではランチェスターの法則よりも捕
食者・被食者数の時間変動を扱うロトカ−ヴォルテラ・モデルのようなものが
適用しやすいかもしれない。

　ただ現在，個人的にはそうした力学系よりも，あくまで再現性問題へのアプ
ローチという意味においての人数の効果の方に興味がある。とくに，1つの研
究における共同研究者の数，そしてそれが顕在化される論文共著者数における
時間変化は，学術的分業，研究者評価，一般化可能性，シチズン・サイエンス
など多くの点で示唆的である。

　計量書誌学的に詳細なところまではわからないが，少なくとも私の専門とす
る認知心理学だけを見ても，共著者数は変化してきたように感じる。試しに日

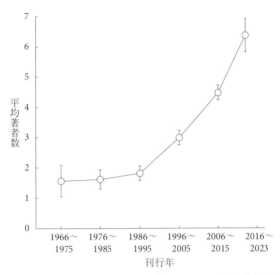

図 5-1　原著論文における 10 年区切りでの平均著者数

（注）　誤差棒は 95％信頼区間。

本発の認知系実験論文の著者数を調べてみた。エルゼビア社の学術文献デー
タベースである Scopus を使い，キーワードに「Cognition」だけを入れ，論文
種別を「Article」，所属機関国を「Japan」，分野を「Psychology」または「Social
Sciences」と指定して 1966 年から 2023 年までの文献を検索したところ，2230
件ヒットした（思ったより少ない……）。キーワードがかなり曖昧なので認知心
理学や認知実験に特化したリストにはなっていないと思われるが，参考情報
なのでご容赦願おう。とりあえず各論文の著者数を 10 年ごとにまとめたのが
図 5-1 である。一目瞭然なように，明らかに著者数が増えてきている。1966～
1975 年の平均著者数は 1.56 人なのに対し，2016～2023 年では 6.37 人であった。
　なお，全体での最頻値はやはり 1 であった。単著多し。最も著者数が多かっ
たのは 2022 年に *Journal of Affective Disorders* に掲載された Solmi et al.（2022）の
215 人であった。これのどこが日本の論文なんだろうかと思ったら，どうやら
慶應義塾大学の方々が参加されていたようである。この 1 本が平均値に多大な

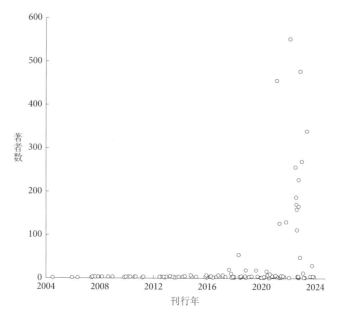

図 5-2　山田の全査読付き論文の著者数

（注）　縦軸は 1 論文の著者数，横軸はその刊行年を表している。見やすくするように，横軸は刊行
　　　年ごとに位置をランダムにずらしている。

る影響を与えた可能性はあるが，中央値で比較しても 2006〜2015 年が 3 人な
のに対し，2016〜2023 年は 5 人であった。これらの全体的な傾向は私が日頃
感じているものにかなり近い。おおまかに，2000 年以前は著者 1〜2 人の時代，
2010 年頃までが 3 人の時代，そして最近は 5 人以上の時代というイメージが
ある。

　というわけで私自身の共著状況はどうなのか，これも調べてみた。2022 年
までに私が主著・共著した，査読付き雑誌に刊行された（一部は印刷中状態）す
べての論文の著者数を示したのが図 5-2 である。おもに 2020 年以降に異常な
ことが起こっていて，それ以前はフルフラット，下手すると著者がゼロ人にす
ら見えてしまうグラフだが，これはまさに研究者評価の上で困難が生じている
ことを可視化していると思う。この点には第 7 章で触れよう。グラフを見てい

ると，傾向の激変がコロナ禍の起こりと一致しているように見えてしまうが，けっしてコロナだけが影響したわけではないと思われる。たしかに論文タイトルに「COVID-19」がつく研究にいくつも参加していることは事実である。しかし，著者数が多い論文の中には，コロナとまったく関係ない研究（Bago et al., 2022; Breznau et al., 2022; Ruggeri et al., 2022）や，かなり前からやっていたのにコロナのせいで実験や刊行が遅れてしまった研究（Coles et al., 2022; Kekecs et al., 2023a）も多数あった。したがって，おそらく，2015 年の OSC 論文という前例にならい，再現性問題や一般化可能性問題への突破口の 1 つとして生じたマルチラボ（多研究室間共同研究）のトレンドと，コロナ禍における地球規模での有志同士の共同研究の動きがたまたま相互作用したのだろうと思われる。

　私の論文の著者数の最頻値は 3 人であるにもかかわらず，平均著者数は 34.8 人である（苦笑）。ここまで分布が歪むと平均値は役に立たない。1 論文における最大の共著者数は 552 人だが，これはコンソーシアム・オーサーシップという特殊な形をとっている（Psychological Science Accelerator Self-Determination Theory Collaboration, 2022）。つまり，論文誌面上ではコンソーシアム名しか表示されていないが，メタデータには著者名が含まれていて，Web of Science や PubMed Central では全著者名が記録されている。現時点で著者が 100 人を超える論文が 15 本あり，Scopus が集計してくれている私の全共著者数は 2017 人である。しかも Scopus はいくつかのマルチラボ論文の情報を収録していないため，実際のフルパワーはもっと上ブレするはずだ。論文間での著者の重複の扱いがきわめて面倒なので自分で数える気はまったく起きないが，計算しやすい延べ人数の方を算出したら 4558 人だった。たぶんこれは心理学業界では国内最多なんじゃないだろうか。

　大学院生の頃の私は，他のライバルのみんなのように筆頭著者としての論文数や掲載雑誌ブランドが派手な感じではなく，かなりのコンプレックスを抱いていたことがあった。いまにして思えばそれは本当に時代の悪癖そのものであり，不必要なことで悩まされていたものだ。で，その代わり私は非筆頭の共著論文が多く，この傾向を自分でどう認識したらいいのかわからない時期があっ

たのだが、あるときからそれをむしろ自分の個性とし、積極的に共同研究を重ねていこうと思えるようになった。というかそう思わないとただひたすら悩み続けるだけでじつに不健康だった。そしてその方向へ行き切ってしまった結果、いつの間にかいまのような共著人数の極みに達してしまっていた。最近は少なくとも筆頭かどうかとか掲載誌がどこかとかではまったく悩まなくなった。こんなことで悩むのは本当に無益だと思うので、私と同じように悩む人ができるだけ少ない業界になっていくことを祈りたい。

思い出のマルチラボ

　ところで私はけっこうなレベルの人見知りである。初対面の人には「いやータハハ」みたいなわけのわからないリアクションをとることしかできなかったりする。「学会の懇親会は熱いディスカッションなどで研究活動を広げたり顔を売ったりできる絶好の場だ」みたいな話は散々聞かされていて、私自身もある程度はそれに同意しているのだが、それでも参加することはほとんどない。参加したとしても、立食用のテーブルに着くことはほとんどない。乾杯のご発声後、急いで食い物を皿に山盛りにして、部屋内の空いたスペースを高速探索する。囲碁の序盤の様子に似ているかもしれない。まず三三的な場所（隅っこ付近の特定の位置）を確保することを目指すのだ。たまたま知り合いがいれば、そこに引き込んでコソコソしながらどうでもいい話で時間を稼ぐ。それが難しいときは、つねに何かを皿に置き、少しずつ食べながら中央の料理エリアの周囲を巡回し続ける。料理をとって歩いている人にはなかなか声をかけないものだ。その心理特性を利用するのがコツである。一言も発さずに懇親会が終われれば勝利だ。いや、これ、本当に何のために私は参加しているのだろう……？と、会の終わりにはいつも自問する。なお、国際学会ではこの傾向がさらに強まる。

　そんな私がどうやって共同研究を行っているのか、自分でも不思議に思うことがある。もともとは2～3人での共著論文ばかり書いていたのだが、契機

となったのは第4章でも登場した Marmolejo-Ramos さんとの出会いだ。彼は
コロンビア出身で、非常に幅広い研究者ネットワークを個人的に構築してい
る。そこにはアメリカ中心の心理学に対抗するような思想があり、日本もその
点では好意的に見られていたようだ。2009 年の秋に、私のウェブサイトを見
たといって突然メールが来た。「感情に興味あるんだって？　俺もそうだ」み
たいなことだけが書かれていた。当時、私は視覚的注意、空間認知、運動知覚
といった研究しかやっておらず、感情の研究には本当にただ興味があっただけ
で、業績はなかった。ウェブサイトに「興味あります」と書いていただけだ。
こちらはただのポスドックなので私という個人を狙ったというより、たぶんい
ろいろな日本人に声をかけていたのだろう。実際、同時期に彼から連絡を受け
ていた人を複数人知っている。で、私はとりあえず「Yes」的なことを返事し
たら、そこからメールで何回かやりとりが続き、彼の研究に誘われることとな
った。まあ出版まではだいぶ時間がかかったが、その論文が私の最初のマルチ
ラボといえるかもしれない (Marmolejo-Ramos et al., 2013)。このときの著者は5人
で、それでも当時では多い印象だった。その後、54 人での意見論文にも誘わ
れたりした (Trafimow et al., 2018)。これは再現性問題に関わる有意水準論争の一
部で、たとえ α = .005 にしたとしても、単一の実験結果に基づいて p 値で仮
説の採択・不採択を決めようとするかぎり問題がいろいろ残るよという意見だ
った。こういうものも含め、何だかんだで最初のメールからもう 14 年以上の
つき合いになるが、じつは1回も会ったことがない。彼が宮崎に来たときにニ
アミスはあったけど、会っていない。ビデオ会議すらしたことがない。つまり、
契機は彼との出会いだと言ったが、厳密には、「出会って」はない。人見知り
としてはそれでまったく問題ないのだが、そんなやり方でここまで関係が継続
しているのが不思議である。

● **Many Smiles プロジェクト**

　本格的な多人数のマルチラボでの実験研究にはじめて参加したのがこれであ
る。2018 年2月頃に、突然 Marmolejo-Ramos さんから連絡があった。感情研

究の分野では，感情体験が顔の表情に影響されるという顔面フィードバック仮説が提唱されている。たとえば顔表情をつくることによる感覚運動的フィードバックが感情体験に影響する（Tomkins, 1962）といったさまざまな説明がされている。そしてこの考えに強い説得力を与えたのが，Fritz Strack さんらの「ペン噛み」実験であった（Strack et al., 1988）。この実験では唇か歯のどちらかでペンを噛ませることで，被験者に実験目的を悟らせずに表情をつくらせることができる。ちなみに歯で噛んでるときが笑顔である。そしてこの状態で漫画を読ませると，歯で噛んでいるときの方が，唇で噛んでいるときと比べて漫画が面白かったと評価された。つまり感情体験に表情が影響したというわけである。その後この研究知見については多くの後続研究が検証してきたが，とくにマルチラボによる追試が再現失敗したことが話題になった（Wagenmakers et al., 2016）。一方で，メタアナリシスでは小さいながら有意な効果が確認されたりもした（Coles et al., 2019）。そこで，もう一度マルチラボで検証しないか？というお誘いが来たのだった。私は断るのが苦手なこともあって「Yes」的な返事をしていたものの，実際そんな余裕はあるのかという心配もあった。そんな折に，感情研究に興味があるという池田鮎美さんが修士課程に進学してきたので，参加してみる？と尋ねたところ「Yes」的な返事をもらえた。そこで彼女が修士 1 年生になってすぐにこのプロジェクトを手伝ってもらうことになった。

　さて，1 つこの研究で生じた問題について簡単に触れておきたい。顔面フィードバック仮説，とくに Strack さんらの実験については肯定も否定もできないような状況であった。そしてこの追試研究には Strack さん自身も著者として加わった。彼は当然，肯定派である。しかし私はやや否定的であった。このように，意見の異なる者たちが一堂に会するのもマルチラボ研究の特徴である。そして困ったことに，論文では何らかの知見を呈示することになるのだが，その知見や主張に納得の行かないまま著者として名を連ねるのを嫌がる人々も確実に存在するのだ。これはオーサーシップの問題につながるのだが，まあその話は後にしよう。実験結果がまたやっかいで，Strack さんのペン噛み条件では再現されず，保険として設定しておいた「顔真似」条件や「自分で表情作り」条

件では再現されるという複雑なものになった。プロジェクトの進み方について
は，例のごとく途中でコロナ禍に突入し実験自体ができない期間が生じたり，
そもそも査読が超遅かったりで非常に時間がかかったが，なんとか 2022 年秋
に論文になった（Coles et al., 2022）。今回は 4 年半もかかった。池田さんは博士 3
年生になっていた。吉村さんの笑顔年齢効果の追試のときと同様に，大学院の
全期間このプロジェクトに携わっていたことになる。笑顔系の研究は時間がか
かるのだろうか……。なお，この論文の著者は 49 人で，規模としてはミドル
級といったところである。

● **Psychological Science Accelerator（PSA）**

　それまでの私は Marmolejo-Ramos さんからもたらされる共同研究情報をた
だたんに「Yes」しているだけであった。しかし 2017 年 9 月，方法論の研究者
であるアッシュランド大学の Chris Chartier さんが「心理学の CERN」みたい
なのをつくろうという動きを見せた（ことを Marmolejo-Ramos さんから教えても
らった）。CERN は欧州原子核研究機構という，きわめて大規模な素粒子物理
学の研究所であり，多数の国のメンバーによって構成されている。私は人見
知りながらも Chartier さんに連絡をとり，すぐにこの動きに呼応した。この
とき設立されたのが PSA である。2023 年 1 月の時点で 84 カ国から 1328 名の
研究者が参加する一大勢力となっている。ちなみに Chartier さんの後を継い
で Director になったのは，一緒に Many Smiles プロジェクトをやった Nicholas
Coles さんであった。この辺は狭い業界だと感じたりした。
　とはいえ当時の私はすでにいろいろなプロジェクトや大学の授業を自転車操
業していてアップアップだったこともあり，しばらくは「見」にまわっていた。
PSA ではいくつものプロジェクトに分かれて大規模な研究が行われている。私
は専用の Slack ワークスペースに入り，黙って進捗を見守りながら，この規模
で本当に着実に研究が進んでいるのを見て純粋にすごいなあと思ったものであ
る。ただいつまでも傍観しているわけにもいかないということで，研究室のメ
ンバー等を誘って「トロッコ問題」の研究に参加してみた。有名なのでご存じ

の方も多いと思うが，暴走トロッコが 5 人を轢いてしまいそうな状況で，1 人しかいない線路の方へ分岐を切り替えるかそのまま放置するか，と問う問題で，心理学では倫理的判断や正当化の過程を調べるために用いられることが多い。これを世界規模でやってみようという研究だった。簡単そうに見えるが，これも 3 年かかった（Bago et al., 2022）。著者数は 270 人。ヘヴィ級である。

　そこからは比較的積極的に参加している。2020 年 3 月に緊急で組まれたコロナ禍特別企画では，たった 3 日間の募集期間に応募された 66 件の提案書を 1 日で選定し，3 件の研究を実施した（Dorison et al., 2022; Psychological Science Accelerator Self-Determination Theory Collaboration, 2022; Wang et al., 2021）。このうちの 1 本は「コンソーシアム・オーサーシップ」というのを採用している。コンソーシアム・オーサーシップとは，Open Science Collaboration とかと同じで，個人名ではなく「Psychological Science Accelerator Self-Determination Theory Collaboration」という 1 つの名義で論文を出すということである。大学にこの論文の業績報告をした際には，「著者名を書き間違えてませんか？」と確認された。まあ，知らなければ無理もない（実際に論文を見てくれれば一発で間違いかどうかはわかるだろとは思ったが，黙っておいた）。一応どういう経緯でこうなったのかを紹介しておく。まずこの論文は 2021 年 10 月頃に *PNAS* という雑誌に条件付き採択された。それはめでたかったのだが，問題も生じていた。著者数が 552 名とあまりに多すぎて，*PNAS* の限られた誌面には載せられないと伝えられたのである。PSA としては，いやいや待ってくれよと。まず PSA はコンソーシアム・オーサーシップを使うことに反対しているし，このプロジェクトの共同研究契約書にもそうすることは書かれていないんだよと。所属とかの余計な情報をできるかぎり補足情報の方へ移し，しかも追加のページ料金も支払うからそれでなんとか対処してもらえまいかと。というか，*PNAS* は 2019 年に印刷版の発行を止めて，完全にオンラインに一本化している。誌面に制限があると言うが，刷り上がりのページ数を事実上気にしなくていいはずだから，なんとでもできるでしょうが！というのが PSA 側の主張だった。それに対する *PNAS* 側の回答は，却下。コンソーシアム・オーサーであってもメタデータに

は全著者の情報が入るため，問題なのは誌面上での表記だけだからそれでいい
じゃない，さもなくば，どうしても著者名を並べたいんなら本文を50％減ら
してみなさいよ，という主張だった。この50％カット案は，その量で満足に
内容を記述できなくなる危険性が非常に高いため，事実上のリジェクト宣告に
近いものだろう。そこで私たちはコンソーシアム・オーサーシップを受け入れ
るかどうかの判断を民主的に行うことになった。共著者内で投票を行ったとこ
ろ，240名は今回かぎりの例外的なコンソーシアム・オーサーシップに賛成し
たが，残る300名は賛成を表明しなかった。各人いろいろな事情があったのだ
ろう。とりあえず今回はコンソーシアム名義で出すこととなったが，今後「著
者」というものをどうしていくべきかという議論のきっかけとなった。

　なにはともあれ，この過程で他の日本人研究者の方々とも数名知り合うこと
ができた。国内にもPSAのように共同研究を自由に，柔軟に，民主的に行う
ことができるコミュニティができればいいなと思っている。誰か頼む。

● **ManyBabies**

　私は発達心理学の研究者ではない。しかしなぜかManyBabiesプロジェクト
という発達系のマルチラボ・コミュニティにも参加している。というのも，そ
の中のさらにサブコミュニティである「ManyBabies-AtHome」に興味があった
からである（Zaadnoordijk et al., 2021）。コロナ禍では大学そのものがロックダウ
ンしていたので，実験室での実験は不可能であり，オンライン実験でデータを
集めるしかないことは明らかだった。しかし2020年当時では，どうやって適
切にオンラインで実験すればよいかという方法論が未だ十分に確立・共有され
ていなかった。そこで2020年5月に，発達心理学分野でオンライン実験法を
探索していたこのManyBabies-AtHomeを知った。この分野では赤ちゃん実験
がメインであるため，オンラインでのデータ収集がおそらく成人を専門とする
私たち認知・知覚系よりも非常に困難だと思われる。そんなかれらが，本気で
オンラインでの実験法を確立しようとしていた。そこで，私がメインとする成
人での研究にも何か役立つ情報があるのではと思い参加したのである。もちろ

ん，コミュニティでの場違い感は半端じゃなかった。そんなある日，一般化可能性の危機についてのある論文に ManyBabies としてもコメントをすることになった（Yarkoni, 2020）。これまた当初は「自分，発達系じゃないので」と思って見にまわっていたのだが，どうも話題が再現性問題についても関係しているようだった。それなら一応，再現性系の野武士みたいな立ちまわりをしていた私にもいろいろと貢献できるかもということで，コメントに参加することにした（Visser et al., 2022）。普段は発達分野における再現性を本気で考えたりすることがないので，とても新鮮な経験で楽しかった。

● COVIDiSTRESS

　最後にこのプロジェクトにも触れておきたい。これまたコロナ禍の 2020 年 3 月に結成された，完全に草の根のプロジェクトである。Andreas Lieberoth さんというデンマークの研究者が「みんなでコロナ禍の人々のストレスとか調べない？」と Facebook で募ったところ，1 日で 100 名以上の研究者がそれに賛同し，私もその中の 1 人であった。専用の Slack ワークスペース上で，自然発生的に各人が得意な作業ごとにタスクチームをつくり，超高速で研究を進めていった。あまりの動きの速さと，ロックダウンが始まった時期で研究室のメンバーも誘いにくい状況であったため，私は妻と 2 人でこれに参加した。第 2 波調査やサブプロジェクトを含めると多くの論文がここから出たが，その中でも私は自分がリードすることになったある論文が思い出深い（Yamada, Čepulić et al., 2021）。

　その論文はデータ記述と呼ばれる形式のもので，その名のとおり，あるデータセットの内容を説明するものである。まずこの形式の論文がはじめての経験で，しかもデータ量や項目数が尋常じゃなかったこともあって，なかなか困惑した。表だけで 20 個くらいつくらなければならなかった。データ視覚化用のアプリもつくった。分析再現のために Jupyter Notebook も公開した。それに著者が 130 人もいたため，その管理が非常に大変であった。とくに時差がきつい。誰かに何か作業をお願いしようとしても，そのメッセージを相手が見るの

が12時間後とかになる。そしてその返事を私が見るのがさらに12時間後である。速くても1日に1往復といった感じで円滑なやりとりがとても難しく，なんだか別の惑星の生命体と交信しているかのようだった。少しでもコミュニケーションの効率を上げるために，相手の所在地と現在時刻をつねに把握しておく必要があった。Lieberothさんから「直接名指ししてお仕事をお願いしないと，誰もまったく動かんよ」と助言してもらったこともあり，各人の名前を覚え，誰が何が得意で，どこでいつ動けるかばかりを考えていた。毎日のようにこまめに進捗状況を共有し，名指し依頼を繰り返した。そのせいでまともに寝られる時間が本当になかった。そう，この論文は過去最大級に面倒だったのだ。それに私が人見知りであることを忘れてはならない。とにかくいろいろとしんどい論文だった。

　完全に余談だが，私が2004年に修士課程に入ってから少しの間だけ部屋が同じだった先輩のMuhammad Kamal Uddinさんと，この論文で15年ぶりに再会したことが衝撃的だった。プロジェクトメンバーの名簿を整理していた際に，ふと非常に見覚えのある名前があったので「昔，九大にいたカマルさんですか？」とSlackで尋ねてみたところ，やはり「Yes」的な返事が来て，お互い大変びっくりし合った。どちらも当時は視覚的な空間処理の研究をしていたので，まさか国際的なストレス研究で再会することになるなど予想できるわけがない。こういうことが起こるのもマルチラボ研究の醍醐味なのだろうか。

ビッグチーム・サイエンス

　以上のように，私はさまざまなマルチラボ研究に参加してきた。そしてその過程でいくつか考えたり学んだりすることがあった。また同時期に，こうした多人数による共同研究をビッグチーム・サイエンスと呼ぶ風潮が現れ始めた。以下にそれらをまとめてみようと思う。

● 多人数が得意とする制圧対象とは何なのか

　この問いは，ビッグチームじゃないと解けない問題はあるのか？と言い換えることもできる。少人数での研究と多人数での研究とでは特性が異なっているといわれている。少人数，つまりスモールチームの研究は破壊的・革新的なものになる傾向があり，反対にビッグチームの研究は漸進的なものになる傾向がある（Wu et al., 2019）。ということは，既存の考え方では対処できないような，何か新しい問題を解こうとするのならビッグチームよりもスモールチームの方が向いているのかもしれない。しかしこの傾向がなぜなのかはまだよくわからないので，集団や組織を専門とする心理学者にご意見を伺いたいところである。Lingfei Wu さんの分析では，チーム規模によって出す論文のタイプが違うからというわけではなさそうで（つまり少人数だと総説論文で新理論を出しやすいとかではない），チーム規模でその構成員が質的に異なるからというわけでもないようだった（つまり破壊的なアイデアを考えやすい人が少人数チームを好むからということでもない）。いまのところ，仮説探索の自由度と関係があるのではないかと考えている。少人数だとさまざまなアイデアを自由に試すことができるが，多人数だとその集団規模を維持するためにアイデアの扱いはリスク回避的になる。大勢を引き連れているのに，ボツになるかもしれないネタやマニアックなネタに手を出したくはない。だがそれゆえ比較的ホットなトピックに対してであれば，ビッグチームは保有する多くのリソースと高スループット（時間あたりの処理量）な作業によって，既存のアイデアを急速に前進させやすい。すると，ビッグチームの得意とする制圧対象は，既存研究の発展，学際化，そして追試となるだろう。多くの労力，多くの視点やアプローチ，そして多くの証拠が必要な問題こそ，ビッグチームでないと解けないといえるかもしれない。

　多人数だと，個別研究では出現しにくい結果を得ることができるという点も注目に値する。とくにこれは WEIRD（Western, Educated, Industrialized, Rich, and Democratic）問題を考える際に重要である。心理学はこれまで西洋の，教育を受け，工業化され，裕福で，民主的な社会に属する人々，もっといえばほぼ北米の人々への研究をもとに確立されてきた（Arnett, 2008; Henrich et al., 2010）。つ

94

まりこれまで検討されてきたのは北米の一部の人々の心であって，「人間の」心を説明や記述しようとする際にはサンプルの代表性がきわめて乏しく，深刻な一般化可能性の問題が生じる。……まあ人間一般の心が本当に法則定立的に理解できるのかという話は，ここではいったん措いておこう。ある研究が示すデータでは，6つの心理学系トップジャーナルにおいて2003～2007年の筆頭著者の73％がアメリカの大学に所属していた（Arnett, 2008）。ちなみにアジアは1％，アフリカに至ってはゼロである。また，被験者サンプルの方も68％がアメリカの人々であり，アジアは1％，アフリカはゼロではないものの0.2％であった。尋常ではない偏り方である。

　ただまあじつはこれは，アメリカ心理学会の発行する学術誌（APAジャーナル）における傾向なので，もともとバイアスが出やすかったのかもしれない。APAジャーナルは雑誌ブランド的には確実にトップなのでこの知見が見当違いというわけではないが，APAジャーナル以外ならぜんぜん違う傾向だろ？と思われる人も多いだろう。そこでWeb of Scienceを使い，世界中の心理学関連の470誌が1999～2004年に出版した10万9302件の抽出を行った別の研究を見てみたが，その期間に60本以上の論文を出版した国は45カ国しかなく，その中でもアフリカ地域の国は南アフリカのみであった（Navarrete-Cortes et al., 2011）。その南アフリカでも出版数は415本だったので，1雑誌に5年間で平均1本以下の論文しか出せていなかったということになる。ちなみにその期間にアメリカから出た論文は9万4988本であり，全体の87％を占めていた。

　このように，心理学内外まで見ると，裕福な国々（Zhang et al., 2017）や北半球に位置する先進国（グローバルノース；Amarante et al., 2022）が出版などの研究出力において圧倒的に大きな優勢を示すデータは多数報告されている。そしてこれらの報告に共通することとして，ここ30年ほどでこの傾向がほとんど変わっていないことも見て取れる。こうした傾向は，科学自体が植民地時代の影響を強く受けていることによるものであると考えられている（Gewin, 2022）。かつての植民地地域に形成されている学術的な仕組みもまた植民地的であり，たんに植民地期間中に研究活動が制限されていたというような話ではない（Bulhan,

2015)。たとえば現在でも非 WEIRD な地域では，現地の人々が WEIRD な研究者たちの研究に参加したとしても，その人々が研究発表をしたり研究発表に連名したりすることは少なく，研究資源を搾取されるだけの構図となっている。だからこうした状況を，脱植民地化へと向かわせるための方策がいままさに議論されているのである。

　ビッグチーム・サイエンスはこの脱植民地化を促進する可能性がある。非WEIRD，とくにアフリカや中央アジアなどの国々からは個別の研究発表が出にくい状況である。しかしビッグチームの論文では，参加研究者は貢献度に基づいてフェアに扱われる。多数の共同研究者を管理するためにはそうしないと収拾がつかないのだ。その結果，現地の研究者であっても論文著者から不当に外されたり，彼らのデータが日の目を見ないままお蔵入りすることもない。多様性と包摂性はビッグチームにおいてこそ達成されやすい印象である。だがあくまで現状がそうだというだけであり，何かが少し綻べば，途端に搾取的な構図が生まれる可能性はある。ビッグチームを「踏み外させない」ためにはどうすべきかについても研究がなされていくべきだろう。

● いかにしてビッグチームするのか

　というわけで，ビッグチームを適切にリードするためのやり方についても触れておこうと思う。つまり，ビッグチーム研究のプロジェクト遂行をまとめたり，調整したりする役割の具体的な仕事についてである。私自身，リードした経験が多いわけではないので偉そうに言えるようなノウハウはそんなに多くない。だが最近，いくつかのビッグチームのトップたちが連名でこの点についての議論を紹介する論文を出している（Jarke et al., 2022）。具体的には，PSA, Junior Researcher Programme（JRP），ManyBabies，Collaborative Open-science REsearch（CORE），International Study of Metanorms（ISMN）の面々が集って行われたディスカッションに基づいて論文が書かれている。奇遇にも，私はこの中の PSA, ManyBabies, そしてじつは JRP（Ruggeri et al., 2022）にも参加している。なんか，まさに遊撃的に，いろいろなところを渡り歩いているなあと自分でも

感じてしまった。あまり多くないとは思うが，自身でビッグチーム研究を引っ張りたいと思っている方はぜひこの Jarke 論文を実際に読んでもらいたい。ここではそういった激マニア向けの説明は省こうと思うが，たとえば参加研究者との共同研究契約についてとか，トピック選別の仕方とか，追試のデザインの仕方とか，組織の設営とか，非 WEIRD な人々の巻き込み方とか，資金の取り扱い関係などに始まり，プレレジ，倫理審査，多国間での翻訳，データの扱い方，統計，宣伝に至るまで，さまざまなポイントについての議論がまとめられている。論文投稿の際に何百人分もの著者情報を逐一打ち込んでいくのは時間と労力の無駄すぎるので，学術誌側は投稿方法を何とか考えてくれとかいう話まであった。これには非常に共感している。あの入力作業は本当に地獄そのものであり，しかもリジェクトされて違う雑誌に出すことになると再び同じ作業が待っている。私はアレを「シーシュポスの岩」と呼んでいる。しかしある日，まるで神の赦しのようなブラウザ拡張機能が登場した（GitHub, 2022）。なんと，誠にありがたいことに著者情報を自動で入力してくれるというのだ。*Nature Human Behaviour* にしか対応していないのが残念なところだが……いろいろな意味でいつか使ってみたいものである。というわけで，激マニア各位にはこの Jarke 論文をもとにして日本語のビッグチーム攻略マニュアルをつくってもらえると多くの研究者が本当に助かるし，日本発のビッグチーム研究がもっと増えると思う。

　せっかくなのでさらに具体的な話もしておこう。少なくとも私の経験に基づいてだが，100 名程度のマルチラボ研究を動かす際に感じたことがいくつかある。先述のとおり，非常に基本的なところでは，まず各メンバーのコアタイムとかれらの得意とする分野や仕事内容の情報をどこかで共有しておこうとか，それに基づいてチームを分けようとか，仕事は必ず名指しして振ろうとか，進捗情報の共有は頻繁にしようとか，まあ普通に仕事するうえでも大事そうなことは必ず全部やっておいた方がいいだろう。だが Zoom 等で直接議論しよう，とは主張しない。私はほとんどビデオ会議を使用していない。その最大の理由は英語をしゃべるのがそんなに得意じゃないので，というのはある。いや情け

ない理由に思えるだろうけど，他の共同研究者にも英語圏じゃない人々がかなり多く，英語で会話が成立しにくい。研究者なら誰でも英語が自在にしゃべれるというのは幻想だと思う。そう信じる人が多いのは，人々が科学的ヘゲモニーである英語圏や英語運用能力の高い国々にしか留学に行かないからじゃないだろうか。ちなみに APA ジャーナルではこれらの国々の筆頭著者が 99％という驚異的な支配っぷりなので（Arnett, 2008），そう思うのも仕方ないともいえる。私は書いてコミュニケーションした方が正確で，複雑な議論もできて，記録も残るという点で明らかに便利だと感じている。また，とてつもない時差が全員に存在しているため，会議を開いても当然ながら一度に全員集まることはできないし，それゆえ会議後に全員にその中身を書面にまとめて共有しないと理解度のムラができるのだが，これが非常に手間であるし，いったい何のためにビデオ会議をしたのかわからない状態になる。ビデオ会議は，具体的なタスクを割り当てられた最小限のチームで行うのが最も効果的だろう。

　また，普段使っていて身近な技術となってしまっているものがじつは研究DX（デジタル・トランスフォーメーション）を引き起こしていたりする。その最たるものが Google ドキュメントとスプレッドシートである。これだけで論文執筆，メモ，運営マニュアル，メンバー管理，データ管理，素材の翻訳・ローカライズといったコアな作業がすべて共同で同時に簡単にできる。まあ同様の機能があれば Google でなくてもかまわないが，現状，実際に活躍しているのがこれである。これらを普段使いしている人は何をおおげさなと思うかもしれない。しかしこれがなかったらと想像すると，おそらく 1 つのファイルを百人規模でまわしまわしやっていくしかないだろう。いや 1 つのファイルならまだマシで，複数の関連ファイルをバラバラに大勢でまわしていく状況が想像できる。あまりに恐ろしくてこれ以上考えたくないと思ってしまった。少人数チームであればそれでもまったく問題なく運用可能だが，大人数になればなるほど効果を発揮するのがこれらの共同作業ツールだろうと思う。しかも無料だ。

　さらにこれも使っている人には当たり前のサービスだが，GitHub や OSF などのリポジトリも非常に役立つ。ここでは比較的大きなファイルやコードであ

ってもバージョン履歴を残しながら無料でストレージできる。そしてこれらは
プロジェクト外の人々との情報交換にも利用しやすい。たとえばオープンデー
タ，オープンマテリアル（論文等で使用した素材やデータを第三者に共有すること）
の実践はここでやっている。PsyArXiv などのプレプリント・サーバーもその 1
つだし，タイムスタンプとバージョン管理がしっかりしているところであれば
プレレジもできる。これらはビッグチームかどうかにかかわらず，再現性問題
以降の研究実践にとっては欠かすことのできないものである。

　そしてなんといっても Slack である。コミュニケーション・ツールはたくさ
んあるが，ファイル管理まで考えると Slack がいまのところ最も役立っている。
大変残念ながら 2022 年 9 月に行われたフリープランの改定でその有用性は大
幅にダウンしたが，私の研究室や多くのコミュニティではいまだに現役である。
ビッグチームにおいては小分けにしたタスクチームごと，あるいは使用言語ご
と，あるいは派生するサブプロジェクトごとにチャンネルをつくって，個別に
集中的なコミュニケーションをとりつつ，メインのチャンネルで全メンバーと
の情報共有や大きな議論を行う。名指しでタスクを割り振る場合にはダイレク
トメッセージを使う。ただし気をつけなければならないのは，Slack 等のツー
ルにどうしてもなじめない人がいることである。そうした人々の包摂のために
は最低限の連絡時に電子メールも併用しなければならない。こうした連絡手段
の好みについてもプロジェクト開始時に全員から聞き取りをしておくとよいだ
ろう。

　最後に，コロナ禍ではデータ収集に大きな困難が生じ，しかもそれが世界
規模で起きていたこともあり，クラウドソーシング（オンラインで不特定多数
の人々に業務を発注するシステム）を使って調査や実験を行わざるをえなかっ
た。オンライン調査のプラットフォームとして一番使う機会が多かったのは
Qualtrics というサービスだった。無料でできることは限られているし，インタ
ーフェイスにクセはあるが，いろいろと細かいところまで設定できたりする。
とくに言語を選択して多言語対応できるのがとてもよく，海外の研究者がリー
ドする研究ではこれを使うことが一番多かった。一方で私がメインで使ってい

るのは Google フォームである。いや，この社名ばっかり出してしまってアレ
だが，Google との間に利益相反関係が何もないことはここで強く主張してお
きたい。たんに科研費がもらえなくてお金がないので無料を優先してしまうの
である。

　最近では，調査以外の目的でクラウドソーシングを使うことが増えてき
た。たとえば私が以前参加した，データ分析者をクラウドソースする「Many
Analysts 系」と呼ばれる研究がある（Breznau et al., 2022）。なお厳密には，この研
究では最終的に分析者たちの名前が著者として出ているので「クラウド」では
ないかもしれない。少しだけいきさつを説明しておくと，この研究はもともと
マンハイムで開催されたオープンサイエンスの国際学会でのイチ企画として用
意されていたものだった。「クラウドで追試を！」というノリで，他にもプレ
レジ・コンテストなど企画満載の面白いイベントであった。そこでおもむろに
研究室のメンバーにドイツの学会に行かない？と誘いをかけたのだが，まさか
の全員からの完全塩対応で，モロにスルーされてしまった。私もじつはスケジ
ュール的に厳しかったので現地参加を諦めて，メールベースで進められていた
この企画にだけ参加していた。社会調査系の研究の追分析がおもな課題であっ
たが，認知屋の私は，分析のやり方や分析されるデータ量に非常に難儀したこ
とを覚えている。分析を 1 つ実行するだけで数日かかり，しかもそれを試行錯
誤して繰り返していたので，パソコンは常時アツアツで，最終的には電源を入
れても「へんじがない」状態になるという終末を迎えた。この研究のためだけ
にパソコンを 1 台潰すことになったのだから，私にとっては非常にコストのか
かった研究である。

　いま私が注目しているのは，研究テーマまでクラウドソースしてみたらど
うかという話である。最近の研究に，非専門家の市民にクラウドソーシング
で医学的分野における研究課題を考えてもらったというものがある（Beck et al.,
2022）。その結果，アイデアの新規性や科学的インパクトでは専門家よりも低
質であったものの，実用性においては専門家に匹敵するものが提案されてい
た。もっといえば，市民から提案された中でトップ層のアイデアには，専門家

を凌駕するものがあったという。つまり，非専門家とはいえ，看護師や当事者の方々は，実際の医療経験をもとにした実用性の高いアイデアや，専門家には思いつかないような領域を飛び越えたアイデアを提案していたようである。それらをうまくすくい取ることができれば，きっと基礎と応用のギャップを埋めるような，興味深い取り組みの芽がそこにはあるような気がしてならない。とくにあらゆる日常経験が研究対象となりうる心理学においてはなおさらだ。まあこんな話をしていると，お前には研究者としての矜持はないのかと怒られてしまいそうだが，私にとっては「自分で何でもすべし」といった伝統的な研究観に基づく誇りや自負心よりも，いまは見えていない何かが見えるかもしれないという好奇心の方が重視される。それが新規性や科学的インパクトに制限される必要もないし，自分でイチからすべて着想しなければならないという美意識もない。なにせ私の研究スタイルは「遊撃」なのだから，奇策も使いながら，できるかぎり変幻自在にやらせていただきたく思っている。

●オーサーシップの行方

　しかし利点ばかりのうまい話なんてものもそうそうない。ビッグチームで行う研究にも問題は散見される。たとえばプロジェクトをリードする研究者に過剰な負担が発生しがちであることは想像に難くない。まさに「寝る間もない」という状況が長期間にわたって続くし，研究活動全般をハイレベルにこなせるような，総合的な能力が必要となる。通常の研究よりも実施期間が長くなりがちでもある。私の経験では4年とか5年とかかかった研究が複数ある（Breznau et al., 2022; Coles et al., 2022）。これは一度しか経験はないが，悪意のある参加研究者と思われる人物に，すでに各国のローカライズが済んだ質問紙を消されたり書き換えられたりして荒らされたこともある（Yamada, Čepulić et al., 2021）。あと，実験者のやり方がまずかったりやる気のない被験者が多かったりするからマルチラボ研究は失敗しやすいんだ，とか言ってくる大御所がいたりもする（Baumeister et al., 2022）。こうしたリスクや困難は可能なかぎり想定しておかねばならない。

なかでもビッグチーム・サイエンスが浸透していくにあたって，おそらくオーサーシップというものが最大の問題となるだろう。オーサーシップとは著者資格，つまり論文に名前が記載されることである。現制度下では，いかに論文の出版に関与していたとしても，そこに著者として記載されていなければその人の業績とはならない。ゆえに研究者にとっては論文のオーサーシップほど敏感になる話題はなく，仲良しこよしの間柄でもこれでもめることが少なくない。

　いま現在，心理学におけるマルチラボ，メガコラボ，あるいはハイパーオーサーシップ論文などと呼ばれている多著者論文は，比較的ハイインパクトな学術誌に掲載されやすい状況にある。実際，*Nature Human Behaviour* のエディトリアルでは，苦労して得たデータや大サンプルのデータを報告する論文を優先すると明言されているが（Nature Human Behaviour, 2019），多数のラボが絡む研究は世界中からデータを集めるためこれに合致しやすい。それに上述してきたような私の経験則としてもその傾向を確実に肌で感じている。共同研究者募集の際にもよくターゲット・ジャーナルとして著名な雑誌名が書かれていて，だいたい首尾よくそこに掲載されている。ゆえにこの傾向は人集めの寄せ餌として，またはメンバーの活動へのインセンティブとして機能している側面もあるのだ。

　当然ながら，この傾向は著者数のインフレを誘発し，たいして貢献していないフリーライダー的な著者を増加させるだろう。少なくともリードオーサーは共著者全員の貢献度の管理を徹底しなければならないが，それも著者数が 3 桁になってくるとなかなか難しい。私の実際の経験では 130 人でも完全に把握するのは非常に困難であったが，一応，ばかでかい貢献度の表を作って補足情報として論文に添付したりした（Yamada, Ćepulić et al., 2021）。ちなみに私の知るかぎりでは，心理学近隣領域まで含めて最大の著者数は 589 人であるが（Ssenyonga et al., 2022），素粒子物理の方面では 5154 人というものもある（ATLAS Collaboration et al., 2015）。上には上がいるものだが……，文字どおり桁違いに増えてきている。私も参加したいくつかの研究のように，著者数のインフレはコロナ禍で爆発した。そして 2021 年にはついに 5 桁の大台に乗る論文が出てしまった（COVIDSurg Collaborative, GlobalSurg Collaborative, 2021）。私にはもはや数え

る意欲すら湧かないが，ある記事によると1万5025人だったという（Nogrady, 2023）。ちなみにScopusでは同論文の著者数は1万3987人と表示された。このミスマッチの理由としてどこかに漏れがあるのかもしれないが，答え合わせするだけで日が暮れてしまう。なにせ，著者名だけが書かれたリストのファイルサイズが229キロバイトもあるのだ。照合作業には不毛さしかない。まあとりあえずBianca Nogradyさんのカウントの方を採用するとして，1万5000人以上の，実際何人いるかすらよくわからないレベルの著者全員の貢献度や働きぶりを厳密にチェックしたり記録したりしようとするのはほぼ不可能な話で，その作業のためだけに膨大な時間と労力を費やすことになるだろう。研究者としては完全に本末転倒となる。したがって，メンバーの自己申告をある程度信用するしかないのが現状であり，フリーライダーを完全に排除することは難しい。余談ではあるが，わが九州大学の誇る「課題協学」というグループワーク授業においても同様の困難を抱えている。課題協学は全学必修科目であるため，毎年2000人を超える受講者が生じるのだが，その全員のグループワークへの貢献度を正確に評価するのは至難の業である。

　そうした状況ということもあり，マルチラボ論文を共著したという事実をどのように評価すればよいのかという問題が生じている。まず，フリーライダーを防止できないという理由で共著自体を疑わしく見たり，個人単位での貢献度が少なそうな印象をもったりして，「ゼロ評価」とする人はそれなりに存在すると思われる。この感覚には個人差があるのはもちろん，国や地域による差もありそうだ（Singh Chawla, 2023）。だが，通常の（著者が3桁とかではない）論文はフリーライダーやマイクロ貢献者を防げているのだろうか？　ICMJE（医学雑誌編集者国際委員会）の統一投稿規定にあるような，著者全員が論文の全内容に責任をもち，重要な貢献を果たすべきという伝統的なオーサーシップの条件は，実態として努力義務であって第三者が容易にチェックできることではない。これはマルチラボ論文の場合と同じじゃないだろうか。なぜ通常の国際共著論文を積極的に評価し，マルチラボ論文を評価しないのか，それらの間の妥当な線引きと，その正当化は可能だろうか？　それに，マルチラボ論文の著者はゼ

ロ評価されるほど「なんもしない人」なのか？　そんなわけはない。貴重なリソースや労力や時間を使って確実に一定の研究業務をしている。実際に研究した人をゼロ評価して搾取する構図は明らかにおかしい。このような著者を適切に包含する方向に ICMJE もアップデートされ続けている（翻訳センター，n.d.）。ちなみにこの議論はギフト・オーサーシップ（研究に関与しなかった人が著者になること）が実際に発生しているかどうかとは別の話であり，あくまでその可能性をシステム的に排除できないこと自体を論文評価に加味してもよいのかという話である。

　逆に，あるマルチラボ論文の掲載誌がハイインパクトだったとしても，そのブランドなどをそのまま評価に利用する人は多くはないだろう。せいぜい「おっ，あの雑誌やん」と一瞬思うくらいじゃなかろうか。私もこのような雑誌ブランドやインパクトファクターに依拠した評価には反対である。インパクトファクターとは，詳細は省くが，ある学術誌に掲載された平均的な論文の被引用回数を示すものであり，学術誌に対する評価指標の 1 つである。ゆえに，ある学術誌に掲載された特定の論文に対する評価として利用するのは不適切である。現に私はこのような雑誌ベースで論文を評価することを排除する DORA（研究評価に関するサンフランシスコ宣言 ; DORA, n.d.）に署名している。ただし，*PNAS* でもめた PSA 論文のケースのように，誌面に名前が掲載されることが重要，という環境で研究を行っている人々もプロジェクトには参加している。こういう人々は確実にマルチラボ論文への共著がプラスに評価されるところにいて，おそらくそれは昇進や資金獲得にも関係していて，だからこそコンソーシアム・オーサーシップによって個人名が見えにくくなることに賛成できなかったのである。つまり，ゼロでもなく全量でもない，最適化された何らかの量的な評価が行われなければならないのだろう。そんなことが可能なのだろうか。

　具体的に，どのように数量化して評価できるだろうか。冒頭の高校生相手の 20 人サッカーでは，結局，高校生の兄さんらは 1 人 1 本，つまり計 4 本のコーラしかくれなかった。当時発売されていた 500 ml の缶のやつである。缶の上の方が白塗りで，そこに「+ 150 ml」と書かれていたやつである。それが

4本なので合計で2Lであった。20人の児童で等分すると1人100mlしかない。じゃんけん案も出たが，最終的には乱暴なまわし飲みに落ち着いた。当時の大牟田の子どもらには絶望的に水分とカロリーが足りていなかったから仕方のない帰結だ。じゃんけんしたとして，勝った4人だけが飲めて16人に補給なしだったら確実に暴動が起きたはずだ。それが大牟田だ。

　では論文でも考えてみよう。ひとまずここではいったん DORA は考えないことにし，インパクトファクターを使うとしよう。たとえば著者300名のある論文が *Nature Human Behaviour* に掲載されたとしよう。この雑誌の2021年のインパクトファクターは24.25である。心理学雑誌としては異次元の数値だ。他分野の履歴書ではこの値を業績欄に書くらしいが，少なくとも心理学分野ではマルチラボ論文の横に「IF: 24.25」などと付記しても，その数値どおりに評価されることはないのではないかと推測する。最も簡易かつ安直な調整法として，コーラと同じようにインパクトファクターを人数で，つまり300で割ってみよう。計算すると0.08である。これだと皮肉にもゼロ評価と変わらないことになる。もしかするとゼロよりはわずかにマシかもしれないが，こんな評価をしていたらマルチラボ研究に参加する意義も意欲も消え失せ，誰も協力しなくなるだろう（山田，2019）。

　そもそも著者順に意味はあるのだろうか。伝統的なオーサーシップの考え方では，筆頭著者が連名者の中で強大な権利をもっている。たとえば博士論文の審査では，筆頭著者の論文がなければたとえ何百本もの論文を共著していようとも業績と認められず，博士号が取得できない。筆頭著者の後は第二著者，第三著者と順番どおりに評価が低下していくが，特例として最終著者も高めに評価される場合が多い。しかし300人の著者ではどうだろうか。第二〇二著者の方が第二〇三著者よりも評価されるのだろうか。インパクトファクター24.25を，著者順に重みづけて割っていけばいいのだろうか。従来のように筆頭著者がそのうち半分くらいもっていくとすると，残る10程度を299人で著者順で重みづけて割っていくのか。その場合，202番目の著者の調整済みインパクトファクターは単純に300で割った際の0.08どころではなく，考えるのもばか

らしい話になってくる。

　ちょっと横道に逸れるが，著者順の決め方にもいろいろある。伝統的には相対的な貢献度の順序で決めるべしと言われているが，全員が同じ作業をやっていない場合には質的に異なっている作業の貢献度なんて比較できないし，大人数だと問題が生じるのは先述のとおりである。そこでよく用いられるのがアルファベット順である。素粒子物理学の一部の大人数論文はアルファベット順だし，経済学では逆に人数の少ない共著ほどアルファベット順で並べる慣例があり，そして数学ではアルファベット順にするのがむしろ常識という。それ以外では著者順をランダマイズするという手もあるだろう。以前，心理学方法論の世界では非常に有名な研究者である Daniël Lakens さんも，疑似乱数で著者順を決めたことがある (Lakens et al., 2018)。また，私が現在投稿中の論文では共同研究に参加した順で並べている (Yamada et al., in revision)。過去には，ゲートボールに似た競技であるクロッケーを 25 試合やって，その戦績で著者順を決めた人たちがいて，これは有名な科学逸話としてよく語られる (Hassell & May, 1974)。他にもバスケットボールのフリースローで決めた人たちもいるが (Fauth & Resetarits, 1991)，これはかつてソフトボールの少年団に所属していた頃に異常極まるノーコンで鳴らした私にとっては，大変不利な決め方だ。自分が関与する研究では絶対に使いたくない。あと，テニュア（終身在職権）の審査の近さで決めた事例もあった (Roderick & Gillespie, 1998)。これはさすがにわざわざ論文に明記しなくてもいいんじゃなかろうか。背の順で決めていたのは普通に笑った (Marston et al., 2005)。もちろん，最強の紛争解決手段であるじゃんけんも利用されている (Kupfer et al., 2004)。最近の論文ではスマブラで順番を決めていた (Bai et al., 2021)。本当にいろいろな決め方があるものだが，ビッグチームではどうすればいいだろうか。300 人でフリースローしたりじゃんけん大会や桃鉄大会を開くのは現実的でないため，基本的には Lakens さんたちみたいにランダムでいいと思うが，さすがに少しくらいは面白みもほしい。たとえば，著者たち各人の現在地の座標を提出してもらい，代表者がランダムに地球上のある位置を指定し，そこに近い者順で著者になる，とかだとちょっと壮大でい

いかもしれない。

　そんなわけで，順番がどうであれ，著作への貢献の内容が明確化されれば
それでいいんじゃないかという考え方も最近では増え始めている（Kiser, 2018;
Holcombe, 2019）。その最たるものが CRediT という貢献分類法で，概念化，資金
獲得，調査，執筆など 14 の項目のうち，どの著者がどれに関与したのかを明
らかにするものである（Allen et al., 2019）。近年，多くの学術誌が著者の CRediT
リストの提出を求めるようになってきたし，ICMJE も著者の貢献内容を明確
にするよう求めている。CRediT をきちんと運用していけば，究極的には著者
順は無意味になるかもしれない。Many Smiles プロジェクトのときに問題にな
ったような，論文内のすべての意見に責任をもちたくないという著者がいても，
CRediT ならその箇所の意見にはタッチしなくとも貢献者として認められるた
め，じつに平和的に解決できる。さらには，データの可視化やバリデーション
などの，従来では謝辞欄に書かれるか闇に葬られるだけであった被搾取的な貢
献についてもしっかりと認識されることになる。これにより，個人万能主義か
らフェアな分業へと研究システムの移行が進むだろう（Yamada, 2019）。その上，
コンソーシアム・オーサーシップはそもそも著者リストを誌面に載せること自
体を無意味にしている。おそらくだが，将来的には映画のエンドロールみたい
に，貢献の種類ごとにメンバーのクレジットが記載されるような形になってい
くのではないかと予感させる。リードオーサーは監督や製作総指揮みたいな立
場になるんじゃないか。2023 年には Arcadia（n.d.）という学術出版スタイルが
提案されていて，ここでは査読者的なコメントをしたものも含むすべての関係
者を貢献者としてリストするが，その中には責任者も置かれている。まだまだ
実験的な段階だが，これにはオーサーシップが実際に映画製作的なクレジット
へと移行していく可能性を感じている。さて，「著者」の概念はいつまでいま
の姿を保っていけるのだろうか。博士論文の審査では，新時代の著者制度にど
う対応するのだろうか。考えなければならないことはまさに目の前に山積みだ。

　以上のように，多人数の研究には利点もあれば問題点もある。ランチェスタ
ーの法則や，私の幼少期の 20 人サッカーのように，たんに多ければ多いほ

対象を攻略しやすいといったシンプルな話ではない。それが本当に多人数で攻略すべき対象なのか，そもそも攻略に適した対象なのかを入念に吟味すべきだし，チームの運営にもコツとパワーが必要である。そして何より，心理学者はビッグチーム・サイエンスについての知見や経験が圧倒的に少なすぎる。まずはできるだけ多くの人が一度これを経験してみて，学術的に議論を行っていきたい。ある程度なら人見知りの方でもできると思うので，みなさんぜひどうぞ。

第**6**章

論文をアップデートせよ

論文マニア

　研究者の楽屋話にはさまざまあるが，中でも「論文」にまつわる話は最も一般ウケが悪いものの1つだろう。「何か難しそうなことが書かれているんだろうけど，よくわからんからどうでもいい。誰かがわかりやすく教えてくれたらいい」というのがリアルな見解なのではないだろうか。正直なところ，私自身も自分の専門からかけ離れた分野の論文にはそんなふうに感じてしまう。長い間，新聞やネットニュース等で研究が紹介される際に，元論文の書誌情報がまったく記載されてこなかったのもそんな理由なのだろう。ほとんどの人が関心をもたないような情報に割く紙幅などない，とは中の人からよく聞いた説明である。つまり，読み手にとっては読んでもよくわからない一次情報よりも，ある程度わかりやすい二次情報の方がまだマシだということだ。したがってその一次情報がどのような規則や方法で書かれているかとか，どうやって投稿されて出版に至るのかとかは，多くの人にとって本当にどうでもいい話なのである。

　しかし，再現性の話をする際には論文の話題は避けて通れない。もちろん追試は対象研究が論文化されていなければ事実上行いようがないわけだし，研究者が QRPs をやっているかどうかも，論文などの形で発表されなければわかり

ようがない。2022 年に発覚した JAXA のデータ捏造問題の際にも,「そのデータは論文発表されていないからセーフ」という不可解な判定がなされていた。やはり「論文にする」ということは研究者や学術界にとって何か特別な意味があるのだ。しかしそれは一般的に認識されているような,たんに知識やデータをぎゅっとまとめたカプセルとしての論文の意味とは少し異なった,もっともっと生々しくて,のっぴきならない,差し迫ったものなのである。

　論文は学術の世界における通貨のようなものだとよく言われる (Paulus et al., 2015)。学術論文は,2022 年には 2 万 1000 あまりの学術誌に計 300 万本も出版されており,そのおそるべき流通量はあまりに膨大すぎて私には現実感がない。若かりし頃の私は,できるかぎり世の中のすべてを知りたいとか言ってうそぶいていたことがある。簡単にいえばイキリであった。しかしその壮大な理想を達成するためには,年間 300 万本の論文を読んでやっとその年の学術情報についていける程度となる。つまり 1 日に 8200 本の論文を読まなければならない。一睡もせずに読み続けたとして,1 本の論文に割くことのできる時間は 10 秒くらいだ。しかも学術論文の出版ペースは年々上昇している。私の希望が叶うことは永遠にないだろう。というかそんな生活は嫌だ。

　さて,研究者はこの論文という学術通貨をどれだけもっているかによって昇進や研究費などが決まってくる。私の所属部局の学位審査では,本人が筆頭著者の査読付き論文 2 本というのが取得条件になっている。博士論文の内容以前に,こうした具体的な通貨の量(論文本数)に依存して学位を取得できるかどうかが決まってしまうのである。研究助成についても同様である。大学院生やポスドック向けの研究助成の 1 つに文部科学省所管の日本学術振興会特別研究員(学振)という制度がある。学振に採用されると給与や研究費がもらえて研究に専念できる一方で,その採用率は 10% 程度である。しかもそこに応募するのは初期キャリア研究者たちの中でももともとハイクラスで,腕に相当な自信のある人々なので,その中での 10% というとじつに狭き門だといえる。まあその難関をくぐり抜けたトップクラスの人々が受給する金額がじつは生活保護レベルだという問題が指摘されてもきたが (Yamada, 2019),それは別の場所

でお話しよう。この学振だが，20 年以上も前から，採用されるために必要な論文数とは何本なのかという議論がつねに交わされてきた。実際には業績そのものを評価する審査項目はないのだが，「研究者としての資質」という審査項目は存在している。そこでは申請者が出版してきた論文がどの学術誌に何本あるかという点が確実に重視されるだろう。この点でも論文は通貨の役割を果たしていると考えられる。それに名声や評判においてもプラスになる。まあ単純に，論文をたくさん出す人は「すごい！」と言われがちである。

　通貨以外に論文をたとえた話もある。かなり前に，Twitter で「理系にとって論文とは排泄物である．文系にとっては論文は食物．」（あの人，2010）というツイートを見かけた。理系か文系かで分けられることなのかはさておき，論文にはたしかにこういった側面があるなあと強く印象に残っていた。自分にとっての論文はどっちだろう？とか考えたりもした。食ったら出るものだし，普段から食いたいし出したいし，論文の入出力の両方をうまく表現する言葉は何だろうか。便秘はわかるけど嘔吐は何にあたるのかとか，胃ろうの経管栄養やストーマとかは何にあたるのかとか，考え出すと止まらない。みなさんもいろいろなケースをあてはめて考えてみると面白いかもしれない。

　分野によっても論文文化に違いはあるが，どの分野にも「とにかく出しまくる人」がいたりする。こういう人の特徴に *Publiphilia Impactfactorius* という学名をつけた論文がある (Tijdink et al., 2017)。この名称における philia は嗜好，ius はおそらくラテン語形容詞を形成する接尾辞なので，「インパクトファクターの高い出版大好き症」みたいな意味だろうと思われる。厳密には違ってても大意は合っていると思うので怒らないでほしい。これは非心理学者の論文なのでジョーク的要素を含んだものだろうと思われる。心理学者としては精神疾患を若干茶化して扱われるのには複雑な思いがあるものの，言っていることは理解できる。それによく考えられた言葉でもあり，たとえばこの言葉の略称である「PI」がラボの主宰者を示す PI（Principle Investigator）と同じになるように意図的につくられている。つまり，ラボのトップの人がなりがちな病だと言いたいのだろう。実際，研究者サンプルから 500 名以上のデータを集め，独自の質問項

目を用意し，ダークトライアドを含む複数のパーソナリティ尺度との関係性を見たりと，それらしく行われた研究でもある。この論文はプレプリントで出されてから 6 年経っても学術誌には掲載されていないので，その裏事情をいろいろと想像してしまうが，驚くべきことに筆頭著者である Joeri Tijdink さんの学位論文の一部だったらしい。とりあえず病気みたいな名前だと扱いにくいので，出版大好きな人たちを「論文マニア」とここでは呼ぼう。

『たけしの挑戦状』というファミコンゲームに「こんなげーむにまじになっちゃってどうするの」という名言がある。まさに，こんな論文本数競争という出版ゲームに白熱している論文マニアな人々が存在するし，まじになっちゃってどうするのという印象も個人的にもっている。それを楽しく健康的にやっているのならばけっこうなことだ。私も暇さえあれば自分が投稿している雑誌の原稿追跡システムを巡回して，審査状況をウキウキしながら何度も確認してしまう。だが，見ているとなんだか強い焦燥感や不安に駆られてマニアにならざるをえなくなっている人々もいるようで，それはちょっと心配になる。Publish or Perish（出版か死か）という言葉は私たちの世界では非常によく聞くものである。これは論文を出さなければ学術界を去らねばならなくなるという強いプレッシャー状況を表現している（Dyke, 2019）。だが本当にそうした脅威に駆動されて研究を行っているような実態があるのなら，心理学にとって非常によくない。まず単純に，切迫感でやる研究なんて全然楽しくない。また前章で触れたように，心理学は分業やビッグチーム・サイエンスに移行しつつあるのが現状で，多くの人々が共同研究的な関係を結びやすくなっていくべきなのに，出版プレッシャーは自分以外の研究者を潜在的な敵と見なす傾向を強めてしまう（Horta & Li, 2022）。これじゃあいつまで経っても私たちはバラバラだ。それに出版プレッシャーは研究不正や QRPs と関連しうるため（Tijdink et al., 2014; Paruzel-Czachura et al., 2021），研究公正や再現性問題の観点から見てもよくない。

実際，驚愕するほどのペースで出版する人々は，近年増加傾向であるという（Ioannidis et al., 2018）。年間 72 本，つまり 5 日に 1 本のペースで出版している研究者は，2016 年には少なくとも 81 人いたとのことだ。面白いことに，これを

報告した John Ioannidis さん自身が 2018 年に 86 本も出版し，論文マニアに該当してしまった。最近では，福岡大学の学長である朔啓二郎さんが 2089 本もの論文を業績ページに記載しているとして話題になったが，どうもこれはデータベース自体に問題があるようで，朔さんが論文マニアとまでいえるかは疑問である。そういえば心理学近接領域にも 1 人，ものすごい人がいる。Mark Griffiths さんという行動嗜癖の専門家で，2022 年には 194 本も出している。2 日に 1 本以上という恐るべきペースである。ちなみに行動嗜癖とは特定の行動を渇望し，依存することを指すが，その特定の行動の中に「出版」が入るかは Griffiths さんに聞いてみたいところだ。

　このように，ある研究者が超多作であること自体には問題はない。その背後にもしかすると何らかの個人的事情や問題を抱えていたとしても，あくまで個人の話である。この論文マニアに関する話題には，それ自体を何らかの問題であるとする見方よりも，それが出版に関連する論点を提供してくれる点で注目している。1 つ目は，出版バイアスが依然として強い世界で，ハイペースな出版をどのようにして実現できるのかということである。ちょっとアグレッシブな言い換えをすると，このペースで論文を出せるだけの有意な結果をどうやって得ているのか，ということである。これは第 3 章で取り上げたような，研究実践の見直しについて示唆を与えるだろう。2 つ目は，これも前章で触れた，オーサーシップのあり方についての議論に 1 つの観点を与えるということである。Griffiths さんは過去に否定しているが，こういう場合にはたいていギフト・オーサーシップが疑われる。2 日に 1 本も論文が書けるかといわれると，どんなにすばらしい才能と体力と生産体制を備えた人でもやはりなかなか難しいと思われるからだ。これはビッグチーム・サイエンスにおけるオーサーシップ問題ともやわらかに結びつく。やはり，この論文マニアという存在も，オーサーシップとは何なのかを再考する糸口になるだろう。3 つ目は，こうした研究者をどう評価すればよいのかという議論を喚起する点だ。これについてくわしくは次章で触れよう。そして最後に，「出版とは何か」というさらに根源的な問題にも関係していて，そしてそれこそがここで取り扱っていく重要な点で

ある。論文出版はそれ自体が大規模な変貌の真っ只中にある。この楽屋話を聞いてくれたら，あなたもきっと今後のネットニュースやメディア等で紹介されている研究や論文の感じ方がガラリと変わるに違いない。

書　く

　私たち研究者が「論文を書く」というとき，それはたんに紙の上に文字を並べるだけの行為を指すのではない。研究者にとって論文を書くとは，書いた原稿を何らかの形で公表するまでを指すのだ。つまりは学術誌や書店やリポジトリやその他さまざまな何らかの着地点と，そこまでの道のりを必ず踏破しようという覚悟とがセットになった行為なのである。そうすることで，直接的または間接的に世界の知の総量をわずかでも増やすことを私たちはその任務としている。できあがった原稿を，誰にも読まれないまま引き出しやパソコンの奥に入れっぱなしでは，世界から隔絶されていて意味がない。読者数の多寡はあれど，とにかく自分以外の誰かがそれを読める状態にするというのが大事である。原稿を執筆する際には，たいていその着地点も同時にイメージしている。論文を書くことは，論文を出すことだ。

●論文の構造

　そもそも論文とはどのように書かれているのだろうか？　これは一言ではなかなか言い表せないものだ。論文のタイプや学術分野によって大きく異なるというのがその理由の1つだ。たとえば論文のタイプには原著，短報，総説，展望，意見，資料，コメンタリなど数多くあり，それぞれ書き方は全然違う。ただいつまでもゴネていても仕方がないので，とりあえずここでは心理学分野での，一般的な原著論文に話を絞ろう。しかし原著論文という言葉もじつはわかりにくい。私も長いこと意味がわからず使っていた。「原……著……？　つまり，自分の手で著したものってこと？　じゃあ俺が書いたら何だって原著じゃん？　というか原著じゃない論文ってどんなんだ？」て具合だ。お恥ずかしい

114

かぎりである。とはいえどこかで具体的に教わる機会もないし，この意味が重要になる場面もとくにないし，仕方ないでしょうが！ それにこの原著論文の定義も学術分野によって違っているらしい……。ほとほと困ったが，ひとまず日本心理学会（2022）の『執筆・投稿の手びき（2022年版）』での定義を参考にしよう。そこにはこう書かれている。

　「原則として，問題提起と実験，調査，事例などに基づく研究成果，理論的考察と明確な結論をそなえた研究」

　……この定義を見て一般の方にもピンとくるかは謎だ。しかし話を進めるためにもとりあえずこういうものだと思ってもらいたい。ざっくりいえば，その論文の中で扱う問題を決めて，どうにかして集めた証拠を見せて，そこから主張を行うというタイプのものをイメージしてほしい。

　実際に執筆するうえで重要なのは，それらの要素をどういったセクションに分けて書いていくのかということである。細かい部分は世の中におびただしく存在する「論文の書き方本」に譲りたいが，ほとんどが IMRAD 形式と呼ばれる構成に従う。IMRAD とは，Intorduction（序論），Methods（方法），Results（結果）And Discussion（考察）の頭文字を並べてつくられた言葉である。確証的研究であれば，「イントロ」（序論）で研究背景や目的とともに仮説を提示し，「方法」でその検証方法を示す。第3章で紹介したように，プレレジで記載されるのはここまでである。そして「結果」ではそれによって得られたデータ，分析結果，統計情報などの詳細を記す。最後に「考察」では結果に基づいた議論を行い，仮説を吟味する。有名商業誌などではなぜかちょっと違う順序で並べたりもするが，これらの要素自体は完備されている。あとは論文の内容を要約した「アブストラクト」や，それと似た「重要性」「ハイライト」「スタンドファースト」を書いたり，引用文献リスト，関係者への謝辞，利益相反の開示，著者の貢献リストなどをつけたりする。じつは，論文執筆というのはこういう細かいセクションを1つひとつ穴埋め作業していく感が強いものである。

こうしたスタイル的な部分は，自分が投稿しようとしている学術誌の執筆規定なんかを調べればたいてい書いてあるし，ネットで調べてもだいたいどんなものか容易に知ることができる。だが問題は，書き方の実践的な部分にあると思う。つまり，どういう文体，言いまわし，言葉遣いで，どういう論理的，文法的構造で，どういう内容のことを書けばいいのかまではわからないのである。こういう問題は実際に書き始めてみないかぎり意識できない。しかしそれだけに，学生や初期キャリア研究者が最もつまずきやすいステップでもあるのではないかと思われる。

　最近では，懇切丁寧な論文の書き方本がそういったことを例文つきで教えてくれたり，大学でアカデミック・ライティングの授業が実施されたりしていて，システマティックなトレーニングの機会に恵まれている。だが一昔前は，ライティングは師匠から直伝されるものであり，「とにかくたくさん論文を読んでスキルを盗め。そして書いたらもってこい」という千尋の谷のライオン的教育がなされていた。それでも何とか書き上げ，いざ原稿をもっていっても「意味不明。書き直し」とだけ書かれて返却されることが繰り返される。だがこのやり方によって，一部の門弟の実力が急激に伸びることはたしかにあった。もとから素養の高い人がその過程でたぶん何かをつかむのだろうと思われ，そこから論文の量産体制に入る人がたまに出てくる。一方でシステマティック・トレーニングでは，そこそこの素養の人がそこそこの論文を平均的に書けるようになる。

　個人的には，学問の裾野はできるかぎり広げないと分野そのものが枯渇する恐れがあるため，後者のシステマティックなやり方を推し進めた方がよいのではと感じている。それにより，翻って，トップクラスの人たちが活躍できる場というものが醸成されるだろうとも思っている。私がよく考え方の参考にしている人に，ラッパーの BOSS THE MC さんがいる。その人が「アンダーグラウンド VS アマチュア」という曲の中で「シーンはどんどん小さくなればいいまたそこから始めればいいだろう」と言っている。そこで彼は，質の低い作品が席巻している HIPHOP の現状を嘆き，一度，質の高いプレイヤーだけの小

さな業界にしてしまって仕切り直す必要性があることを訴えていた。私も心理学について同様に考えたことがあった。しかし考えれば考えるほど，ごく一部のエリート研究者だけになった世界はディストピアにしか思えないのだ。そして多分そのエリートたちも，エリートであるだけに，そんな小さな業界にはすぐ見切りをつけて，そのうちいなくなってしまうはずだ。その後，そこには何が残るのだろうか。「すごく優秀な人」だけを選び抜いて育て，それにより心理学という学問分野自体のレジリエンスが低下してしまうことは，心理学の死につながるような気がしてならない。私は多数の「そこそこの人たち」と共に在ることで心理学を永らえさせたい。

　論文執筆の話に戻る。内容理解の補助のために，図表を使って読者にわかりやすく見せてあげる必要がある。そしてこのクオリティはかなり重要である。たまに見かけるが，Excel のデフォルト状態で作成されたグラフをそのまま貼るなんてのは本当に言語道断で，グラフを描くためにつくられた専用のアプリケーションや R パッケージを駆使して魂のこもった美麗グラフを用意する人は珍しくない。だがこうした図表の作成方法についても，かつては教育される機会がなかった。実験法の演習授業で一般的な作図ルールを教えられるくらいだったのではなかろうか。そこで思い立って，私が学部生の頃に授業での実験のレポートではじめて描いたグラフを見直してみたら，あまりのひどさに吐き気を催した（図6-1）。これをどうすれば美しくできるかについてシステマティックな指導が欲しかった。ただグラフについてはいまの時代でもなかなか激しいものを目にすることが多いので，ビジュアライゼーションに関する授業や指導はもっと活発化すべきだろう。

　こうして書かれた本体とともに，必要性に応じてデータや刺激などをオープンにするためファイルを OSF 等にアップロードし，オーサーシップを決め，タイトルを付けてやっと投稿の準備ができる。忘れちゃいけないのがカバーレターである。投稿しようとしている学術誌のエディター宛に，この論文がどれだけその雑誌にふさわしいかを説明したり，利益相反や二重投稿について説明を述べたりするもので，じつは意外とこの準備にも手間がかかる。それにカバ

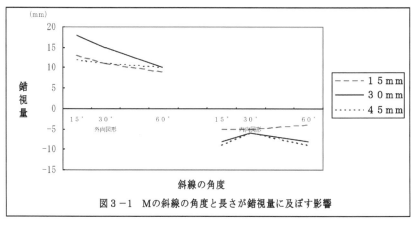

図6-1　学部生のときのレポートでのグラフ

ーレターの文面は，投稿した論文を査読にまわしてもらうためにはきわめて重
要なものだといわれている。雑誌によっては論文の中身すら読まずに門前払い
（デスク・リジェクト）されることも多いためである。なのでカバーレターの英
文校正をプロに依頼することはもちろんのこと，その内容についてプロの校閲
を受けることも珍しくない。私はそのあたりを助教（特命）時代に宮崎先生に
徹底的に教え込まれたし，カバーレターの書き方だけをテーマにした論文もあ
ったりする（Gump, 2004）。一般の方にはこのあたりは完全にブラックボックス
の領域だろうと思われるが，研究者が論文を書く際にかなりの時間を費やして
いるのは，じつはこうした本文以外の諸事なのである。もちろん，これらにつ
いてもシステマティックな教育を受ける機会はなかった。さすがに絶対に必要
だろう。

●査　　読

　投稿された論文原稿は，学術誌が依頼した雑誌外の研究者たちに読まれ，評
価を受ける。その際，ブラインドレベルが雑誌によって決まっていて，査読者
が匿名であったり，顕名が許されていたり，強制的に顕名だったりといろい

ろである。そしてその査読者の評価の仕方として，よくあるのが採択（accept），
小修正（minor revision），大修正（major revision），不採択（reject）の 4 段階評価で
ある。過去に 100 人で査読する「クラウド査読」というものが実験的に試され
たことはあるものの（List, 2017），通常は 1 本の論文に 2〜3 名前後の査読者が
割り当てられる。私の知るかぎり，通常査読での最多の査読者数は 11 名だが
（六方晶は夜を綴らない，2022），さすがにこのケースは絶対何かおかしいと思う。
学術誌のエディターは，査読者らの評価やコメントを参考にして，雑誌ごとに
決められた編集ポリシーや採択基準などを踏まえながら，投稿論文を掲載する
か否かを決定する。これが査読というもので，最近は新聞やメディアでも査読
プロセスの話が取り上げられるようになり，人口に膾炙しつつある（たとえば
parumo, 2022）。ただたんに論文を人目に触れさせたいだけであれば，プレプリ
ントなどの形で論文を査読なしにウェブ上に公表することもたやすいが，査読
を経ているかいないかではその信頼性が天と地ほど異なるとされる。業績とし
ても評価されるのは査読付き論文である。まるで，研究者は査読システムを神
聖視しているかのように信頼している。論文が査読を突破し，学術誌への掲載
が決まると，あたかもその論文が聖域に奉納されたかのように扱われる。そこ
で実際に行われた査読がどんなものであったかについて疑う人は少なく，それ
どころか疑いをもつこと自体が憚られる空気がある。私はこれを「査読神授」
と呼んでいるが，じつは査読が現在の形で一般的に行われ始めたのは第二次世
界大戦後という，つい最近のことである。それまではアメリカやイギリスの一
部の学術誌にてオプション的に行われていたにすぎない（Baldwin, 2018）。Albert
Einstein は生涯で 300 本以上出した論文のうち，1 本しか査読を受けていな
い（Kennefick, 2005）。彼は外部研究者による査読の制度になじみがなかったた
め，投稿した論文が査読者にまわされて怒ったくらいである。また，*Nature* が
外部査読者への審査を体系的に依頼するようになったのは 1973 年以降である
（Baldwin, 2015）。いまでは私たち研究者にとって常識的で普遍的なもののように
認識されている査読システムであるが，じつはほんの 50 年ほど実施されてき
ただけなのである。

査読はよく「バトル」のように表現されることがある。とある有名な研究者が「It's a game.」と言っていたエピソードも個人的に耳にした。たしかに知的遊戯っぽさはある。著者と査読者が，知識とロジックとエビデンスの棍棒で殴り合うのだ。さしずめエディターはレフェリーか。私も初々しかった頃はそんなふうに査読を論破合戦みたいなイメージで捉えていた。巷で有名な論破王のあの方は，はたして査読ではどう戦うのかと，楽しい想像をしてしまう。しかし自分が著者，査読者，エディターそれぞれの立場でいくつもの査読に関わるにつれて，少しずつそのイメージも変わってきた。

　その1つが，査読には教育的意義もあるということである。査読者にもよるが，原稿内での方法論や分析に関する指摘，あるいはロジックの立て方やミスのパターンについてのコメントなど，率直にいって，普通に勉強になるようなアドバイスをしてくれる場合がある。それにより，論文のクオリティが上がるだけでなく，その後の研究にも影響を及ぼすような成長を遂げることができる。私にとってはアリゾナ州立大学の Timothy Hubbard さんという方がそれにあたる。彼は，私が駆け出しの頃に研究していた「表象的慣性」(Representational Momentum) というトピックにおける超大御所だった。表象的慣性とは，移動している物体が突然消失すると，観察者はその消えた位置が実際より前方に進んだ位置にあったように間違ってしまうという現象で，消えた後もその物体の心的表象が慣性力を保持したまま進んでいるかのようであることから名づけられた (Freyd & Finke, 1984)。私が修士1年の当時やっていたのは「じゃあその物体をスピンさせて摩擦力を感じさせたら，消失位置の間違え方もさらに変わるんじゃないの？」というやつで，その査読を担当したのが Hubbard さんだった。なお，査読レポートに署名されていたのでそのことがわかった。まあ結果からいうとそのときはリジェクトされたのだが，そのときのコメントがすごかった。いくつものメジャーコメントの他にびっしりと70箇所以上にも及ぶマイナーコメントが付属していて，原稿の隅々まで指摘がなされていた。たしかに，最初にこの徹底的なコメント群を見たときは本当に絶望感を覚えたものだった。修正するのに本当に苦労し，当時は怒りすら覚えていたのだが，それに

より私自身の知識もスキルも大幅に上がったのだと，後になって振り返れば思うことができる。実際，その論文は苦労の末に別の雑誌で出版することもできた（Yamadaa, Kawabe et al., 2010）。その際に「載ったよ！」と Hubbard さんに知らせると非常に喜んでくれたものである。

　その後もいろいろな論文を何度も査読され，そのたびに煮え湯を飲まされ続けたし，私の方が査読者やエディターとして彼の論文を担当することもあった（e.g., Hubbard, 2013）。2005 年の修士 2 年のとき，私の論文が彼に査読され，リジェクトされたことがあった。まあリジェクトはいつものことで，もはや慣れたものだったが，そのときの論文の内容は「錯視によって伸びて動いているように見える直線って，表象的慣性で長さも伸びているんじゃない？」というもので，個人的にはそのアイデアを気に入っていた。そのリジェクトの直後にスペインの学会に行った際，そこで発表している Hubbard さんを見て驚愕した。なんと，錯視によって伸びて動いているように見える直線が表象的慣性で実際より長く見えるというものだったのだ！　このときも本当に狼狽した。視界がぐにゃぁっとなって身体はガタガタと震え出した。「こ，これが，噂だけは聞いたことがあった，査読で起こるそういうアレってことなのか!?」と。戦慄のポスターセッション終了後，私は彼に声をかけ，一緒にそこら辺の原っぱにダイレクトに座り，歯が折れそうなくらいカチカチのフランスパンを食べながらその件について話した。すると，どうもお互い奇跡的に同時期に同じことをやっていて，私の原稿が届いたときにはもう学会への発表登録をした後だったので頭を抱えたとのことだった。あの原稿は本当はリジェクトされてほしくなかったが，非常に残念だった。あれはすでにどこかに再投稿したのか？とかそういう話をしてくれた。ポスドックでうちに来るか？とかそういう話もあった（まだ修士なのでもうちょい先ッスねとか返事した気がする）。結局，あの原稿はどこにも出せないままお蔵入りしてしまったのだが，それから 8 年後に彼がその研究を出版していた（Hubbard & Ruppel, 2013）。非常に精力的に論文を出す彼が 1 本の論文の出版に 8 年もかかるなど考えられないことであり，おそらく私の方の出方をずっと待っていてくれたのだと思う。彼の人柄がわかって，おそ

らく査読で大量のコメントをしてくれるのも，彼の場合は本気で執筆指導をしてくれていたのだと思えた。こうした経験から，査読ではたんに殴り合うのではなく，お互いに何か高め合えないかと考えるようになった。

　ただし，査読はそういう殴り合いとか教育的なものとかではない，という意見をもつ方も多くいることはよくわかる。私は，査読の大部分は説得作業であると感じる。結局は，「大修正」から「小修正」へ，「小修正」から「採択」へと，相手に1レベルでも上の評価ボタンを押させれば良いわけである。私は査読を受ける際にはつねに，各査読者の被説得度パラメータみたいなものを想定し，その上下動をモニターしている。相手の性質も考慮しつつ，強く行くべきところは強く押し，引くところは完全に引く。返事の言いまわしについても，相手のアイデアを積極的に取り入れているように見せかけてやんわり断るとかまあ本質的ではないところでいろいろ考える。別に私自身，人づき合いが得意なわけではまったくないのでうまくできているかどうか自信はないが，それを意識するだけでもだいぶ違うんじゃないかと思う。この最たるものとして，実際にエディターと電話したり面談したりして修正方針を議論し合うという人もいる。これも実際に何度か見たことがあるが，効果はかなり大きそうだ。ただし，研究倫理的にこれがどこまで許されるのかはもう少し議論されていいと思う。

　この説得の側面について勉強になった査読があった。第1章で述べたとおり，私は時間知覚についての研究も行っていた。この分野には，クレルモン・オーベルニュ大学のSylvie Droit-Voletさんという方がいる。彼女はとくに，感情が時間の知覚に及ぼす影響の研究におけるスーパースターだ。ものすごいペースでコンスタントに論文を出しているため，何か秘訣があるのかなーとか前々から思っていた。そんなあるとき，彼女の論文を査読することになった。正直な感想として，予想以上にツッコミどころのある状態での投稿だなと思った。まあそういうことはよくある。研究者も「にんげんだもの」。どんなときでもつねに完璧なものを出せる人はかなり限られているのだ。そこで普通にコメントして返し，しばらく経つと，修正稿とリプライレターが来た。まずは原稿の方

を読んでみると，これまた正直なところ，その修正内容ではちょっと不満……
という印象だった。しかしリプライレターを読むと，そこにはかなり説得的な
ことが書かれていた。生の文面は出せないし，表現が難しいけれど，なんとい
うか，「ああ，まあ，そうよね」と言ってしまいそうになるのだ。たとえばこ
れがそっけない返事文や，力で押し通そうとするような文面で来られたらこっ
ちも絶対に反撃や追撃していただろうなと思うところを，非常にうまく落とし
所をつくってくれて，同意しやすい流れが用意されていたのである。リプライ
のうまさというのは，スキルだと思う。修正稿では論文としての体裁は完全に
整えられていたので，あとは私が自分の学術的立場から見てポジティブに評価
できるかどうかという側面の問題だけだった。そういう場合，査読過程でいく
ら戦っても仕方ないことで，どうしても理論的に納得できないなら，人前で，
論文同士で戦ったらいいのである。査読での不要な戦いを避け，むしろ査読者
の心情を巻き込んでいくようなスキルは学ぶべきだと思った。

　査読を突破すると採択となり，出版準備段階へ移る。この時点で研究者たち
は，祝う。いやこれは言葉のままの意味で，本当に祝うのだ。私の大学院時代
には，論文が通った人が出るとよく飲み会が開かれていた。まあたんに酒を
飲む理由を探していただけな気もしないでもないが，院生室で「アクセプト
ぉ！」の声が発せられたらすかさず私たちのような末端構成員が買い出し部隊
となり，大量の酒類とにおいの強い食物を買い求めに箱崎のちっちゃな酒屋へ
と走った。しかしつねにお金もないので，悪酔いしそうな安酒がメインだ。そ
れらは私たちの間では 4 級酒と呼ばれていた。近年ではよくも悪くも研究室で
のこういうイベントが完全になくなっており，一抹の寂しさを覚える。

　採択の時点で祝うのは，そこで出版が確定するからである。いや，そうだと
信じているからである。少なくとも私はある時点までそう信じていた……！
私はこれまでに，エディターが採択の決定をした後にもかかわらず突然それが
取り消された経験が二度もある。いったん喜んで，4 級酒をたらふく飲んだの
に，だ。しかも 2 件ともどんな瑕疵があってそうなったのか説明を受けていな
い。査読者を合計 6 名つけられ，そのうち 4 名が採択の評価をしていたのにリ

ジェクトされたこともあった。そのときもエディターから納得の行く説明を受けていない。この種のおかしな編集行為は QEPs（Questionable Editorial Practices）と呼ばれている（Cooke & Lapointe, 2012）。QEPs は学術誌への信頼を根本から揺るがす。採択されたのにそれが勝手に取り消されるような雑誌には，絶対に安心して投稿できないだろう。私の仲間たちは QEPs の餌食となる頻度が異常に多く，語ろうと思えばこうした嫌な話はいくらでも続けられるが，いくら楽屋話をしてもいいとはいえ，あまりに空気が悪くなるので控えておこうと思う。いくつかはネットでも自由に読めるようになっているので興味があればそちらをぜひご覧いただきたい（佐々木・山田，2020）。

従来の査読システムでの問題

　ここまで，研究者たちがつねに査読という防壁をなんとか突破し，できるかぎり多くの論文を出版せんとしている様子を説明してきたが，それは再現性問題とどう関係するのだろうか。これも一言で語れるものではないため，関係する側面ごとに見ていきたい。

●査読の無効化
　論文マニアにとって，査読はとにかく煩わしいものである。首尾よく行ってもクリアするのに確実に数カ月はかかってしまうし，リジェクトされると出版までがさらに遠のく。こんなものはさっさとクリアして次々と論文を出していきたいのだ。できることなら査読を受けずにそれを成し遂げたい。しかし「査読された」というタグがついていなければその論文は評価してもらえないため，査読タグだけはほしい。このような場合にどうするかというと，1つは査読偽装である。たとえば一時期はやったのは，自分の論文の査読を自分にまわして採択する「自己査読」という方法である（Dadkhah et al., 2018）。そんなことができるのか？と思われるかもしれないが，実際これが使用されていて，大騒動になったことが何度かある（Teixeira da Silva, 2016）。エディターも査読者に直

接会って相談するわけでなく，メールで査読依頼するわけである。それに著者は，その論文にとって適切な，つまり論文内容にくわしかったり，評価能力が優れていると思われる査読者を何人か示唆することができる。エディターがその示唆された査読者と著者の間に利害関係がないと判断すれば，その提案を利用することがある。というか昨今は査読依頼を断られまくるので，そうした提案情報を積極的に利用しないと査読自体が立ち行かないという切実な事情もある。ある報告では，150 人に査読依頼しても，まともに査読したのは 1 人しかいなかったそうだ（Dance, 2023）。ある雑誌での私の同僚は，今回は査読者50 人にまわしたとか 60 人を超えちゃったとかそういう話をよくしている。で，その示唆する人物の情報として提供するメールアドレスを，実際には自分宛てだが一見すると他人のものに見える「それっぽい」ダミーアドレスにしておくのである。あとはその人物になりすまして，非常に好意的な査読コメントを送る。エディターはそれを参考にして採択する。そして掲載される。とこういう流れだ。

　この技をさらに発展させた，劇場型の査読偽装も話題になった。福井大学などの研究者が関与したとされる傀儡査読のことである（Manning, 2022）。これは自分の研究グループ内に属する研究者を，その利益相反がエディターには知られないようにして査読者として示唆し，自分で行った自分の論文への査読コメントをその査読者を通じてエディターに提出させるというきわめて巧妙な方法であった。当然ながら，これら自己査読と傀儡査読のどちらのケースも，該当する論文は学術誌によってその後に撤回されている。自分の論文の査読を自分自身で操作できるという点で，これらは査読というフィルターを完全に無効化している。今後もさまざまな偽装方法で似たようなことを試みる者が現れるだろう。現在，文科省によると，査読偽装は特定研究不正にあたらないとされているが，本当にそれでよいのかは絶対に議論されるべき事柄であろう。

　もう 1 つのやり方は，捕食学術誌の利用である。日本国内では「ハゲタカ学術誌」などと呼ばれたりするが，コンドル類研究へ余計な風評被害をもたらす，ハゲタカのたとえがわかる人にしか意味が通じない，国内でしか意味

が通じない等の多くの理由から，私はこの言葉の使用に反対している（山田，2022b）。さらに実際には，業績を水増ししたい著者との相利共生もあるので一方的な搾取のイメージは間違いであり，定義が曖昧で（Yamada & Teixeira da Silva, 2022），基準が曖昧（Teixeira da Silva et al., 2023）という理由から，じつは捕食的（predatory）という言葉も不適切だと考えているのだが，これはひとまず措いておくとしよう。

　捕食学術誌の特徴の1つは，まともな査読を実質的に行わないことである。これについては，ある捕食学術誌「候補」とされる雑誌から私に査読依頼が来た際に，「あ，査読やっていたんだ」という驚きとともに試しに依頼を受諾してみたエピソードがある。そのときは，受けてすぐに論文を読んでみて，自分の専門とは非常にかけ離れたものであることがわかったので，査読の辞退を願い出た。依頼時にはタイトルしか提示されていなかったので，まさかそんなに違っているとは気づけなかったのである。しかし雑誌側は私の辞退を受け入れず何度も引き止め，非専門家でもいいからとにかくやってくれとか，最終的には短い1段落だけでいいから出版を認めるコメントをくれと言われた。私はそれでも最後まで固辞したが，この経験によって，その雑誌が完全に捕食的であることを確信することができたのであった。

　私が捕食学術誌の「研究」を始めたのは2020年頃のことだった。当時，これまた捕食学術誌の候補とされる雑誌を出していたMDPIという出版社について，実際に何か論文を投稿して調べてみようと思ったのである。一種のフィールド研究のつもりであった。せっかくなので「捕食学術誌に掲載されてしまった論文を守る方法」というタイトルで投稿してみた（Yamada, 2021）。だが幸か不幸か，そういう内容だからといって拒否されることはなかった。そこでは，事前登録，投稿前査読，出版後査読，オープン査読といった10個の方法について実践しながら解説を行った（Yamada, 2020b）。結果として，3ラウンドに及ぶ普通の査読が行われ，年末の立て込んだ時期にそこそこ疲弊しつつ，なんとか出版にこぎつけた感があった。少なくともMDPIの中でも，私が出した *Publications* という雑誌の，そのエディターの場合にはまともだったという

結論を得ることができたのである。だからといって MDPI が大丈夫だという過剰な一般化はできないが、逆に「MDPI だからだめ」という一般化も控えるべきであることは明らかになった。この論文が出たときは Twitter で「捕食誌についての論文を捕食誌に出したんだー？」みたいな煽りや嘲笑や差別的言動をいくつか受けた。そうした反応も含めて、とても貴重な経験やナラティブを得ることができたものである、と自分を納得させて絶対忘れないようにしようと思っている。

　そしてこのフィールド研究はさらに貴重な経験につながっている。そのときの同じ号に、捕食的出版の研究においてきわめて精力的な活動をしている Jaime Teixeira da Silva さんという、すでに引退された独立研究者も論文を載せていた。そして彼からある日「同じ号のあれ読んだよ。なんかやろうぜ」と連絡が来た。それ以来本当になんかやることになり、これまで 8 本の論文を共に出している。一番驚いたのは、彼が香川県在住だったことだ。2022 年のサッカー W 杯でも日本を応援してくれていた（笑）。しかしやはり、対面したことはない。第 5 章でも触れたように、極度の人見知りでも共同研究は可能である。しかも彼の真の専門は植物生物学なので、学際研究にもなっている。彼とはその後、非常に多くの喜怒哀楽を共にすることとなるが、あまりに脱線がすぎるため、その話はいつか別の楽屋で語れる日を待ちたい。

　ちなみに捕食出版界の現時点での最新事情に触れておきたい。捕食学術誌は Beall リストと呼ばれる古いブラックリストに始まり、Cabells の「Predatory Reports」などの実質的なブラックリストによってその雑誌名や情報が共有されつつある。しかし私たちは、上述のように捕食学術誌の定義や判定が非常に曖昧だったり恣意的だったりするため、安易なリスト化には反対している。2023 年 2 月に、雑誌 URL を入力するとそこが捕食学術誌かどうかを判定してくれるサイトが現れた（Chen et al., 2023）。だが、リリース当初はお世辞にもそれがうまく機能しているとは言い難い状況で、日本の英文誌は軒並み「捕食誌の疑いあり」と判定された。どうもデータベースに情報が少なく、判定不能な場合にすべて「疑い例」として表示するようになっていたようだ。これは間違

いなく不当な雑誌差別につながってしまうため危険であると考えた。そのような仕様だと知らない人は，日本の学術誌は捕食だらけと信じてしまうだろう。また，何が捕食的なのかは個人によって大きく異なって感じられる（Yamada & Teixeira da Silva, 2022）ので，とくにグレーゾーンにある学術誌について，判定器のようなものが一定の答えを万人に納得できる形で返すことは困難であるとも思った。そこで急いでレター論文でそれを指摘したりしたが（Yamada & Teixeira da Silva, 2023），その後はなんとか改善されてきているようだ。それに当初から，確実に捕食学術誌だとすでに認識されていた雑誌はそのとおりに検出されていた。なので少なくとも，真のヤバい捕食誌たちがだんだんとバレ始めてきたということは間違いない。

　そこで，捕食側は次なるステージへ進む。それは，現存する学術誌への成りすましである（Siler et al., 2021）。雑誌名や ISSN，果てはウェブサイトの見た目などを完全にコピーし，しかも検索で上位に出るような SEO 対策までやっている。そして正規の雑誌と勘違いして投稿された論文を，査読をスキップしつつ掲載し，掲載料をとる。しかしその雑誌は偽物なので，いかなるデータベースでも正式な出版としては見なされない。これはまさに学術出版におけるフィッシング詐欺であり，著者を騙して金銭を詐取する目的しかないことから，相利共生ですらない完全なる捕食行為である。これらはハイジャック雑誌やクローン雑誌などと呼ばれており，既存の論文をどこかから適当にコピーしてきて勝手に偽の雑誌に盗用掲載し，それがアクティブな雑誌に見えるように擬態している。いやはや，なんとも無茶苦茶すぎる話で，何重もの不正によって彩られた悪意そのものである。目眩がしそうだ。これにも「リスト」で対処しようとする試みはあるが（Else, 2022a），はたしてハイジャック雑誌に騙されるような人々がそのリストを見るのかどうか，効果については微妙である。

　さて，これら多くの査読の無効化は，フィルターが一切機能していないため非常にクオリティの低い論文でも掲載させてしまう。データが捏造されてようともおかまいなしである。したがって，その研究結果には高い再現性が見込めなくなる。ひいては科学的信頼性へ悪影響を及ぼすのである。

●オーサーシップの実質的無効化

　簡単に論文を得る方法は他にもあり，その1つがギフト・オーサーシップである。とくに貢献していなくても，著者として論文に連名させてもらえばいい。まあしかし，これはそれが可能な地位に着くまでが難しいかもしれないので，とある特殊なハイクラスの人々限定の必殺技である。なお，ギフトされる論文についてはそれなりに吟味しておかないと，捏造や改竄だらけの不正論文をギフトされた挙げ句に発覚して巻き込まれて処分を受けるという「毒杯」と呼ばれるケースもあるから注意が必要だ (Smith, 1994)。

　もっと誰にでも可能な不正連名法としては，オーサーシップ売買が挙げられる。私はこれまで5つの論文売買サイトを認識していたのだが，いま現在，まともに稼働しているのは Science Publisher Company というところだけである。ここでセール中の心理学の論文を探すと，筆頭著者枠が900〜1650ドルで販売されていた。本稿執筆時のレートでは22万円ほどである。2本買って50万円弱。その出費で博論審査に進めてしまうことを鑑みたうえで，この価格をどう見るかはその人次第だが，ギフトの場合も含め明確な研究不正であることは指摘しておきたい。さらにギフトの場合と同様に，金銭で購入した論文にも毒が仕込まれていることがある。Retraction Watch によれば，販売されていた論文が剽窃を理由に撤回されたという (Sohn, 2023)。つまり，ペーパーミル（論文工場）による製品であった可能性があるのだ。ペーパーミルは多数のフェイク論文を世にバラ撒いており，ジャンク・サイエンスを進行させていることが強く懸念されている (Else, 2022b)。

　こうした不正なオーサーシップは，著者が論文に責任をもてないケースを増加させ，あるいは毒杯や低質論文の可能性の高さという点で再現性に関係する可能性はあるが，どちらかといえばこれらは「研究（者）の信頼性」へきわめて強い悪影響を与えている。そもそも再現性の低さの何が問題かといえば，つまるところはこの信頼性を下げてしまうことにあった。オーサーシップに関わる不正は，再現性だけでなく，より直接的に信頼性を傷つけている点で見過ごすことができない。

● QRPs の汎濫

　ここまでは研究不正級の話が多く，誰にでもその問題性が認識しやすかった
はずである。しかし第3章で述べたような，研究におけるチート行為（QRPs），
つまり研究不正とまでいえるかは微妙であるものの再現性には悪影響を及ぼし
うる研究実践も，研究者が現在の査読・出版システムに対しネガティブに最適
化した結果起こるものである。とくにHARKingやp値ハッキングは，仮説設
定のタイミングや仮説検証の結果を偽ることから悪質性が高い。そしてそれに
対処できるとされたのがプレレジであった。だがこれも，PARKingなどのチー
トによって回避されることがわかっている（Yamada, 2018a）。そこで注目された
のがレジレポであった。その過程については第4章を参考にしてほしいが，プ
レレジが成立する前までを第1段階と呼び，つまりイントロと方法のセクショ
ンにだけ査読を行う。この査読では方法セクションにかなりの修正が入るため，
実験を実施して結果も出た後に，まるでまだ実験前であるかのように装ってそ
の方法を登録しようとするPARKingは使えなくなる。査読で入る修正を見越
した実験を，あらかじめ行うのは不可能だからだ。というかそれができる人が
もしいたらすばらしい能力の持ち主なので，普通に研究する方が絶対によい。

　さらにレジレポでは第1段階原稿に対する原則的採択後，結果と考察のセク
ションが加筆された第2段階原稿に対しても査読がもう一度行われる。ここで
は実施された実験や分析の適切性，登録内容からの逸脱のチェックなどがなさ
れ，問題がなければ本採択となる。このように非常に慎重なチェック体制で進
められる査読であることから，レジレポは多くのQRPsを効果的に防いでいる
ように思われている（Chambers & Tzavella, 2022; Hardwicke & Wagenmakers, 2023）。

　では，現状レジレポに問題はないのだろうか。個人的にはいまのところこの
制度自体に大きな問題は見当たらない。マイナーな問題としては，採用してい
る学術誌が少ない（とくに日本では），二重の査読を面倒に感じる人は利用した
がらない，そもそも知られていない，評価の仕方がわからない（とくに原則的
採択状態を），レジレポ研究はつまらないと思う人々がいる，レジレポで読者か
らの信用度が高まるかどうかはっきりしない（Conry-Murray et al., 2022; Costa et al.,

2022），そして原則的採択がじつはそこまで安心できるものではない，といった運用上・利用上の，多くは解決可能な懸念点がいくつか存在するくらいである。

　とくに最後のポイントは私の身のまわりで起きて実感したことである。私の後輩の佐々木恭志郎さんがある日，「へへっなんと俺，レジレポが原則的採択されたっすよ！」と報告してきた。その研究には私は関与していなかったので，遠慮なく「チッ！」と返事したものであった。本人は本当に嬉しそうだった。ところがその数カ月後，彼が再びそのレジレポの話をしてきたが，今度は冷静さを欠いているように見えた。話を聞いてみると，コロナ禍で実験室が使えず，予定していた 300 人分ものデータを集めるのが非常に困難になっていたらしい。そこで原則的採択を出した雑誌に期限の延長を相談したところ，それは無理だと。間に合わないなら取り下げろと，そう言われたらしい。あとは「ヤバいっす，ヤバいっす」と繰り返すだけとなり，まあその後，結果的に取り下げざるをえなかったらしい。延長理由はパンデミックの影響そのものなので，普通は考慮されるべきだと思ったのだが，雑誌側がこのシステムを硬直的にしか運用できないと，このケースのように原則的採択はキャンセルされうるということがわかった。これはレジレポ制度の普及にとってかなりの打撃となる事実だと思った。原則的採択で出版が保証されているからこそ QRPs を行わないのである。その大前提がこうも簡単に崩れてしまうのは本当にまずい。

　佐々木さんはしばらく臥せっていたが，「俺，さすがに我慢できないっす」と言い，この件を意見論文として書き始めた。そしてわずか 3 日後に書き上げ，さらに学術誌にまで掲載させた（Sasaki & Yamada, 2020a）。とてつもない胆力と激情だと，私は恐れすら抱いた。しかもそれだけではない。その論文を読んだ Chris Chambers さんが，自身がエディターを務める *Royal Society Open Science* という雑誌でその取り下げた原稿を救済させてくれないか？と問い合わせて来たのである。そこから交渉が始まり，取り下げた元の雑誌と，その雑誌を出版していた Elsevier 社を交えたやりとりがしばらく続き，なんと本当に奇跡的にそれが実現した。今度は期限なしで *Royal Society Open Science* に原則的採択され

たのである。しかも第1段階の査読者ごと連れていった。これはおそらく世界初の原則的採択の移行であり，第1段階と第2段階の間で雑誌を交差できることをはじめて世に示した出来事であった。そして何より，「何でも書いておくべきなんだな」ということもよくわかった。その日から，佐々木さんにも笑顔が戻った。

出版の未来

このように，現行の出版システムには多くの課題が存在し，それが少しずつ認識され，対処されてきている。もちろんだが，それらの課題がただたんに放置されているわけではない。心理学周辺の出版業界だけを見ても，かなり急進的な動きが次々と起こっている。しかし残念ながら，そうしたイノベーティブな試みの多くが鳴かず飛ばずのままいつの間にか消えてしまうようなことは宿命的でもある。たとえば鳴り物入りでデビューし (Freeman, 2019)，斬新な出版形態としておおいに期待を集めた Octopus という出版システムがある。後に再度触れるが，Octopus では論文をいくつものセクションに分けて細かく出版できる。しかし現時点で開始から1年が経ったが，登録者数は400程度，実際に投稿しているアクティブユーザーは10程度とやや苦戦している。他にも，さまざまな場所に散逸した追試研究を整理したデータベースを公開し，実用性抜群だと謳われた Curate Science というサービスがあったが，なぜか突然「研究者の透明性監査」という研究者同士の対立を助長しそうなコンテンツをメインに据えて迷走し，多くの研究者から総スカンを食らった。

しかしそうした線香花火のようなサービスたちのうちのいくつかは必ず生存するものである。私はそれらの中でも3つのきわめて「尖った」システムに注目している。1つは F1000Research という雑誌である。この雑誌の特徴は，「オープン査読」を構成する要素をほぼすべて兼ね備えている点である。ゲッティンゲン州立大学図書館の Tony Ross-Hellauer さんによると，オープン査読は7つの要素に分けられるという (Ross-Hellauer, 2017)。それは「著者と査読者

の身元公開」「査読内容の公開」「査読への自由な参加」「著者と査読者の自由な対話」「査読前原稿の公開」「最終原稿への自由なコメント」「査読と出版のプラットフォームの分離」である。おもしろいことに，この論文自体が *F1000Research* に掲載されている。そして *F1000Research* はこのうち「査読への自由な参加」以外の 6 つを実現している。7 つのうち 1 つでも取り入れていれば先進的だとほめそやされる出版業界において，これはじつに驚異的である。*F1000Research* には通常のアクション・エディター（論文の担当編集者）というものが存在せず，査読者の候補は著者が挙げなければならない。このとき利益相反や専門性が厳しくチェックされるため，査読者は誰でも自由に参加できるわけではない。ただ，査読者の身元も査読内容も公開されるので，個人的には誰でも参加していいような気もしている。むしろこれだけ公開されまくる査読過程なので，査読を引き受けてくれる人が少なく，査読が進まないことが多い。そこだけが *F1000Research* の欠点なので，いつか査読参加のオープン化については雑誌側に直談判してみたいところである。

　もう 1 つは *eLife* という雑誌の近年の取り組みである。ここはもともと独自路線を進んでいた生命科学系のオンライン雑誌であり，たとえば論文内のグラフ等を生成するコードを論文上でそのまま見たり編集したりできる，インタラクティブな論文形式を提案したことがある (Maciocci et al., 2019)。他にも，この雑誌への論文投稿時にそれをプレプリントとして公開することを義務づけたこともあった (Eisen et al., 2020)。つまり，これは事実上プレプリントへの評価を *eLife* が行う形になったことを意味し，かれらは査読→出版モデルから出版→査読モデルへの変化を意図していた。

　また近年，この雑誌のインパクトファクターは比較的高い値をキープしていたので，ブランドとしても強いものがあった。インパクトファクターの高い雑誌というのは当然採択率が低い。ブランドを求めて多くの人が投稿するし，それらをホイホイ載せていたらインパクトファクターが下がってしまうおそれがあるからだ。そんな 2022 年 10 月，なんと *eLife* は突如「リジェクトしません」宣言を出したのである (Eisen et al., 2022)。これには誰もが驚愕した。「だったら

僕たちのあのお蔵入りのクソ論文を憧れの *eLife* さんに！」と思った人は多い
はずだ。しかしからくりはこうだ。まず査読にまわすかどうかの判断がなされ，
査読にまわった場合，それ以降は採択／不採択の判断を行わず，*eLife* からの
評価や査読コメントとともに「査読済みプレプリント」として公開される。あ
くまでプレプリントなので，その状態が不満な場合は，別の雑誌に投稿しても
よいし，査読コメントに従って原稿を修正したり，リプライを公開したりして
もよい。しかし査読処理には 2000 ドル（執筆時のレートで 26 万 4000 円程度）支
払わなければならない。

　たしかに非常に尖っている。が，気になることもいくつかある。査読済みプ
レプリントは，査読付き論文として見なされるのか？　たとえば学位審査の際
にどう扱われるかが不明だ。そして今後，*eLife* のインパクトファクターはど
のように計算されていくのか？　多くの人が予想しているように，ブランドが
弱体化するのではないか。何より，投稿直後のエディターからのスクリーニン
グがすべてとなるから，かれらの権限が強大になるのではないか？　エディタ
ーが強い権力をもつと，さまざまな QEPs につながりがちであるため望ましく
はない。このように，*eLife* の試み自体は大変興味深いが，同時に不安も残っ
ている。その上，この件について内部でかなり揉めているようで（Abbott, 2023），
今後も目が離せない状況だ。

　最後の 1 つは Peer Community in Registered Reports（PCI RR）である。ここの
尖り方も尋常じゃない。まず，PCI RR とは，Peer Community in（PCI）という
プレプリントに査読を行うコミュニティの中の 1 つである。たとえば PsyArXiv
といったプレプリント・サーバーにアップロードされた原稿を，学術誌にも
っていくのではなく，ここに査読依頼するのである。これだけだと Review
Commons や *eLife* など他のプレプリント査読サービスのやり方と同じなのだが，
PCI では「推薦」ということを行う。つまり，通常の査読をプレプリントに対
して行い，アクセプトの判定が出たら，その論文の担当者が推薦書を書く。そ
して PCI と提携した雑誌にその推薦書とともに論文を投稿することで，なんと，
さらなる査読なしにその雑誌に掲載されるのである。実際に我々も，修士課程

の授業で書いた論文が，PCI を経由し，雑誌側では一切の査読を受けないまま *Cortex* という雑誌に掲載された（Zhang et al., 2023）。つまり，査読を雑誌運営から完全に切り離した形となっている。このように，PCI は査読コミュニティが雑誌側と対等に提携することで，雑誌が論文を選ぶのではなく著者が雑誌を選ぶという，一気に新しくて実用的なシステムとなった好例である。また，驚くべきことにこのサービスはすべて無料である。

　しかもそれだけではない。PCI「RR」なのである。つまり，プレプリントに対してレジレポの査読を行っている。これには同種のサービスは存在しておらず，唯一無二である。じつは，先述した佐々木さんの取り下げ原稿をめぐるやりとりがあった頃に，Chambers さんからこの PCI RR の運営メンバーに誘われた。私としてもちょうどこのシステムについてくわしく知りたかったこともあって 2 つ返事で参画した。それからいまに至るまで，非常に刺激的な日々をすごさせていただいている。心理学の分野において，日本国内では現時点でたったの 6 本しかレジレポ論文の存在を確認できていないのだが（平石他，2019; 柏原・清水，2022; 北村・松尾，2022; 右田・井上，2023; 佐々木他，2019; 杣取・国里，2019），海外では予想以上に人気が高まっていて，すでに 300 誌以上が導入しており，PCI RR でもじつに 2 日に 1 本以上のペースで新規投稿がある。さらに追い風となるのが 2023 年 2 月のことで，ついに *Nature* がレジレポを導入することを表明した（Nature, 2023b）。もしかすると PCI RR と *Nature* の提携といった奇跡的なことも十分に起こりうる。国内誌もこのビッグウェーブに乗ってはいかがだろうか。

　さらにその先がある。我々はレジレポの次の段階として，三位一体査読というものを考えた（Mori et al., 2022）。発端は，*BMC Research Notes* という雑誌が再現性についての特集号をやるという情報をいつものように海外のコミュニティから個人的に入手したので，夏休みの自由研究としてラボの有志で何か書こう！というものであった。2021 年 9 月 13 日に企画を立ち上げ，基本的に Gather.town というオンライン仮想スペースで著者同士が口頭相談をしながら，Google ドキュメントを使ってリアルタイムで共同執筆するというスタイルで

作業を進めた。マルチラボ研究にいくつも参加することで培った完全なる研究DX体制である（Yamada, Blackburn et al., 2021）。その後なんと10日間で原稿を完成させ，投稿に至った。夏休み中にフィニッシュしたいという気迫がそうさせたのだろう。

　では三位一体査読とはどのようなものなのか。正直なところそんなに複雑な話でもなく，レジレポの第1段階の研究プロトコルに対して，通常のレジレポ査読の他に，倫理審査と研究費審査をやってしまえばいいじゃない，というものである。じつは研究者は同じ研究について常日頃から3種類もの書類を用意しなければならない。1つ目は研究論文としての原稿である。レジレポ第1段階では，予定している研究計画について執筆し，査読で学術的側面の審査を受ける。2つ目は，倫理審査の書類である。予定している研究計画を倫理審査委員会に提出し，倫理的に問題がないか審査を受ける。3つ目は研究費の申請である。予定している研究計画を資金提供機関に提出し，資金を与えるに相応しい研究かどうかの審査を受ける。お気づきだと思うが，多大な労力の無駄が発生している。研究者は1つの研究計画をそれぞれまったく異なるフォーマットで3回も書いているのである。じゃあ，1つの書類に対して3種類の審査をした方が話が早いでしょ？という提案である。実際に，レジレポの原稿を資金提供機関に審査させるアイデアは過去にもChambersさんなどが提案してきたものでもある（e.g., Chambers & Tzavella, 2022）。三位一体査読は，研究者の無駄な書類作業を減らし，余力をクリエイティブな活動へまわすことで科学を元気にしようというアイデアなのだ。

　じつは，私たちはそのまた先のことまで考えている。三位一体査読は，どのようにして資金を受けるかという具体的な側面をぼかして提案していた。実際のところ，実践的で有効な方法までは具体的に思い至っていなかったのである。しかしそんな折，株式会社アラヤの濱田太陽さんとハーバード大学の山形方人さんが，なぜか同時に別々に，ブロックチェーン技術を利用した分散型科学（DeSci）を普及する活動をされているのを見た。その中には研究資金の確保における分散化についても触れられており，まさにこれだ！と思った。つまり

公開された研究計画に対して，仮想通貨などを用いて誰でも自由にサポートできるシステムを構築すればよいのである。私たちは濱田さんと山形さんをチームにお招きし，ABCDEF 出版と名づけた新システムを発表した（Oka et al., 2022）。これは，自律的で，入札可能で，信頼性があり，分散化され，倫理的で，資金が提供されるという特徴を備えており，それら各特徴の英単語の頭文字を並べた名称である。このように私たちは二手三手先を読みながら次々と提案していきたいのだが，やや逸脱的すぎるせいか学術コミュニティからはなかなか理解を得られにくいことで悩んでいる。今後は少しずつテスト実装を行いながら実用性を示していくので，とくに同業の方々は，徐々にでもこうした考えに親しんでもらえれば嬉しいかぎりである。

　もう 1 つ，出版における別の方向性でのアイデアがある。それはマイクロ・パブリッシングと呼ばれるものだ。もともとは生物学分野で始められたシステムで，*microPublication Biology*（microPublication Biology, n.d.）という雑誌としてすでに実装されている。その特徴とは，非常にかいつまんでいうと「長ったらしいイントロや考察なんかは要らず，方法と結果だけシンプルに報告する」ということである。実際，イントロと考察は最小限に留められる。これは，この雑誌がさまざまなデータをデータベースにつなぐことを主目的としているからであり，その際に長々とした導入や結果の解釈などは不要なのである。「何をしたら，何が起きたか」を記録することだけが重要なのだ。

　私はこのシステムを心理学でも採用できないかと議論したことがある（Yamada, 2020a）。とくにコロナ禍における研究者たちの奮闘によって，大量に採取された調査データの行き先が不足していたというのが 1 つのきっかけだった。*Scientific Data* 等のデータ（とその説明）を受け入れる雑誌はあるものの，基本的にハードルが高く，雑誌の選択肢は少ないため，データの行き場が十分に確保されていない。これでデータをお蔵入りにしてしまうのは無駄の極みだし，パンデミックという大変な状況の中で回答してくれた調査参加者に対しても申し訳ない。また，直接的追試研究の場合，イントロや考察が欠如していても重要なのは結果なのだからそれだけで問題はない。しかし通常の学術誌だと，

「どうして追試するのか？」といった，本当にどうでもいい部分を長々と説明しないと掲載してもらえない。そこでそれらの受け皿となるのがマイクロ・パブリッシングだと考えたのである。とにかくデータを集めていって，その後にその巨大なデータセットを使って一定の結論を下せる分析を行う方が効果的である。この蓄積科学の考え方を心理学にも導入すべく，デモ用に仮の学術誌（Psychological Micro Reports, n.d.）までつくって論文を書いたのであった。

　先述の Octopus はこれの亜種であった。Octopus とは，イントロ，方法，結果，考察といった論文の各セクションを誰が書いてもいいという非常に先進的なアイデアで，モジュール出版と呼ばれる形態である（Dhar, 2023）。最終的に 1 つの研究ストーリーになるよう複数チームでつくり上げていくというのだ。いってみれば最小単位まで切り刻んだマイクロ・パブリッシングであり，私が提案したもののように，心理学のデータを得るための方法や結果の部分だけを出版することができる画期的なシステムだったのだが，利用者が多いとはいえない状況である。利用を促すために，トピックの問題提起の部分だけを数千件ほど機械で生成するなどのテコ入れを行っているが，皮肉にもそのせいでちょっと怖い感じになっていることは否めない。

　利用が進まない理由とは，おそらくだが，まだ早すぎるからだろう。レジレポすら国内では 6 報しか出ていないような現状である。99％以上の著者が，従来の IMRAD を全部含めた原著論文の投稿を「唯一の聖なる」行いのごとく実践しており，それを部分的に査読するとか，部分的に出版するとかいった考えはまだまったく根づいていない。急いては事を仕損じる。分野全体の動向と雰囲気を見ながら普及活動を地道に続けていく必要があるだろう。ABCDEF 出版も同様だが，物事にはやはり地味で地道なことが必要不可欠だとつくづく感じている。なお，希望がもてる情報として，2023 年 3 月末に Octopus が *Royal Society Open Science* と提携したことがアナウンスされた（Dunn, 2023）。つまり，Octopus で全パートの査読が完了した場合，希望すれば，さらなる査読なしで *Royal Society Open Science* に掲載されることとなる。これはちょっと利用者増に期待できる。実際，私もこの制度を試してみようかなと思っている。

138

最後に，AI の関与についても触れておきたい。近年では AI 技術の発展が目覚ましく，きわめて速いスピードでの進歩が続いている。この本が世に出る頃にはもはや時代遅れになっているだろうが，とくに出版に関連するものだけでも述べておきたい。論文の執筆に限らず海外とのあらゆるコミュニケーションの場面において，非ネイティブである私たちにとってとくにインパクトが大きかったのは DeepL という AI ベースの翻訳ツールである。クローズドソースなのでどういう処理をやっているか完全には明らかでないものの，かなり自然な翻訳が行われることで話題になった。もちろんこれを論文執筆時にそのまま使用するのは難しいが，英語論文を読み書きする障壁を大きく下げたのは間違いない。日本語に対応したのが 2020 年 3 月とのことだが，もうかなり昔から生活とともにあるようにすら感じている。正直なところ，私自身，英語力が低いことが大きな悩みであり，現在メールやチャットでのやりとりではもはや日常的にこれを使っている。英語に悩んだまま海外との交流を控えていたり，時間をかけてしどろもどろの返事をするくらいなら，このツールを使用して可能なかぎり高速なコミュニケーションをとる方がマシではないだろうか。まあ，研究者とは現地で生の英語を身に着けてナンボという「気概」系の主張や，教育には良くないのではという意見はもちろん理解するけれども，言語はあくまで情報伝達手段の 1 つなので，その情報伝達そのものが沈滞するくらいなら，私はツールを使ってでも交流を活かす方を優先したい。

　そしてもう 1 つの重要なツールは 2022 年 11 月に登場した OpenAI 社の ChatGPT である。これは大規模自然言語処理モデルをもとに開発されたチャットボットであり，質問に対して非常に人間らしい回答をする。本来は対話を楽しむためのものであるが，これがさまざまな用途に利用できるとする報告が相次いだ。たとえば MBA（Terwiesch, 2023）や法科大学院（Choi et al., 2023）の試験を通過し，医師免許試験に合格するレベルの回答をしたという（Kung et al., 2023）。もちろん，当初から ChatGPT の学術利用についても数多く試みられている。私もいろいろと試してみた。その感触として……，現時点での性能は，論文執筆をそのまま任せられるほどではない。もちろん分野によっては学術誌

図 6-2　ChatGPT に p5.js で刺激を生成するプログラムを書かせるやりとり（左）と，実際に生成されたガボールパッチ（右）

掲載レベルのものが書けるとか（Dowling & Lucey, 2023），AI が書いたことを人間には見抜きにくいアブストラクトが書けるとか（Gao et al., 2023）といった報告はあるが，少なくとも心理学論文は難しそうだ。また，実験刺激や統計解析用のコードの生成も微妙であった。無理やりそれっぽいことはできそうなのだが，それをできる人は自力でもっと楽に素早くコードが書ける（図 6-2）。

　それでも論文執筆支援としては絶大な可能性を感じている。DeepL のところでも述べたように，英語非ネイティブである私たちとしてはとくに英文校正における活躍に期待したい。一般の方向けに説明をすると，非英語圏の研究者は英語で論文を書き上げてもすぐには投稿しないことがある。その前にいったん，プロの英文校正業者に有料で英語をチェックしてもらうのだ。どんなに英語論文の執筆に慣れていても不自然さは残るようで，査読者から「英語を何とかせい」と言われることは少なくない。そしてこの英文校正にはだいたい 1〜7 万円程度の費用がかかる。研究費がない場合にはここを諦めざるをえず，自前の下手な英文で勝負を強いられることも少なくない。そんなときに，

140

ChatGPT を使用することで，それなりに英文を自然にできるというのだ。使わない手はない。これまた「研究者とは……」とおっしゃる方々の意見も熟知しているのだが，私としては論文の文面の美しさではなく，できるだけ内容やロジックの方に集中したいのが正直なところである。それに査読コメントへのリプライレターへの英文校正は本当に無駄だと感じている。とくに，内容オープンの査読でないかぎりそれを読むのは査読者とエディターだけなので，こここそ真っ先に ChatGPT 化したい。

　学術誌側もこの件には反応している。*Nature*（Nature, 2023c）や *JAMA*（Flanagin et al., 2023）は ChatGPT のような大規模言語モデルの AI を著者とすることを認めず，使用した際には謝辞の欄などで開示することとした。著者の認定について言及されたのは，実際にこの時点ですでにいくつかの論文に ChatGPT が著者として連名していたという事実を受けてのものである。たとえば先ほどの ChatGPT に医師免許試験を受けさせた論文では，プレプリントの段階までは ChatGPT が第三著者に入っていた（Kung et al., 2022）。これが現状のオーサーシップ基準では無効であることは，COPE などの国際的出版コミュニティも主張している（COPE, 2023）。その一番の理由は，ChatGPT は作品に責任をもてないからである。そして著者になることの同意を自由意志のもとで得られるかも微妙だ。このあたりはロボットは自由意志をもてるかという問題にも関わってくるので本当に際どい問題だが，現時点では厳しいだろう。私は，日本心理学会の発行する『心理学研究』と *Japanese Psychological Research* にも ChatGPT を著者とする論文がいつ投稿されてもおかしくないと考え，こうしたポリシーを出した方がいいのではないかと提案した。関係者の皆様のご協力のおかげで作業はとても迅速に進み，2023 年 5 月に AI ポリシーとして掲示することができた。

　一方で，*Science* は 2023 年 1 月 26 日の社説にて，ChatGPT が著者になれないことについては同様だが，それだけでなく AI が生成したテキストや画像などの利用を「剽窃」であるとして禁じるポリシーを発表した（Thorp, 2023）。個人的にはこの剽窃であるという根拠がよくわからなかった。こうした AI ツールが研究不正に効果的に利用できることを危惧する研究者や出版関係者が多いの

もまた事実であり，私もそれには同意できる（Elali & Rachid, 2023）。だが *Science* のこのポリシーは，事実上，英文校正としての利用も許されないことを意味している。ここで1つ考えなければならないことがある。もしも，著者以外のエージェントやツールが関わったものを著作物として発表すると剽窃になるという原則をとるのであれば，プロの英文校正業者はどういう扱いになるのだろうか？　彼らはもちろん著者には入らない。これは剽窃になるのだろうか？　英語論文の書き方を指南する本には例文が大量に載せられていたりする。たとえばある本には980もの例文が載っているが（﨑村，2017），この例文を利用して論文を書いたら剽窃になるのだろうか？　*Science* を発行している AAAS（アメリカ科学振興協会）と提携している某英文校正業者は，英文の翻訳どころか論文の執筆代行まで提供しているが，これらは剽窃になるのだろうか？　なるとしたら，このまま提携を続けていてポリシー的な整合性がとれるのだろうか？おそらくだが，英語圏の人々には，非英語圏の研究者が英文校正の問題を抱えていることすらほとんど認識できていないのではないだろうか。つまり，このような問題が「存在していること」さえまだ理解されていないのではないか。

　私たちはこの議論を活性化させるため，この想い，届け！とばかりに意見論文をすぐに執筆して公開した（Ueda & Yamada, 2023）。今後，我々は大きく分けて2つの道を辿らねばならないだろう。使用を開示することを前提に，Perplexity や Elicit といった AI ベースの学術検索システムで文献を探し，DeepL と ChatGPT で英文を書き，Stable Diffusion などの描画ツールで挿絵やイラストを描くという AI モリモリの研究体制で *Nature* 側のポリシーの雑誌を狙うか，あるいは生身の力を信じ抜いて *Science* 側のポリシーの雑誌を狙うかである。と，いうようなことを考えていたところ，2023年3月9日に *Science* が新たな方針を発表した。要約すると，「もうちょっと議論を深めていきましょうね」というものだ（Thorp & Vinson, 2023）。急に骨抜きな姿勢になってしまい驚いたのだが，さては私たちが書いていた意見論文を読んでくれたのだな，とか希望的観測を抱いていた。しかし実際は，同じ号に掲載された Letter 論文が効いたようだ（Berdejo-Espinola & Amano, 2023）。いやそれと同じことを僕たちが1

カ月前から論文にして *Science* にも実際にメールして指摘していたんですけど……まあ私たち弱小よりも強者の発言は重用されるよね，と大変悲しい気持ちになった。とはいえ結果として *Science* も AI 全面禁止というポリシーをおそらく堅持しないことにはなった。いまはそのことを小さく喜ぼう。

　出版の未来は，容易には予測できない方向へ急速に発展しようとしている。しかしそれらすべてが，情報技術の発展と同期していることだけはたしかだ。学術界は一度どこかで，できるかぎり早く，学術出版の今後の姿を真剣に議論し，一定の方針を策定すべきだろう。そうしなければ混沌が無限に広がってしまう。もう旧来の「論文」を懐かしみ，いつまでもそのシステムに固執したり，変化に適応することを億劫に思ったりするような時機はとっくに過ぎている。そして一般の方々も，研究者が出版システムの急激な変化になんとかしがみつき，もがいていることを知っていてほしい。研究が報道された際には，それがいったいどんなやり方で公表されたのか，予想しながら見てみてほしい。そして気が向いたなら，その公表された論文等のリンクをクリックしてみてほしい。そのときあなたは，私たち研究者と同じ世界を見ることになる。

第7章

評価という名の病魔

　私が遊撃しようとする対象の中でも最も巨大で難攻不落なものがこの「評価」の問題である。さまざまな意味で，私のようなちっぽけな個人が足掻いたところでどうにかできる話ではない。せいぜいこうやって文章を書いて，誰かに見てもらって，このことについて考える人々を少しでも増やすしかない。現に，いまだほとんど攻略できていないため，ただの願望のような話しかできなくて忸怩たる思いに駆られるが，なんとか今後少しずつでも打開していきたいと思っている。

研究者「ステータス，オープン！」

　前章まででいくつかの観点から話をしてきたが，結局のところ何もかもが1つにつながってくる。研究者は，なぜチートするのか？　なぜプレレジすることをためらうのか？　なぜ追試や多人数での研究に価値を置かないのか？　なぜ新しい出版システムを積極的に取り入れようとしないのか？　なぜ再現性が低いことを気にしないのか？　これらすべては，既存のインセンティブ構造に最適化しようとしたゆえの反応なのである。

　研究者は必ず何かで評価され，それによって生き残れるかどうかが決まってしまう。つまり他者からの評価に依存した生存競争をつねに強いられている。

ただひたすらに，ピュアな興味や好奇心や克己心，あるいは自己実現や使命感のために研究活動に没頭しているような研究者像は，目指すべき姿であることには違いないものの，現状とはおおいにかけ離れたものである。何らかの形で評価可能な成果を挙げないかぎり，研究活動を行うこと自体が許されないからだ。したがって，研究者には，ある評価項目ごとにパラメータ値が上昇するような行為に対してインセンティブが働いている。ゲームなどで，キャラクターの能力，状態，スキルなどの情報をステータスと呼ぶ。このステータスを強化していくことがゲーム攻略での基本的な進め方であるが，研究でも同様だろう。研究者の場合，そのステータスが高いほど，地位という意味でのステータスも高くなるから面白いものである。

　評価項目がわかっていれば，そのパラメータを集中的に強化していくのが効率的である。ゲームではステータス画面をオープンすればすぐにそうした項目の状態がチェックできる。研究者の場合は，あくまで私たちの専門分野周辺での話だが，研究者人生を有利に進めていくためのステータス項目は査読付き論文の数，インパクトファクター，掲載誌ブランド，学会等からの受賞，学振などの身分の経歴，資金獲得状況などであり，これらは業績リストとして個人ウェブサイト等でまとめられていることが多い。というか個人ウェブサイトすらつくっていないとその人のステータス，つまり業績状況を自分以外の人間が見ることができなくなり，不利な状況が発生することが多い。たとえば非常勤講師，学会シンポジウムの登壇者，共同研究への招待などでそれにふさわしい研究者を探している際に，業績リストを公開していなければマッチングすることは永遠にないし，当然連絡先もわからないしで，重要な機会を逸することになる。なので私の研究室の学生には，自分で満足できる業績があろうとなかろうと，できるだけ早くウェブサイトを（できれば英語版も）つくることを勧めている。

　ステータス項目の中でもとくに主要なのは論文である。たとえば大学院生だと，博士の学位取得申請の条件として，自身が筆頭著者である査読付き論文の本数が具体的に指定される。現所属では2本である。同様に，テニュアトラッ

クという制度では，5年くらいの一定の任期の間に，決められた本数の論文を出版することがテニュア審査での最低条件である。要するに，身分が安定しない時期にはとくに，査読付き論文の本数を強化することに注力することになる。また身分が安定したとしても，自身のステータスアップに強い関心をもつ者であればやはり本数にはこだわる。そして論文の数自体が充足してくると，雑誌ブランドやインパクトファクターを強化することになる。

　そう考えると，冒頭の問いに対する答えもおのずと出てくる。なぜチートするのか？　それは有意差至上主義に基づく出版バイアスのせいで，チートされた実験結果が出版にとって有利に働くからである。なぜプレレジしないのか？それは自分の手を遅くするし，自由度を狭めるし，まあ，極論すると，チートできなくなるからである。そうなると結果的に出版の勢いは減弱する。なぜ追試や多人数の研究を軽視するのか？　追試ではハイブランドやハイインパクトファクターの雑誌に掲載されないからである。多人数の研究では，個人の業績として評価されないからである。なぜ新しい出版システムを使わないのか？そのような「伝統的でない」出版物は評価されないからである。なぜ再現性を気にしないのか？　評価に関係ないからである。評価，評価，評価。

　しかしこれは仕方がないことだ。そういう評価システムを使い続けているうちは誰であっても少なからずその評価に関連するステータスを気にしてしまうだろう。私もキャリア初期の頃は自分のステータス画面，つまり業績リストばっかり見ていた。そして他人のものとひっきりなしに比べていた。たいてい自分の方が負けているので，勝手に他人のウェブサイトを見て勝手に凹んでいた。不健康極まりない。私のとある先輩は，朝起きると毎日30分くらいかけて，ライバル視している人々のウェブサイトを巡回していたらしい。そんなの，朝から嫌な気分になるだけなんじゃなかろうか。だが見ずにはいられない気持ちもわかる。他人の業績の変化がないことを確かめて安心したいのだ。同じ分野の先輩や友人同士で研究の話をするときには，表面的には盛り上がっているっぽい感じで話しながらも，お互いにそのとき自分が研究しているアイデアやすでに確保している（有意な）結果などについては隠し合ったり，核心部分を

伏せたまま相手を牽制するためにあえて小出ししたりと，変な緊張感のあるやりとりをしていた。同業者仲間との交流も大変不健康だったのだ。しかし，こうした強迫的に行ってしまうステータスの比較行為を「ばかちんが！」と咎めることのできる者がはたして存在するのだろうか。

　先述したように，私はもくもくとレベル上げ作業を行うのが好きだ。それと同じように，いまでこそ淡々と，粛々と，無感情で論文を出している。たまに論文がアクセプトされた際には，SNS で「やったぜ！　ヒャッホーウ！」などと書いているが顔は完全に真顔のままだ。だがやはりキャリア初期の，とくに大学院生の頃は，1 本 1 本の論文に一喜一憂していたものだった。ある論文がダメになりそうなときは，自分の人生そのものが終わるんじゃないかというほどの危機感を覚えたりもした。不安でたまらず，普段は飲み込むように平らげていた大好きなちゃんぽんが，まったく食べられなくなった。レベル上げを本当の意味での死活問題だと捉えていた。

　こうした私の私的な過去の経験だけでなく，学術界の多くの人の口から，初期キャリア研究者にはびこる「Publish or Perish」（出版か死か）への不安やその悪影響についてのエピソードが聞かされる（Dyke, 2019; Jordão, 2019; Moradi, 2019; Obradović, 2019; Snoek, 2019）。学術出版の高速化・大量化（Chu & Evans, 2021）が進む昨今ではなおさらである。この状況に対して，「スローサイエンス」の必要性を主張する声が，とくに心理学で聞こえるようになってきた（Frith, 2020; Stoevenbelt, 2019）。現在の高速な科学では，信頼性や再現性の低い論文が出やすく（Teixeira da Silva & Yamada, 2021），しかもそのトピックは短期で成果が出やすそうな，検定力の低い（Higginson & Munafò, 2016），視野の狭いものになりがちである。さらにはそれに最適化した研究者しか生き残れなくなるため，研究者の多様性も失われる。この流れはいろいろとまずい。そこで，たとえば拙速に出版してしまう前にまずはしっかりと時間をとっていろいろ読んで勉強したり，思索を深めたりした方がいいという意見がある（Phaf, 2020）。私もこの考えには賛成である。これはたんにその方が学者のイメージっぽいからとかではなく，過去にすでに研究されていたことを知らずに「車輪の再発明」をしたり，理論

的な進展にとって重要な先行研究を知らずに議論をしたりすることがないよう，学問としての基本に立ち帰る必要があると思うためである。もちろん私が現在それがちゃんとできているとは到底思えないが，もしかすると AI ツールがそれをサポートできるかもしれない。

　スローサイエンスを達成するため，Uta Frith さんはさらに大胆な提案を行っている。それは，研究者が 1 年間に出版できる論文を 1 本に制限してはどうかというものだ（Frith, 2020）。この出版制限については，残念ながら問題点の方が多いと思っている。まず，出版バイアスがいまよりも極端になるだろう。その年の最強のデータを出版しないといけないから，何としてでも（どんな手を使ってでも）その最強データを用意し，他はすべてお蔵入りさせ，最強論文を出すことになる。それに，追試を誰もやらなくなるだろう。先述のように，評価されにくい追試研究を行うモチベーションは低下するため，ある研究の再現性の確認が分野全体で滞ることになるだろう。さらに，共著論文が減少するだろう。自分が筆頭著者にならなければ評価されないシステムの中，共著者として年に 1 本しかチャンスがない論文を出しても損にしかならない。ラボ単位でこの出版制限に対して戦略的に適応しようとすると，ギフト・オーサーシップも横行する可能性がある。さらにもちろんだが，ビッグチーム・サイエンスは完全に廃れる。結局，いまのままの評価システムとインセンティブ構造で出版の本数だけを制限しようとしても悪手なのである。

　やはり評価システム自体が変わらなければ問題は解決しない。たとえば年間 1 本などという制限下で，たった 3 年の間に学位取得要件である査読付き論文 2〜3 本を達成しなければならないとなると，博士課程の学生はいまとは比べ物にならないほど巨大なストレスと不安に苛まされることになるだろう。だが，学位取得要件に査読付き論文を課すこと自体をやめてしまえば状況はまったく変わってくる（Moradi, 2019）。たまたま異常な査読者に遭遇して苦しめられたり，たまたま有意差が得られなかったりすることで人生に絶望することはなくなり，知識の獲得やスキルの習得といった学術トレーニングの一環として，その結果に焦ることなく査読の過程をじっくりと味わえることになる。それは学

生にとっては新鮮な経験としての側面が大きくなるかもしれない。このように評価システムの見直しをしていくことは，研究活動というものの面白さを再び感じられる世界へと回復させることにつながると考えている。

　一応触れておかねばならないが，研究評価について，現在，当然ながら見直しの動きが何も起きていないわけではない。これは朗報と捉えてよい。2010年代から広く使われ始めた Altmetrics は，インパクトファクターなどの従来の被引用数にのみ依存した指標ではなく，ソーシャルメディアでの反応といった論文の多角的な影響度を示すものである（林，2013）。先述した DORA は 2012年に発表され，論文の評価にインパクトファクターを用いないことを明示的に勧告している。2015 年にはライデン声明が発表され，業績評価の適正化・透明化が求められた（Hicks et al., 2015; 小野寺・伊神，2016）。2017 年のアムステルダム・アジェンダ（研究不正ポータル，2017），2020 年の香港原則では，オープンサイエンスと研究公正に主眼を置いた研究者評価のあり方が定められている（Moher et al., 2020）。2023 年 5 月には，オーストラリアにて従来の研究評価制度を廃止することが報じられた（Nature, 2023a）。着実に，新たな評価方法の確立へ向かう動きは世界的に進行している。そしてやっぱり，いつも思ってしまうことだが，日本からも何かを打ち出したいものである。*Nature* のニュースやエディトリアルに日本が出てくるのはほとんどが「よくない話題」である。これを覆してやりたいというのは，いつも心の底から思っていることだ。

論 功 行 賞

　研究者にとって重要なステータス項目は論文だけではない。ある論文や発表，あるいは継続的な活躍に対して学会等から与えられる「賞」というものも，その研究者が一定のお墨付きを得ているものとして有利な評価を受けることにつながる。場合によっては受賞経験が豊かだという理由で新たな賞を得ることすらある。学会発表の場でも，そこに発表賞が設けられているかどうかでみんなのプレゼンの勢いが違う気がする。わかりやすいところでは発表者の声の伸び

やかさが違う。身振り手振りも大きく，素早くなっている気がする。一度真剣に検討してみたら面白いことがわかりそうだ。このように，あくまで主観だが，賞には研究者のモチベーションを高める働きが確実にあると思う。そしてそれを狙って研究者が頑張ることはとても正当なことで，おおいに励んで然るべきだと思う。だが，その与え方についてはちょっと考えた方がいいのかもしれないという気も，以前からしている。

　受賞は1つでもあると映える。複数あればなおさらだ。そのとき私が気になるのは多重授賞のことである。つまり，ある1つの研究成果に対し，複数の賞を与えることである。たとえばある学会発表に対して何種類か設けられた発表賞をダブって与えたり，先ほど触れた，受賞をしていることに対して授賞する場合も多重授賞のケースに当たると思う。研究成果はたまたま着想したりして得られることもあるし，とくに有意な結果を重視してしまうと確率的要素まで絡んでくる。そんなたった1つの研究成果に対していくつもの賞が与えられるのは，さすがにステータスアップ・ボーナスが過剰すぎない？と感じてしまうのである。それに用意された賞の数は当然ながら有限だから，誰かが賞を総どりすることで，多くの他者は授賞可能性を大幅に失うことになる。初期キャリア研究者同士であれば，そこで生じてしまう格差は絶望的なほどとなる。これは適正な競争なのだろうか？　繰り返すが，賞を受ける側は気にせず受け取ればいい。私自身も同様のことがあったりする。1つの研究に対しどれか1つ以外のすべての受賞を辞退せよというのも無茶苦茶な話だ。だが，与える方はある程度制御できるはずである。この，ある種の選択と集中をよしとするかどうかにもよるが，格差をなるべく生じさせない方がよいのであれば，授賞時にもいろいろと考えた方がよいのではないか。たとえば学振の審査で，1つの研究に対する多重の賞によって映える業績を見せて採用され，さらに育志賞という博士課程の最高峰の賞（賞金110万円付き）まで与えられた場合，それを逸した人々との経済的格差は大学院の間だけでも1000万円を超えていく。この重大さを考えると，少なくとも私が与える側だとどうしても慎重になってしまう。

　と，いうようなことを以前提案したことがあるのだが（山田，2019），そのと

き，重複授賞を制限することは賞を出す側の権利を侵害するのでは，というコメントをいただいた。たしかにそれはそのとおりで，たとえば学会などのもつ授賞権に干渉するような横暴は誰にもできない。なのでいまのところ，賞を出す側も受ける側も，もちろんどちらも正当であることは間違いないと断言しておきたい。そしてその上で，学術コミュニティは「賞とは何なのか」についてあらためて議論を進めていくことが必要であると思う。さらには賞をどのように評価するのか，という点まで話を進めるべきだと思う。現状，賞の有無は，ほぼ印象にすぎないような非常に曖昧な加点要素となっており，評価者の自由度があまりに大きすぎる。また，捕食的表彰（predatory awards）というものの存在も確認されている（Pal et al., 2022）。お金を払えば賞をもらえるという，まあ考えてみれば当然出現するであろうビジネスだが，これが実在している。こうしたものにも騙されないよう，授賞側はやはり議論や情報共有を活性化していくべきなんじゃないかと思っている。

　あるいは，学会は研究の質を評価することをより強調し，高い質の研究に対する賞も設けてはどうだろうか。たしかに質の評価はかなり複雑な特徴をもつものの（Shadish, 1989），最近，「QuOCCA」といった研究の質を透明性や研究デザイン，報告方法などの多くの側面から評価するツールの開発は進んでいるので（Héroux et al., 2022），それらを利用して質の高さを競い合うコンテストを実施するなら，それはこれからの心理学を始めとした科学全般に資する競争になるんじゃなかろうか。

I'm NOT a perfect human

　大学でテニュアを得ることを考えると，必要なステータスは論文と賞だけには限定されない。というか，論文のみが何本あったとしても，多くの大学では採用されない。つまり「Publish but Perish」（出版しても死ぬ）が現状である（Yamada, 2019）。たとえば私が以前，就職のための応募を検討していた大学の方と，実際に応募する前にやりとりさせてもらったことがある。その際に，私の

業績情報も先方に知らせていた。するとその後，「内部で検討したところ『論文業績を見るかぎり，この人は研究をやりたがるだろうからだめだ』との意見が出た」と知らされた。応募前の落選である。これには心底驚いた。せめて本当に私が研究をやりたがるかどうか話くらいは聞いてくれよとも思ったが，まあ論文でいうところの投稿前照会（pre-submission inquiry）のリジェクトみたいなものなので，無駄な申請の手間を省くという意味では制度として効率的に思えなくはない。ちなみに我々の間では「先の先」と呼ばれている。とにかく，この事例では論文数が否定的に評価されている。いや，おそらく，数そのものが問題というわけじゃなくて，非常勤講師の経験や学会運営補助の経験，あるいは内部の方とのラポール形成など，論文以外のステータスが育ってなかったのが原因なのだろう。バランスが悪いとだめなのだ。まんべんなく，全部できないといけない。一般的な大学教員には，オールラウンダーであることが求められている。逆にいえば，すべてのステータス値が最低限のレベルでマークされていれさえすれば，なんとかなる場合もある。私は授業や資金獲得等にまったく自信がなく，その最低限のレベルのギリギリだと思うので，いまの職にありつけているのは運によるところが大きい。運のステータスも必要だということだ。

　この採用システムが国内研究の総パフォーマンスに何かしら影響しているのではないかと思うことがある。上述のように，少なくとも大学を中心とした学術業界で生き残るためには，まんべんなく何もかもができなくてはならない。しかし，研究者を目指す人々がもともとそういった人間ばかりかというと，そんなわけがない。私の見てきた範囲では，きわめて高い実験構成能力や授業能力を有しているにもかかわらず，論文の執筆のみを苦手としているせいで進路を閉ざされた人が何人もいる。あるいは，たまたまその人の売出し時期に出ていた公募が，すべて公認心理師や臨床心理士という実験系の研究者には縁遠い資格を前提としていたせいでどこにも応募できず，やはり別の道へ行ってしまったこともある。ちなみにそれらの資格を必要とする公募で，その資格が業務内容と本当に直結しているのか疑問を抱くケースは多い。このような状況は，

法律家

実験計画者・作業者（P）

営業パーソン　　　　　　　　　　　　　　経理

イラストレーター　　　　　　　英語話者（P？）

統計家（P）　　実験心理学者　　著述家（P）

プログラマー　　　　　　　　技術者

ウェブデザイナー　　口達者・香具師（P）　DTP オペレーター

飼育者

サイエンス・コニュニケーター

図7-1　現代の実験心理学者に必要とされるスキルとその教育機会

（注）　P：プロレベル必須，ゴシック体：通常の心理学教育で会得。

全体的に見ると非常に大きな損失を繰り返しているのではないかと思っている。率直にいって本当にもったいない。

　それだけではなく，そうしたすべての側面において最低限度のスキルや能力しかもたない人々がいくら集まっても，イノベーションは起きにくいのではないかと思っている。いまの研究者はオールラウンダー性をベースに選抜されているので，まさにそういう状況である（図7-1）。サッカーでたとえると，そこそこの能力をもつミッドフィールダー11人を集めて，フィールド内の好きな場所にいさせているようなものである。これでは，システマティックに配置された高いレベルの専門職で構成されたチームに勝てるわけがない。やはり，研

究とは適応的に設計されたチームでなされるべきであると思う（Wolf & Felger, 2019）。そのためには，学術界は専門的な力を大きく発揮する，物凄くいびつなステータスをもつ人々を多く確保しなければならない。心理学ももう，1人でひととおりのことがそこそこの水準でできるような，単著論文を好んで書くタイプの人ばかり集めるのを止めにした方がいいんじゃないだろうか。そして今後は高度な分業が科学的生産力に及ぼす効果を具体的に，さまざまな角度から検討していく必要があるだろう（Cooper et al., 2021; Haeussler & Sauermann, 2020; Klockmann et al., 2021; Kwon, 2017; McAndrew & Roth, 2016）。個人的にはオールラウンダーのチームと専門職チームで，扱える科学的問題の質や規模の違いがあるのかが知りたい。心理学に限らず科学の複雑化は，もはや「オールラウンダーだらけの研究大会」では対処できないところに来ているんじゃないだろうか。好例として，組織的な分業が必定であるビッグチーム・サイエンスの取り組みから重要な洞察が得られることが考えられる。その意味でもビッグチームでの研究は今後も続けられていく価値がある。そして同時に，職人としての適性を伸ばすためのパーソナライズされた教育も提供されるとなおよいと思う（Fisher et al., 2018）。

カリスマ et al.

　これまで見てきたように，学術的な評価においては研究者の専門知識や業績が重視される一方で，これらの評価基準は一般社会における評価とは異なるところがある。一般的には，学術的成果が社会に与える影響についても評価される必要があり，そのため，研究者は自身の業績や知識が一般社会にどのように受け止められるかにも意識を向ける必要がある。研究者がプレスリリースを出したり，SNS 等で研究成果を一般向けに紹介したりする活動の狙いはそこにある。ある研究が有名ブランドの雑誌に掲載されたわけではないのに，いや，それどころか論文ですらなく学会発表を予定しているだけの段階なのに，それが社会で大きな話題となることは珍しくない。これは現行の学術的評価と社会的

評価の乖離を示す代表的な現象といえる。

　こうした背景から，研究者は一般社会での評価にも気を配らなければならないのだが，その評価が個人崇拝に近い形で行われてしまうという問題が生じている。最も顕著なのがノーベル賞受賞者である。彼らの功績はたしかに途方もなくすごい。しかしそれは彼らの専門分野での仕事によるものである。それにもかかわらず，ある研究者がノーベル賞を受賞した後に出す意見は，受賞前とはまったく異なった影響力を伴って受け取られる。受賞前と受賞後でその意見の中身が何か変わったとでもいうのだろうか？　そんなことはなく，違っているのは発言者の権威だけである。科学研究では誰が言ったかではなく何を言ったかで勝負をしているはずなのだが，そうした日常業務を行っている学術界ですら偉い先生の発言には弱いのだから，一般社会ではなおさらだろう。

　専門分野でどんな功績を成した人であっても，自身の専門とは異なる分野では素人に近い。現に一応プロの心理学者である私も，まあ心理学分野でとくに何かを成したわけではないが，たとえばウクライナ戦争について，他の一般人よりも何か優れた意見が出せるとは到底思えない。にもかかわらず，世の中には，有名な「学者」を呼んできて，その人の専門とはまったく関係のない事柄まで何でもかんでも意見させようとする風潮がある。そしてその意見の妥当性や有効性が検証されることはほとんどないし，もしかしたら，実際には妥当性など皆無なのかもしれない。しかし，なぜかその意見はとてもありがたがられることが多い。おそらく，発言者のタレント性がバイアスを引き起こしているのだろう。とにかく私はこの風潮がとても嫌で，自分が意見を表明する際にはまず査読付き論文でそれを行い，そのトピックについて一応最低限の専門家だと言えるようになってからはじめて一般的にも言うようにしている。なので繰り返しになるが，本章はまだ論文化していないことをけっこう言っているので忸怩たる思いがある。

　科学の発展は，先人たちの仕事に基づく知識の積み重ねや，チームでの共同作業によって実現されるものである。だがそれにもかかわらず，あたかも1人の天才が，1本の論文で，すべてを解決したかのように報道したり賞賛された

りすることで，科学の本質的な価値である協力や共同体意識が疎かにされる可能性が懸念される。人々は「天才」が好きだ。何の分野においても天才という者がいて，その天才がたった1人で劇的な何かを成し遂げたというストーリーが好きだ。しかし実際にはそんなことはまれで，その天才性も長年にわたって発揮され続けるものではない。そして天才とされる存在がすべての評価をほしいままにする裏で，実際に貢献したはずの多くの人々はとるに足りない「et al.」として一切顧みられることなく，場合によっては学術界から姿を消していく。学術界の内外を見ていると，具体的な例は挙げないが，まさか令和になってまでこんなことを続けているとは思いもよらなかった。

　全体としての科学的パフォーマンスを最大化するためには，天才個人ではなく，チームでの協力や学問の発展に貢献する集合体をまるごと評価すべきである。科学においては，とくに，扱うべき問題が巨大化・複雑化している昨今においては，研究者たちがお互いの専門知識や技術を組み合わせて課題解決に取り組むことが重要である。また，研究者個人への崇拝は，科学そのものへの理解や尊敬を損なってしまう。なぜならば，科学は誰でも参加でき，つねに修正されうる知識体系であるからだ。個人よりもコミュニティに目を向けてほしい。私たちは，科学における天才主義と万能者主義を見直し，真に客観的で公正な学術評価を求めるべきだと思う。

　これも具体的には例を挙げないことにするが，最近では研究者がアイドルのように扱われたり振る舞ったりすることがある。やはり，私は研究者をアイドル化することにはいまのところ反対である。理由はおもに2つある。まず，ここまで述べてきたように個人崇拝につながるからだ。これは科学の取り組みへの根本的な誤解と不公平さを生む。もう1つは，アイドル的側面が強調されることで，実践している研究の科学性についての信頼が揺らぐ可能性があるからだ。もちろん，まずはアイドルやタレントとしてであっても，研究者というものが社会に一定のポジションを築かなければ，科学への注目が失われ，結果として科学の振興がうまく進まないという意見は理解する。しかし，だからといって間違ったメッセージが社会に浸透することも座視できない。そして何より，

これらの問題はやはりそれ自身が学術的に検討されなければならないとも思うので，今後は私も力を入れて研究してみたい。

推す‼　心理学部

　さて，間違ったメッセージ，とくれば心理学の出番だ。心理学は当然ながらコミュニケーションについても中心的に扱っていて，多くの有益な知見に溢れている。たとえばコロナ禍では，新型コロナウイルスの感染経路やワクチンなどについて，フェイクニュースや未確認の情報源からの流言が錯綜し，社会がおおいに混乱している（Pennycook et al., 2020）。コロナ関係の情報について，私は具体的にどの情報が正しいとか正しくないとかを主張したいわけではまったくなく，これはすでに述べたとおり，私が心理学以外の分野では素人同然だから何も語れないためだ。ポイントは，人々がなぜ曖昧な情報を強く信じ，広めようとするのかである。これなら心理学的問題となる。誤情報の拡散や持続（信じ続けること）については，非常によくまとまった日本語のレビューがある（田中他，2022）。興味がある方はこれを読んでみるのが一番だが，その認知的側面について概観すると，誤情報に関する記憶や信念の更新，またはその記憶情報の検索における何らかのバイアスが，それを信じ続けることに関係していそうである。もちろんこれだけではなく，心理学は，ヒトが何らかの対象への認識をいかに間違え，さらには自分の中でそれらを整合させるために，いかに辻褄を合わせようとしているかをさまざまな側面から検証している。

　そして皮肉なことに，その心理学自体が社会から誤った捉えられ方をしていて悩んでいる。じつはこちらの方が今回の本題だ。第1章で少しだけ取り上げたが，日本心理学会は以前，一般の方々を対象に心理学のイメージについてのアンケート調査をしたことがある（日本心理学会，楠見，2018）。その中で，心理学的な情報として50％以上の人々が「知りたい」と思うものには「対人場面での対応」「他者の気持ちを見破る」「心理操作」といったものが並んでいた。これらは心理学が実際にはほとんど研究していないものであり，需要と供給，

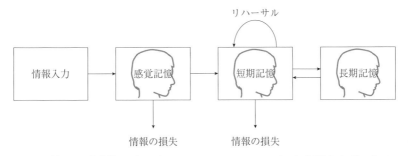

図 7-2 　記憶の二重貯蔵モデル（Atkinson & Shiffrin, 1968）を表現するボックス・アンド・アロー・モデルの例
（出典）　Spielman et al.（2014）より作成。

あるいは理想と実態のズレを表している。これも第 1 章の冒頭で記したとおりだ。そしてこのズレはさらに 2 つの問題とつながっていく。

　1 つ目は，この需要の大きな方の「心理学」を，心理学者は研究しなくていいのだろうかという点である。とくに実験系の心理学の現在のところの目標としては，心理的メカニズムを解明することに重きが置かれている。つまり，心というものの仕組みを何らかの形で説明したいということだ。認知心理学での典型的な説明は，実行される処理をボックスで表し，ボックス間の連絡経路を矢印で表すボックス・アンド・アロー・モデルでなされることが多い（図 7-2; Datteri & Laudisa, 2014）。しかしながら，心理学が行っているメカニズムの説明というのは必ずしもこうしたボックス・アンド・アロー的なものに限らない。実際，単純な図示が難しいような，もっとダイナミックで，複雑で，数理的な説明もなされている（e.g., Pessoa, 2017; Tononi, 2004）。一方で，先ほどのアンケートが示すように，どうも非専門家の方々は，心を説明することよりも，心をベースとした人間行動や社会現象に対する予測や介入の方に強い興味をもっているようだ。こちらの需要に応える研究というのは，もしかすると，近年おおいに発展を遂げている機械学習（とくに深層学習）を用いることで何らかの成果を生むかもしれないが（山田，2021），いまだそのスタート地点に立てているかどう

かという現状である。

　2つ目は，現在の心理学の営みが誤解されているという点である。つまり，世間はこれまで述べてきたようなズレを認識したうえで予測や介入系の期待をしているわけではなく，ズレがあることすら気づかず，心理学が普段から生活を豊かに，人生を有利にするための手軽なメソッド，テクニック，ライフハック，または他者の心を読んで操るメンタリズムのようなものを，レシピ的に探し集めることを仕事としているかのように思われている節がある（Stanovich, 2013）。この傾向に貢献しているのは，一部の（というにはあまりにも多い）ポップ・サイコロジー系の書籍やウェブサイトだと思われる。私も確認のためにその種の書籍を数十冊読んでみたのだが，「簡潔に多数の項目がリスト化されて紹介されている」「効果について断定的に強く言い切る」「根拠文献がない」「提唱したとされる人名や肩書きを根拠とする」「他の書籍と内容的に重複が大きい」などの問題点を感じ取ることができた。先述のように，予測や介入のために使える心理学的な知見というのはまだまだ多くはない。それにもかかわらず，これらの情報源からは完全に誤解を誘うメッセージが大量に発信されており，読者はその影響を強く受けている可能性がある。この状況は，まさしくコロナ禍における誤情報の拡散や持続の問題と類似している。であるならば，心理学は心理学への誤解を解くために，心理学の知見を活用すべきじゃないだろうか。先行研究では，誤情報の影響はデバンキング（誤情報を訂正すること）やプレバンキング（事前に偽の誤情報に触れるといった経験をしておくこと）によって減少することが示されてきている（田中他，2022）。以前，私もコロナ禍における誤情報へのプレバンキングの効果をメタアナリシスで検討したことがあり，たしかに一定の効果が存在することが示唆された（Ruggeri et al., 2023）。最近では陰謀論の抑制においてもプレバンキングが効果的であることが示唆されている（O'Mahony et al., 2023）。「心理学の誤情報へのプレバンキングによる心理学へのイメージ変容」は，今後，面白い研究テーマとなりそうだ。

　このように，心理学内・心理学外からの評価の現状を見ていくと，研究者の目指すステータスのアンバランスさ，チームでの研究における評価の不公平さ，

多くの認識のズレ，といった大小さまざまな問題が入り乱れていて，混乱の極まった状況にあることがおわかりになったと思う。学術的な評価の問題は，今後も学会等にて研究者自身が当事者となって議論を進めていくとしよう。それでは，最後に触れた社会からのイメージのズレの問題はどうしたらよいだろうか。これは私たち研究者同士でいくら話し合っても何ら変えようがないではないか。

　心理学におけるプレバンキングの有効な実施方法について，以前から考えてきたことはある。まずは授業だ。心理学者たちが大学の講義で，地道に心理学への誤解について説明していくことが重要であろう。血液型性格分類の話は，初学者への入門授業において多くの教員が典型的な心理学的誤解の例としてネタにしているのではないだろうか。しかし授業だけではちょっと物足りない。なぜなら，授業時間の多くを心理学の誤情報問題に費やすことはできないし，その授業を受講する人々の数も限られている。しかもたんに誤解を正そうとするだけではなく，適切な心理学を「推し」てもらえるようになるのが理想形だ。

　そこで提案してきたのが「心理学部」の普及である（山田，2019）。これは大学の学部という意味ではない。部活のことである。高校，できれば中学からでも始めてくれたらなおよいだろう。現状，心理学の研究というものに触れることができるのは，心理学科のある大学で，専門的に実験系の心理学を学ぶわずかな人々にすぎない。これでは少なすぎるし遅すぎる。しかもたんに心理学の知識を得ればいいわけではなく，心理学の「研究」を経験することでその方法論的側面に親しんでもらい，レシピ的な心理学イメージの形成を防がねばならない。ゆえに，できるだけ早い時期から，あらゆる場所で心理学研究に触れることが望ましい。そのためには，中学や高校において「倫理」の授業内で扱われるような心理学的知識では不十分で，やはり自主的に「研究」を行う心理学部の設立が最低限必要であろう。

　いまのところ，一応私も社会との科学コミュニケーション（科コミ）を何ひとつやってないというわけでもないので，最後に現状の活動についてまとめて

紹介してみたい。ただ，じつはいくつかの鉄板的な科コミ手法をあえて控えているところがあって，それはプレスリリースとサイエンスカフェの2つなのである。いつものように断っておくが，他の研究者の方々がそれをされるのはまったく問題なく，バンバン実施されるといいし，実際されているのはすばらしいことで心から尊敬している。私はプレスリリースについて，数年前までは論文が出たらできるだけ出す方向で考えていた。だがやっているとどうしても誤解や誇大広告（スピン；Boutron et al., 2010; Horton, 1995）を引き起こしてしまうのを完全に回避できず，そうしたミスコミュニケーション対策も含めかなりの時間と労力をその作業にとられてしまう。しかも出版する頻度が上がってくると，だんだんプレスリリースの準備が追いつかず，そのわりには効果があるのかないのかよくわからないという問題があり，あるときからやめてしまった（Yamada, 2018b）。おそらくプレスリリースは，出す人がすでにある程度有名だったり，研究内容がそれなりにポップだったり日常と関係が深くないと（スピンしないかぎり）ほとんど効果がなさそうで，場合によっては自分の仕事を害するという本末転倒になりうる。そして私自身や私のやっている研究は上記のどれでもないため，デメリットが大きいと感じてしまった。

　サイエンスカフェは非常にポピュラーな科コミである。カフェ的なライトな雰囲気でお茶やコーヒーでも飲みながら研究者が研究紹介するのを一般の方に聞いてもらったり，議論したりする。まあ実際にやると発表準備にけっこうなリソースをとられてしまうが，それはステークホルダーのみなさんから公金をいただきつつ研究をしている我々の仕事の範囲だと思う。ある程度ポップじゃない話をしても熱心に聞いていただけることもあり，それは本当に研究者冥利に尽きることである。カルチャーセンターでも同様の「熱」を感じた。だが，サイエンスカフェもカルチャーセンターも，聞いてくれるのは最初からその内容に興味をもつ人々である。あるとき，ある種のエコーチェンバーみたいな感覚を覚えてしまった。最初から興味のある人に対しその興味の範囲のお話を提供して，「楽しかった？」「うん楽しかった」という予定調和の状況になんとなく疑問を感じてしまったのである。いや，無視されたり怒られたりするのが好

きなわけじゃない。それらは絶対イヤである。本当にイヤである。しかし、この活動で、心理学への誤解を広く解くことにつながるのか？とは思ってしまった。いま、サイエンスカフェを絶対にやらないとかではないが、以前のように積極的に手を上げて参加はしなくなった。

　その上でいまやっているのは、1つは高校への出前授業である。2022年から始まった「総合的な探究の時間」の授業で、自分の研究や心理学の方法論などについて簡単な紹介をしている。もちろんゆくゆくは心理学が部活化されることを見据えてはいるが、この探究授業でも生徒たちは自由なテーマで自主的な学術活動（ライクなこと）を行うため、まずはそこで実験心理学を扱ってもらえるようになれば、という種まき作業である。同様に、おそらく探究授業で増えたと思われる、高校生の心理学的な研究の添削（研究計画やプレゼン資料など）もやっている。厳密にいうと私が1人でやっているのではなく、おもに研究室メンバーで構成される心理学サークル「ぬーすーズ」としての活動である。……この名称自体に深い意味はないが、サークルを自称しているのは、「山田研究室」とかのゴツい名前だといろいろと不都合もあり、かつ全員が研究室メンバーではなかったりもするからだ。最近、発表資料の添削を行ったある生徒さんから、研究プレゼンのコンテストで受賞したことが報告され、一定の効果と喜びを実感している。この調子で部活化が進めばいいなと思う。

　さらに、そうしたコンテストや「心理学甲子園」みたいなイベントを仕掛ける側としての活動も模索している。いまのところまだ心理系の方々にはまったくアピールしていないのだが、私は日本科学振興協会（JAAS）というNPO法人の立ち上げに関わり、現在も理事をしている。ここは科学を元気にするための活動全般を推奨しているので、学生用の科学的なイベントやコンテストを開催する機会が多い。ここで心理系の何かができないかはずっと考えていることである。あと、JAASで学術誌を作るという活動も非常にゆっくりと進めている。できれば*Frontiers for Young Minds*（Frontiers for Young Minds, n.d.）みたいに小学生からでも査読や出版に参加できるようなことは本気で実現したい。

　評価の問題は本当に巨大で複雑で、個人の力ではほとんどどうにもならない。

再現性問題に対して遊撃的に攻略しようとしている私ではあるが，その中でもこの評価問題についてはここで取り上げたような非常に多くの側面に細分化して遊撃しなければならない状況にある。1人ではまったく成果を挙げられる気がしないため，忸怩たる思いではあるけど，本当に仲間がほしい。ある個別の側面（たとえば研究評価）を集団で攻略する仲間もほしいし，評価問題全体を同時に攻めるための仲間もほしい。もしも私の問題意識に共感してくれる人がいたら，別に私とコンタクトをとる必要もないので，その人自身が個別にでもいいから，この問題に挑んでくれると嬉しい。そういう人が増えていけば，いつかはそれが大きな流れとなるだろう。

第8章

心理学の再建可能性

　これまで何度か言ってきたように，私は心理学が好きだ。好きだからこそ，心理学者としてのおもな仕事である「心理学の研究」の傍らで，これまで紹介してきたような数々のトピックについて，外道とか半端者とか言われることも承知の上で遊撃活動を行ってきた。そりゃあ本業だけに集中したいし，それができればどれだけ充実した毎日をすごせるかわからない。しかし，それでも気になってしまうことが随所にあるため，どうしても手を出さずにはいられないのである。みなさんも同じような経験があるかもしれない。たとえば，部屋で好きな映画を見る前に，集中できるように部屋の整理整頓やゴミ拾いをわざわざ行うことがある。いや，まあ私自身はそんなことは絶対にしないで，汚部屋のままで映画を見るのだが，ともかく私がやっている活動はそんな感じに似ているのだ。けっして心理学の研究をしたくないから逃避しているわけではないし，心理学自体に悪印象を付加して潰したいなんて気持ちもまったくない。好きだからこそ，心理学を最適なコンディションに整えたいのである。心理学だけは「汚部屋」でやりたくないのだ。

　そこで最後に，心理学の今後のことについて少しだけ触れておきたい。単純に言葉の響きがよいから「再建可能性」という題をつけたものの，じつは「再建」という言葉自体はあまり積極的に使いたいものじゃない。再建とは，衰えたり滅びたりしたものを再び盛り返させることを意味するが，心理学は別に衰

えたわけではないと考えている。先人たちがアイデアを駆使して，さまざまな
方法やアプローチで研究を行ってきたことで，心理学は微妙な歪みや不整合を
その中にはらんだままの状態でいまに至る道を進んできたのだと思う。急に何
か悪いことが起きたわけではなく，それらがいまになって認識されただけであ
る。まあ要するに「伸びしろしかない」ということだ。……少なくともそう信
じたい。

再現性問題が思い出になるとき

2010 年代になって急激に注目を集めた再現性問題は，当然ながら今後も永
続していくようなものではないと思われる。将来的に，間違いなく「そんな時
代もあったねといつか話せる日が来る」はずである。事前登録などの研究制限
プレイ，追試による綿密な再現性チェック，ビッグチームによる手間隙かけ
た研究，出版後査読やレジレポといった出版変革，そしてスローサイエンス
と，再現性問題に関わるさまざまな制度上の取り組みは，今後さらに進められ
ていくだろう。そして，おそらくこれから先，多くの心理学的な再発見，再確
認，再発明が起こり，分野全体で見た際に，はたして進んでいるのだか止まっ
ているのだかよくわからないような状況がしばらく続くだろう。その過程の中
で，再現性問題というものが徐々に人々の記憶から薄れていくのではないかと
予想している。ちなみに再現性問題が重要でなくなる理由としてはいまのとこ
ろ 3 パターンを考えることができる。

1. 信頼性改革が達成され問題が完全に解決されたから
2. 再現性問題を解決することを諦めたから
3. 心理学がいまとは完全に異なるものとなったから

1 だったらどんなによいことか。これは現在，再現性問題に取り組んでいる
人々が目指している理想のハッピーエンドだろう。たとえば，おそらくそのよ

うな世界ではもはやプレレジなどは使われなくなるだろう（Yamada, 2018a）。研究におけるチート行為が重大事ではなくなるため，わざわざ研究者自身が自分を縛る必要もなくなるからだ。あるいはプレレジやレジレポが論文投稿時のデファクト・スタンダードとなり，わざわざ「プレレジ」などの名称で呼ばなくなっているのかもしれない。「ねえ，この昔の論文に書いてあるプレレジって何？」「ああ，なんか昔は研究計画を登録する習慣がなくて，登録することを特別な呼び方でプレレジって言っていたらしいよ」「へえ，昔の人はおかしな言い方をしていたんだね」みたいなやりとりがなされているのかもしれない。

　一方で，こんな日ははたしてくるのだろうかという疑問もある（平石・中村, 2022a, 2022b）。たとえば，ある心理学実験の位置づけられる方法論的空間，平石さんの呼び方をすれば仕様空間（specification space），つまり研究者が設定する実験条件の可能性の広がりの大きさは途方もないものである。私のお得意の「注意の瞬き」実験で考えてみる。この実験では，高速逐次視覚呈示されるたくさんの項目の中で，たとえば標的である2つのアルファベットを探して答えればよい。その際に，アルファベット以外の妨害刺激は報告の必要も探す必要もなく，無視される。このとき，それら妨害刺激を数字にするか記号にするか，はたまたカタカナにするかヘブライ文字にするか，これは一見するとどうでもいいセッティングの話であり，どれを選択するのも研究者の気持ちひとつである。たとえどれを選択したとしても，その理由をとくに説明する必要もない。しかしじつは妨害刺激にどれを選ぶかで実験結果が大きく変わることを私は過去に示したことがある（Yamada, Ariga et al., 2010）。つまりこうした実験仕様の探索は，広い広い仕様空間の中で，思わぬところに「どうでもよくないもの」が存在することを示唆する。しかしなぜそれが影響を引き起こしているのかは不明で，「その文脈だから」としか言われないことが多い。隠れ調整変数やカス因子（crud factor）のように，結果に影響する「何か」は説明も気づかれもされないまま，しかしたしかに存在している。現状の心理学理論は境界条件の存在が曖昧で，効果量を具体的に予測する性能ももっていない（平石・中村, 2022a, 2022b）。つまり，実験と理論とが明確に接続されていないのだ（Eronen &

Bringmann, 2021; Oberauer & Lewandowsky, 2019）。これらをあわせて考えると，膨大な仕様空間の中のほんの一部分にすぎない条件でいくら実験をし，その追試を繰り返し行ったとしても，それが理論の評価に与える影響はきわめて限定的だし，再現できたりできなかったりした理由がいつまでもわからない。また，p値をもとに，差がないことを積極的に支持することができない帰無仮説有意性検定を使っていたら，まったくだめかもしれない理論はいつまでも否定されずに生き残る。こうして，再現性の確認はいつまでも終わらない。

　この仕様空間の広さの問題に対して，メタスタディという方法を使って対処しようとする考えがある（Baribault et al., 2018; DeKay et al., 2022）。メタスタディでは，ラディカル・ランダマイゼーションと呼ばれる実験法を用いる。これは，考えうる広範囲の仕様空間からランダムに条件を取り出してきて，被験者に呈示する方法である。条件設定自体がランダマイズされるため，たんに恒常法などで各条件の提示順序をランダマイズするのとは意味が違うことに注意してほしい。こうしてランダムに取り出した条件による多数の試行群のひとまとまりはマイクロ実験と呼ばれ，このマイクロ実験を多数行い，メタアナリシス的手法を用いて総合的，網羅的に仕様空間内の様子をくまなく探索できるとされる。これら一連のプロセスがメタスタディである。メタスタディは，おそらくそれが有効に働く研究トピックが限られる可能性があるものの，従来と比べ多くの利点を有するだろう。私のラボの院生が，修士論文にてフラッシュ顔変形効果という錯視（Tangen et al., 2011）を題材にメタスタディを実施してみたが（益田，2022），とくに一般化可能性の検討や探索的研究の手法としてはきわめて秀逸であると感じた。だが，この方法はあくまで研究者にとって意識化でき，実際に設定できる範囲内の仕様空間しか探索できず，しかも統計的手法は従来どおりであるため，このあたりの改良は必要だろう。また，「統合的デザイン」という，メタスタディに加えてさらに理論の比較までを行う提案もなされているが（Almaatouq et al., 2022），まず理論自体の見直しを行わないかぎりはこれがうまくいくかはわからない。

　そんな流れで生じてくるのが，2のような諦めの空気である。私の知り合い

や，あるいは私が勝手にSNSでフォローしている人々の中にも，これまで全力で現状をなんとかしようと努力してきたが，あまりに困難なために挫折したり，それを理由に「acadexit」してしまった人が続出している。acadexitとは，研究者が大学や研究機関から民間企業に移ることである。通常なら多様性と流動性の高まりを歓迎すべきことなのだが，この場合，理由が理由である。

　では何がそんなに困難なのか？　ここまで本書で紹介してきたように，「再現性問題」はたしかに巨大な攻略対象だ。しかし，心理学の健全性に関係するものがじつは再現性問題だけではないことが最大の問題なのである。自分のすべてを賭けて死力を尽くして戦ってきた対戦相手が，なんと「四天王の中でも最弱」だったのだ。今回，ここまであえて触れないようにしてきたが，心理学は異常な数の「危機」に取り囲まれている（Syed, 2021）。本章でもすでに触れた理論の危機（Oberauer & Lewandowsky, 2019）や再現性の危機（Open Science Collaboration, 2015; Schooler, 2014）に限らず，一般化可能性の危機（Yarkoni, 2020），測定の危機（Flake & Fried, 2020），検証の危機（Schimmack, 2021），推論の危機（Starns et al., 2019），規範性の危機（Lundh, 2019）と，四天王どころではない。「危機が多すぎる」のだ。これをまともに受け取ってしまうと，自分がどういう研究を行えばよいのかわからなくなってくる。何をやろうとしても，事前に「危機」となる問題点が見えてしまうのである。現に，私もすでにそうなっているところがある。院生や共同研究者の実験的な取り組みについては最大限尊重しているが，自分で何か研究しようとすると，どんな研究方法を考えたとしても「それじゃあ○○の危機で言われているアレにぶち当たるよね？」と心の中に大きな葛藤が生じてくる。人によってはこの思いが強まりすぎてacadexitへと向かうのだろう。それは残念だが，一方でそれも仕方のないことだとおおいに共感できる。だが，一応言っておくと，「ちょっと危機，危機って言いすぎてやしませんか？」という思いもある。いろいろな人々がオピニオン論文やコメント論文などで，たんに自分の主張の意義を強めるために「危機」というパワーワードを使って不安を煽り，論文の価値を高めようとしているフシがある。少し冷静な目でそうした主張の真の重要度を計り，危機というものに対して各

個撃破していくことも重要だと思う。それにはやっぱり遊撃だ。だから最後は個別の将来予想をしておこうと思う。どうせ外れるだろうし，外れてくれる方が面白くていいのだが，後で「じつはわかっていたのですよ！」と事後諸葛亮（後出し孔明）をやるよりは，いまのうちにいろいろと記録しておきたいのだ。

心理学研究の今後

　ということで，とくにトピックを決めることはせず，いってみれば適当にだが，今後の心理学研究の行方を考えてみようと思う。『心理学研究』という学術誌があるため微妙にややこしいが，雑誌のことじゃなくて心理学「の」研究の今後である。本当は雑誌の方の『心理学研究』も何らかの変化を必要としていると思うが，今回はそちらには触れないこととする。

●レッドチーム

　第7章でも述べたように，近年は出版ペースの加速化が尋常じゃなくなってきている。とくにコロナ禍に入り，研究者たちが「自分こそがいま，何かをしなくては！」と思ったかどうか知らないが（少なくとも私がコロナ初期にそう思ってしまったことは開陳したい），そこからの加速は異常だ（Else, 2020）。心理学の中でも非常に再現性の高い方だと思われる知見に，人間の行動において速度と正確性がトレードオフするというものがある（Garrett, 1922）。つまり，迅速に行動しようとすると正確性が犠牲になる。そしてそれは論文出版においても同様であろう。出版において正確性が損なわれると，つまり大きなミスなどが生じると，その論文は撤回される。そこで Retraction Watch Database（n.d.）を使って撤回論文数をカウントしたところ，2017年1月1日〜2019年12月31日までの3年間に7049本が撤回されていた一方で，2020年1月1日〜2022年12月31日までの3年間ではそれが1万2276本となり，1.74倍に増大していた。なかなかの伸びだ。だが論文総数の増加を反映しているだけである可能性もあるため，Scopus で「research」の語を含む論文数を検索してみた。その結

果，2017 年～2019 年では 646 万 9998 本，2020 年～2022 年では 826 万 746 本と，1.28 倍の増加であった。かなり大雑把なやり方だが，総論文数の増え方に比べ，撤回論文数の増え方はやはり顕著であるように感じられる。つまり，コロナ禍では出版ペースが上がっただけでなく，その中で拙速な出版がさらに増えていた可能性が示唆される。

　かねてからの再現性問題に加えてコロナ禍における拙速出版までをも鑑みると，心理学は補修作業を必要としているし，必ず誰かがそれをやらなくちゃならない (Vazire, 2020)。そこで Daniël Lakens さんたちはレッドチームによる自己チェックを心理学に導入することを提案してきた (Lakens, 2020; Tiokhin et al., 2021)。レッドチームとはサイバーセキュリティ分野で最もよく聞く言葉である。組織やシステムの効率性や堅牢性を確かめるため，レッドチームという独立したグループの人々にみずからを攻撃させるのである。これによって防衛上の問題点が発見されたならば，それを補強する計画が立案できる。私がプレレジ・システムを仮想的に攻撃して穴を探していた (第 3 章参照) のもある意味レッドチーム行為だったのだろう。

　Lakens さんの提案では，研究者に自分の研究論文のためのレッドチームを設置させる。つまり，心理学研究においてもレッドチームで論文のエラーを検出することができれば，正確な知見を積み重ねていけるだろうという話である。ゆえにレッドチームに論文をチェックさせるのは学術誌へ投稿する前であり，Lakens さん的には「自分の結果にフォーリンラブする前」が適切とのことである。やっていることはレジレポの第 1 段階の査読に非常に近い。レッドチーム側にはインセンティブがなさすぎるので，エラー検出に対し金銭を支払う。しかし個人でそのような費用を用意するのは難しい。そこで最近は，学科等に，倫理審査と同様な方法論審査委員会を設置することを提案している (Lakens, 2023)。

　私個人の考えを言わせてもらうと，それなら PCI RR などでレジレポを利用するのが一番手っ取り早いし，フェアだと思う。Lakens さんの提案だと，個人で費用を用意できる人や，自分の学科に方法論審査委員会が設置されている

人しかレッドチームを利用することができない。しかしレジレポは誰でも利用できる。少なくとも論文へのレッドチーム演習としてならレジレポを使わない理由が見当たらない。

　一方で，研究に関連するさまざまなシステムへのレッドチーム的な介入はあってもいいと思う。とくに学会の諸制度はどこまで悪意のある攻撃やチートに耐えられるのだろうか。学会から賞を効果的に得るための裏技がないか？　理事選挙や理事会規則の裏をかいて学会の乗っ取りができやしないか？　学会誌はQRPsに対して万全か？　こうした問題に対してはレッドチームが有効に働くかもしれない。

　または，レッドチームへのインセンティブは分散型科学（DeSci; 第6章参照）の枠組みだと実現しやすいかもしれない。我々がABCDEF出版にて実現しようとしているような，トークンベースの報酬をレッドチームへ与えることで，個人の資金問題を軽減できるだろう。ABCDEF出版を含めた心理学関係のいろいろなプロジェクトを非中央集権的にやっていくための場所としてMinDAO（マインドのDAO）というコミュニティを設立したので（MinDAO, n.d.），ここで実験的にいろいろ試していきたい。DAOとは，分散型自立組織（Decentralized Autonomous Organization）のことで，中央管理者はおらず，メンバー同士が協力して管理・運営する組織である。通常の学会のような縦割り的運営とは大きく異なるので，とくに従来なかなか発言権や意思決定権のなかった初期キャリアの方々にこそ参加していただきたい。

　おそらく今後，心理学においてはレッドチームという言葉は使われなくなっていくだろうと思われる。そしてレジレポの利用が一定期間は増進していくだろう。だがいずれにせよ，論文内容のエラーを検出するために精査を実施するのは人間である。じつはこれがいつまで続くかの方が問題なのだ。少なくとも人間が論文審査を行っているうちは，上記の状況は持続するだろうと予想する。しかし次のセクションで議論するように，近年，状況が一変してきている。

● AI

　そう，AI である．第 6 章の最後でもこの話題に触れたが，そこではあくま
で著者として AI ツールをどう利用するかに焦点を当てていた．一方，ここで
は査読や評価が AI ツールでも可能になっていくのではないかという話をした
い。

　AI で査読を自動化できないかという話はこれまでにもたびたびなされてき
た（Hosseini & Horbach, 2023）．まあこれは研究者からすると複雑な思いをもつと
ころでもある．自分が投稿した論文は，できれば人間に査読してもらいたいと
いう思いがある一方で，査読者になる人によって難易度が大幅に変わってしま
う「査読者ガチャ」に外れて辛酸を嘗め続けてきた人々は，もう人間の査読者
など懲り懲りだ，もう誰も信じられない，ぜひ AI に査読をやってほしいと考
えるかもしれない．私は無論，後者だ．

　査読者になる方の立場としては，ぜひとも査読の AI 化を進めてもらって，
毎日のように査読依頼を送ってくるのをやめてほしいと多くの人が思っている
はずである．ただ，出版された論文を読んだ際には「何でこんなミスが見逃さ
れているんだ」とか「査読者は誰だ，しっかりしろ！」とか一言物申したい
人々も多い．そういう人々は出版後査読の制度を用いればよいと思う．これは
その名のとおり，出版後の論文に対してコメント欄に書き込んだり，あるいは
コメンタリを出したりして，事実上，査読を継続して行う制度である．「とに
かく雑誌に載せたもん勝ち」の状況に終止符を打つ制度として注目されている．
ただし，たんにコメ欄に記入するだけではインセンティブがないので，ちゃん
と出版後査読も研究業績になるような工夫が必要だねという話を私たちは以前
から提案している（Ikeda et al., 2020）．

　エディターとしても AI で査読ができるようになると大幅に効率を高めるこ
とができて嬉しい．じつは，エディターの仕事の大半は査読者探しなのである．
私は 10 誌ほどの編集に関わっているが，査読者が一発で決まることはほぼな
い．平均で 5 人程度に声をかけてなんとか引き受けていただいている状況であ
る．先述のように，周囲では「50 人目来たー」「60 人目の新記録達成！」とか

話しているのも耳にする。そのたびに震えと寒気が止まらないのである。スイスの出版社 Frontiers の各誌では，2020 年から AIRA（Artificial Intelligence Review Assistant）という AI による原稿チェック・システムが導入されている（Frontiers Communications in Frontiers Announcements, 2020）。残念ながらこの機能の恩恵にあずかったことはないが，これが大規模言語モデルなどを取り入れてさらに進化すれば，査読者として機能する可能性はある。いかんせんまだエディターとしては AI を信用できないところはあるが，2022 年前半までは，世界中の人々がチャットボットを同じように見ていたはずだ。しかしいまやどうだろうか。ChatGPT の登場以降，AI への信用度が急激に高まっているはずである。査読においても同様のことが起こる可能性は高い。しかも，困難度に関わるパラメータを少し調節するだけで，「人工 Reviewer 2」を設置することができたりもするだろう。ちなみに研究者の世界では「Reviewer 2」とは査読時に立ちはだかる最大の難敵を意味する。なんで 2 人目にそういうのが来るのかは，とくに理由はなく，偶然印象に残ったのがいつの間にか研究者間でネタにされるようになっただけだろうと思われる。典型的な楽屋話の 1 つだ。

　一方で，ChatGPT を始めとする大規模言語モデルを査読者が利用することはまかりならんという意見もある（Donker, 2023）。その理由は，ハルシネーション（もっともらしい嘘の生成）がしばしば見られることや，論文内容に関連する一般的なコメントを生成するなどして，エディターの判断を誤らせる可能性があるからだ。だが正直なところ，これは大規模言語モデルの利用を制限する理由としては弱い気がする。査読者が自身の名義で学術誌に査読レポートを提出するのだから，その責任は査読者がもつ。つまり，AI がミスり，それをそのまま採用したのなら，それは査読者のミスだ。また，Tjibbe Donker さんは実際に ChatGPT を使用して試したとのことだが，どのバージョンを使ったのか定かではないし，それ以外の AI はテストされていない。現在起こっている超高速な大規模言語モデルの発展を考えると，上述したような問題はすぐ解決されることが予想される。

　さて，先ほど触れた出版後査読だが，これを行うプラットフォームの 1 つ

に PubPeer というものがある（PubPeer, n.d.）。何を隠そう，かの有名な 2014 年の小保方氏の研究不正の検出に寄与したのもこの PubPeer であった（Medical English Service, 2018; PubPeer, 2014）。さてここに，2016 年 9 月に突如，およそ 5 万本にも上る心理学論文についてのポストが投下されるという「事件」が起こった。しかしこれは，この頃に心理学研究にて不正が大量に発生したとかそういう話ではない。あるアプリケーションが自動的に行ったことであった。

　ティルブルフ大学の Michèle Nuijten さんが開発した StatCheck というソフトウェアがある（Epskamp & Nuijten, 2018）。これは t，F，r，χ^2，Z，Q 値を用いた統計検定において，p 値との整合性をチェックするという，じつにシンプルなものである。過去に Nuijten さんは 1985 年から 2013 年にかけての心理学論文 3 万 717 本をこのソフトウェアでチェックし，そのうち 13％の論文に主張を決定づけるような深刻な統計値の誤りが存在することを報告した（Nuijten et al., 2016）。その後，そのときの共著者であった Chris Hartgerink さんもこの StatCheck を利用し，さらに対象を広げて膨大な数の論文（5 万 845 本）をチェックし，それだけでなく，その結果をすべて PubPeer に報告させるプログラムを組んで実行したのである（Hartgerink, 2016）。こうして，PubPeer での「心理統計まつり」は起こったのだ。当然ながら，自分の論文が対象となった一部の研究者は，チェックの結果，まったく問題のなかった論文まで PubPeer に掲載されたことに対し，かなりイラついていた（Singh Chawla, 2016）。気持ちはわからんでもない。じつは私の関与した論文も 1 件引っかかっていたのだ（PubPeer, 2016）。しかも本当に細かいミスをやらかしていた。これを指摘してくれたことはありがたかったが，それでもやはり PubPeer に載せられると心拍数が上昇してしまうものである。

　繰り返すが StatCheck は非常にシンプルなプログラムである。APA スタイルというアメリカ心理学会が定めた執筆フォーマットで書かれた論文だけの，いくつかの統計報告の整合性を確認することしかできない。たまにエラーを誤検出することも指摘されている。製作者の Nuijten さんたちも，これが人間の査読者に取って代わるようなことはないと認めていた（Resnick, 2016）。しかし，

やはりいま，2023年の我々は，はたして本当に機械には査読ができないと断言できるだろうか……？

　査読における AI の台頭は，その前に触れたレッドチームの話題とも関連してくる。おそらくだが，近いうちにレッドチームやレジレポなどはそれ自体が不要になるだろう。投稿前の原稿のチェックや研究前のプロトコルのチェック，これらは AI で十分可能になるのではないだろうか。当然，大学に方法論審査委員会なども設置する必要はない。AI でチェックして，OSF にプレレジさえしていればそれで十分だろう。そして掲載前査読も AI が実行し，人間が行うことはなくなっていく。現時点での常識では考えられない所作だが，もしかしたら著者がどうしても事前に人間にチェックしてほしいと思った際にだけ誰かを指名してやってもらう，などはあるかもしれない。でもそれが健全な気もするし，関係者全員が幸せな気もする。おそらく，人間が行う査読は，出版論文へのコメンタリーのようなものか，あるいは研究不正を発見するための，PubPeer で行われているような出版後査読のみになっていくと予想する。

● 「論文」をいつまで維持できるか

　第6章にて，マイクロパブリッシングや Octopus のようなモジュール出版について述べた。それは，イントロ，方法，結果，考察などの各セクション，つまり「論文」の最小単位を別々に書いて出版するというようなものであった。ここでは，さらにその先が存在する可能性について言及しておきたい。まず，CRediT という貢献度を分類する方法があったことを思い出してほしい（第5章参照）。概念化，資金獲得，調査，執筆など，オーサーシップをもつ人々が実際に何を担当したのかを具体的に明示する新しい指標だ。最近になり，学術誌側も論文にこの情報の記載を求めるようになったため，研究者たちが CRediT を使う機会は確実に増加している。これによりオーサーシップというもののあり方が変わっていく可能性が秘められており，大変興味深い流れだと思っている。

　この CRediT が現状のままでは不十分だとする声が一部の研究者から上がっ

た。彼らは CRediT を拡張した MeRIT（Method Reporting with Initials for Transparency）というものを提案した（Nakagawa et al., 2023）。これ，絶対先に MeRIT って名前をつけたくて後からいい感じの単語を選んでもってきただろ，と思ったことは内緒である。かれらは，とくに方法セクションにおいて誰が何をやったかが曖昧で，いまの CRediT だと方法の貢献の分類がざっくりすぎることを問題視した。そしてちょうど最近，論文中に，誰がそこを執筆（あるいは実際にアイデア出しを）したかを，実際にそれを行った人の名前つきで書けばどうかという提案をする論文が出ていた（Rechavi & Tomancak, 2023）。これらの事柄につながりがありそうだと山田は考えた，みたいな感じである。これと同様に，MeRIT では，方法セクションにて著者のイニシャルを主語にして記述することで，誰が何をやったかを具体的に，かつ名前の記述にあまり文字数を使わずに貢献内容を示すことができると主張している。YY は，一部の研究者がこの話題で少し盛り上がっていたことを SNS で確認した，みたいな感じである。

　何が言いたいかというと，私はこの動向を観察していて，じつはイントロ，方法，結果，考察などはまだ最小単位ではなかったんだということに気づかされたのである。なんと，1 文単位まで貢献度を分解できたのか，と。このことを逆に考えてみると，1 文だけの貢献でオーサーシップが発生しうるし，さらに突き詰めれば，1 文だけのウルトラマイクロな出版というのも原理的に可能になってくるのではないか。ここ数十年間のトレンドとして，論文の長さは 1950 年頃のおよそ半分近くにまで短くなってきている（Fire & Guestrin, 2019）。とくに日本は，たった 17 文字の文学作品が古くから出版されてきた歴史を有するではないか。学術出版の行き着く先としても，1 人の著者が責任をもって出版する長さが極限まで短くなっていく可能性は小さくないと思う。だが，はたして 1 文だけの出版物はもう「論文」なのかどうかわからない。査読や評価の問題がこれにも当然深く関係してくる。今後，論文はいつまでいま私たちが知っている「論文」のままでいられるのか，不安と期待が同時に大きく膨らみ続ける毎日である。

●初期キャリア教育

　このような激変期に，いったいどのようにして研究者を育成すればよいのだろうか。これは時代を問わず関心がもたれるテーマなのだが，最近の状況を踏まえ，今後の研究者育成に関する議論がさらに活発化している。たとえば，PCIでやっているようなプレプリントへの査読体験を通じて博士課程の学生やポスドックをトレーニングするという提案がある（Sever, 2023）。第6章でも少し触れたように，これには私も賛同していて，機会があればラボ院生には私との共同査読で体験してもらうこともあるし，preLights（n.d.）のようなプレプリントの「まとめ」を初期キャリア研究者が自主的に行い，かつDOIつきでそれを成果として記録できるようなサービスが心理学にもほしいと常々思っている。それに，個人的にはレジレポを体験することも，学術論文においてどこに気をつけるべきかを有能な査読者たちにコメントされながら学べる点で，きわめて重要だと思っている。毎度いうように「査読とはそういうものじゃない‼」と嚇怒される方もいるかもしれない。一度レジレポの，とくに第1段階の査読を経験してもらうとわかると思うが，なんとなく，共同研究の打ち合わせのような流れになっていくことがよくあるのだ。これまで著者とエディターの両方の立場でレジレポ査読の様子を観察していて，「これは著者と査読者でビデオミーティングしたら盛り上がるんだろうなー」と思うことが何度もあった。そう考えると今後は，Arcadiaのシステムのように，査読者も貢献者としてクレジットするのがとくにレジレポでは主流になっていくのではなかろうか。

　またあるイベントでは，20カ国から54名の初期キャリア研究者が集い，科学「改善」の取り組みやグッド・プラクティスを推進している初期キャリア研究者をきちんと認識して評価しようとか，周縁の，疎外され，研究資金の限られたコミュニティ（たとえばアフリカなど）の初期キャリア研究者をもっとサポートしようとか，初期キャリア研究者にもっと意思決定の過程に加わってもらおうとか，そうした今後の科学に向けての多様性や持続性を高めるための提案がなされている（Kent et al., 2022）。上述した最後の点は私も同様に，学会の常務理事の中に初期キャリア研究者専用の枠を用意し，意思決定に加わってもらう

ことをいくつかの学会で提案してきたが，いまのところすべてスルーされている。そもそも国内にそういったことがやりたい初期キャリアの方々がいるのかも不明だし，そういう動きを私が主導するのは簡単だが，すでに初期キャリアとはいえない私が先頭に立つのには強い違和感があって，なかなか難しさを感じているところである。もしも初期キャリアの方で興味があればいつでもよいので私にお声がけください。

　そして，AI ツールの急速な発展に対して不安を感じる人々が抱く懸念の中で，教育面は間違いなく重要な要素であろう。おそらく授業を担当しているほぼすべての大学教員が，学生が ChatGPT を使用してきた際に，それをどう見抜くか，見抜けるのか，見抜いたとしてそれをどう評価をすればよいのか，そもそも見抜くべきなのか，といった問題について一度は悩んだことがあるだろう。その逡巡は，2023 年 3 月末から次々と発表された各大学の AI ポリシーにも見て取ることができる。多くの大学が AI との「慎重な協働」を宣言しており，一部では使用禁止の方針も採用されている。後者は *Science* と同じ立場をとっている。だが，現時点ではどの方針が「正しい」かについては依然として正確な予測が立てられない。突っ走る技術に対し，制度がまったく追いついていけていない。

　大学院教育の場でも，AI ツールをどう扱うかが悩ましい。「いいか？　研究者ってものはなぁ……」と精神論や理想論をベースにして，論文執筆や論文読みにツールを使用することを禁ずるのは（可能かどうかは別として）簡単である。いや，精神論なんかじゃなく，AI ツールに依存しすぎると読み書きのスキルが育たないという可能性を懸念するのもよくわかるし，私も同じような危惧を自分自身に対してすら抱いている。「ワープロを使い始めてから漢字が書けなくなった」的な，ああいう危惧に近いだろう。私はアカデミック・ライティングの体系的なトレーニングを受けておらず，ここまで完全に我流で来ている。ただたんにたくさん書いてきただけだ。だから，論文を書く力は自力で書いた量で決まる，と思いたい気持ちもよくわかる。その一方で，研究者とは筆力で勝負するものだ，という見方には同意していない。研究という活動は，根拠と

ロジックをもとにある新たな知識を提示するものであり，それは1人でやる必要はなく，各人がそれぞれそのどこかに関わればそれでよいと思っている。つまり，とくに今後は，研究は分業的に行われていくだろうと予想している。筆力が関係するのはあくまで提示の過程だけであり，研究にはそれ以外にも多くの重要な過程が存在している。そのどれが得意かは人それぞれでよくて，自分の得意な部分を高め，得意な過程に関与すればいい。したがって，自分の筆力を高めたい人はAIツールを執筆に使わず訓練すればよいのかもしれない。そうでない人にとっては執筆へのAIツールの使用を禁じるのは，その人にとって重要でないところに障壁を置くことで，得意なスキルを研鑽する余裕を奪い，妨害してしまうことになりかねない。だから，AIツールを使用してもよいから，その上で，自分自身をどう育成するのかを考えながら研究活動をやっていくことがより肝心になっていくぞ，といまのところ院生には伝えている。

　とまあこんなふうに考えていると，そんなに悩ましくもないのである。しかしそれは，もしもこのままの考えならば，だ。じつはその後も悩みは続いている。どうも私が考えていた以上にAIツールの力が強すぎるように思えてならないのだ。これまで何度もお伝えしてきたように，研究を分業化する理由は，一点突破型の，尖った特定スキルの保持者をうまく研究の過程に取り込む方が，科学の発展に資するだろうという考えに基づいていた。人は誰でもオールラウンダーじゃないし，WEIRDでもない。メンバーの多様性を高めることがアカデミアの生態系を維持するためには重要だと考えていた（山田，2016）。だが……AIツールは，その尖ったスキルでさえも，誰でも使えてしまう世界を作りそうなのである。すでに文献調査，論文執筆，翻訳，プログラミング，プレゼンテーション，申請書作成などはAIツールで一定レベルまで行けてしまう。どちらかというと，「うまく自分をAIにサポートさせるスキル」さえあれば，誰でもオールラウンダーになれてしまう。つまり，分業化の未来は来ないのではないかと思うようになってきた。

　そして同様に，大学院教育でも，学生は主要なスキルをAIツールで補うことが可能であり，「指導教員」としてできることには何があるのかを考えるよ

うになった。ちょうど私がいま投稿しているマルチラボ論文の査読結果が返ってきたので，ChatGPT（GPT-4）に論文の内容と査読コメントの情報を与え，それまでの研究の経緯も説明したうえで，査読コメントに対しどう対応すべきかとか，共同研究者にどう説明すべきかとか，そのメール文面のチェックとかをとにかく相談しまくった。するとなかなか的確で納得できる答えを返してくれた。査読結果を受け取ったときによく感じる怒りや不安もかなり和らぎ，冷静に査読対応できるようになれることを実感した。そして気づいた。論文指導はChatGPTにもできてしまうと。そして，（私はやっていないが）「意味不明」「全部書き直し」とだけ書き添えられる伝統的なタイプの論文指導をされるよりも，おそらく大学院生が学術業界から離脱してしまう可能性を抑えられるのではと思った。じつは，大学院生がさまざまな理由で指導教員に研究相談ができずに追い詰められ，研究をやめてしまうケースはとても多い。その理由には「指導教員が怖い」とか「意味不明としかコメントされなくて途方に暮れる」とかも当然ある。しかしChatGPTには本当に気軽に相談できるし，具体的で詳細なコメントをしてくれる。うちのラボ院生も一度このChatGPT指導を経験してしまったら，今後も普通に使うだろう。そうなると，私の存在意義とは何なのだろうかと思ってしまった。私にできることは何が残されているのだろうか。

　ということで，ChatGPTにこのことも相談してみた。すると，今後の指導教員にできることとは，研究の方向づけ，インスピレーションやモチベーションの提供，ネットワーキング（つまり人脈作り支援），資金調達，学術的コミュニケーション能力の向上，教育カリキュラム開発と改善，とのことであった。うーむ，まあ理解はできる。そして私が思ったのは，指導教員はその役割の転換期にあるということであった。これまでは研究能力向上のためのトレーナー的な役割が大きかったと思う。学生を一人前の研究者に育て上げて，ジョブ・マーケットに出荷することが仕事であった。しかし，研究パフォーマンスのほとんどがAIツールで補強されるようになってしまった今後は，指導教員はキャリア・コンサルタントやタレント・プロデューサーのような役割を担わなくてはならないのではないか。つまり，各学生の個性を深く理解したうえで，そ

の個性の見せ方や広報方針を策定すること，それぞれのキャリアを形成するために必要な機会やリソースや成果を最大限に獲得すること，その環境を整えること，個人ごとに最適化された戦略を柔軟に立てること，などに注力することが求められるだろう。そんなこと普通にやっているよ，という方もいるかもしれないが，重要なのはこの仕事に「注力」しなくてはならないことだ。つまり，指導教員はこれのみを専門でやっていく感じになる。それに，典型的な研究者とは異なるキャリアを望んでいる学生に対しても最適にプロデュースしなければならない。これをうまくやっていくには，きわめて広範な知識と経験，柔軟性と活動性，学際的，国際的，総合的な視点が求められる。ちょっとまだ私にはできる自信がない。こうなると教員の公募要件や査定の仕方も大きく変わっていくような気がする。さて，いささか本題から外れつつあるし，現時点ではわからないことだらけなので，このいま最も熱い楽屋話はまた別の機会にくわしくやってみたい。

　心理学は今後，どうなっていくのだろうか。この問い方は，少なくとも研究者としての私たち，というか私にとっては適切ではないと考えている。現役の研究者である以上，私たちは完全に当事者だ。私たち自身が心理学の今後に対して責任をもたなければならないし，万が一，心理学が死ぬときが来たのなら，その最期は一番近い場所で看取ってあげなければならない。それこそが私が心理学者と自認しながらも方法論やら出版やらにふらふらと遊撃活動している際の，最低限の大義名分であり，好きな言葉ではないのだが「矜持」であると思っている。すべては心理学のため，なのだ。だから，私には，心理学が今後どうなるのかなどと素知らぬ顔で語ることは許されない。そうではなく，「心理学を今後どうしていくのか」と問わなければならない。といっても研究者というものは，自分の興味の赴くままに，自身の拠って立つ学問分野を変えていってもまったく問題ないのだが，少なくとも私にとっては心理学者であることがいまのところかなり重要な部分になっていて，ここを忘れてしまうと，何かが瓦解してしまうような予感がしている。ただでさえ何か特定の分野の専門家に

なることができず，遊撃なんて言葉でごまかして，フーテン的な研究活動をしている私である。芯の部分を喪失することには，形容できない不安がある。

　心理学が死ぬとき，と言ったが，そんな日は来るのだろうか。そもそも心理学の死とは何だろうか。一応，いろいろなパターンを考えることはできる。「学」と言っている手前，非学術的な方向へ行ってしまったらそれは死かもしれない。つまり，プロの研究者たちがポップ・サイコロジーしか語らなくなったら，そのときなのかもしれない。実際，同様の危惧は以前よりなされていて，心理学は一般の方々から科学だと見なされていないことに悩んできた（Ferguson, 2015; Lilienfeld, 2012）。科学としての心理学は，その実態としても完全に非科学と化したときに死ぬ，と言うことができるだろうが，はたしてそれは起こりうるのだろうか。再現性だけが科学の成立要件ではないため（Rubin, 2023），再現性問題がたとえ解決できなかったとしても，それゆえ死ぬとは言えないだろう。それどころか，科学かどうかというのはそもそも何かで簡単に決められるような絶対的なものではないので（Laudan, 1983），それに学問の生死を委ねるのは賢明ではない。

　じゃあ学会がなくなったら，あるいは研究者がいなくなったらすなわち死，なのだろうか。遠い未来まで考えるとこれも微妙である。突然，世の中の心理学研究者が全員何らかの非業の死を遂げた場合，それは心理学の死かというと，少なくとも現在の知識の蓄積が情報として残ってさえいれば，将来的に誰かが再開することができるわけで，まあそれまでは仮死状態といえるかもしれないが，死ではない。もしも，遺された情報まで巻き込んだ超絶大爆発的なものが起きたのなら継続性は途絶える。しかし，そこで消えた心理学とまったく同じものが別の集団によってあるとき，地球上かまたは宇宙のどこかで偶然生み出され，営まれていく可能性は残る。そんなことまで考えると，死なんてあるのかと思えてくる。私は何を看取ればいいのだろうか。

　このテーマでは *Death of a discipline* というそのまんまのタイトルの，比較文学の方でとても有名な書がある（Spivak, 2003）。しかし実際のこの書の主題は，比較文学という学問自体が死ぬ話というよりは，諸問題を抱えた比較文学を惑

星的な視点から批判的に捉え直すことで，生まれ変わりを試みようとしているところにある。この惑星思考のアプローチ自体も心理学の WEIRD 問題を考えるうえで非常に参考になるし，私の知るかぎりは査読付き論文でそのような観点の議論を見たことがないので深堀りできるトピックなのだが，いまはそこじゃないので措いておこう。おそらくお気づきの方もいるかと思うが，本章前半の「再現性問題が思い出になるとき」にて，私は 3 つ目の場合である「心理学がいまとは完全に異なるものとなったから」の紹介をスキップしていた。つまり，心理学が死ぬというよりは，何かに生まれ変わるということはあるかもしれないと思っている。じつはこれこそがここで取り上げる最後の話題である。けっして，前半でうっかり紹介を忘れていたのではないことだけは強調しておきたい。

　私は以前から，心理学は機械学習を重視する方向性をとらざるをえず，そこで大規模な変革が生じるのではないかと考えていたし（山田，2021），すでに知覚研究の分野では深層学習とかなり強い接点を見出している（Huang et al., 2018; Kriegeskorte, 2015; VanRullen, 2017）。そして，まさに本書を執筆しているさなかに ChatGPT によるゲーム・チェンジが発生した。正直なところ大規模言語モデルの方からここまでのインパクトが来るとは思っていなかった。周囲では，これでヒトの認知を調べようとか，意識を明らかにしようとかそういった気運が明らかに高まっている。さらに，そんな折に Meta AI が，1 人称視点のビデオ・データセットやシミュレーションによってロボットに大量に事前学習させることで，実世界での作業を，初見であっても，妨害があってもきわめて高い精度で遂行できることを示してきた（Rai et al., 2023）。そのデモ動画を見ていると，それが制約の大きな条件下で実施されたものであり，その中からさらに厳選された事例なのだろうと意地悪な想定をしたとしても，その行動のあまりの自然さと正確さに圧倒され，認知心理学はこのままでよいのだろうかとふと考えてしまった。少なくとも，人間が知識やスキルを獲得することにおいて，身体を通じた感覚経験がどこまで重要なのかは再評価される余地がある。また，方針さえチューンすればプランニングが不要であったりと，従来想定されてき

た認知メカニズムとは異なると見られる点が多いにもかかわらず，見かけ上は，我々と同じような認知機能をもった生き物らしい行動が実現できてしまっている。いま，まさに私自身の専門分野において，大きな転換を迫られていることをリアルに感じている。この問題は，人工心理学者，AI アラインメント，AIを前提とした新しい研究倫理の問題など，今回触れることのできなかったさまざまな事柄と相互に関連づけ合いながら議論されなくてはならないだろう。しかも大急ぎでだ。心理学と AI の問題は，1 日でも早く，できるかぎり多くの仲間とともに緊急出動で遊撃しなくてはならない対象である。

　とまあ，ここまでいろいろなことを述べてきたけれど，別にこれを読む人々をとことん絶望させたいとか，暗い気持ちにさせたいとかそういうことを望んでいるわけではない。さまざまな課題はすべてそれを乗り越えるために存在していて，その先にはさらにパワーアップしたハイパー心理学が待っていると思っている（池田他，2023）。心理学は伸びしろだらけだと考えればよいだろう。たしかに最後，ちょっとだけおセンチになってしまった部分もあったかもしれないが，最初から言っているように，この遊撃人生は基本的に楽しくてワクワクするものだ。いまだに攻略できていない対象がほとんどで，中には大勢で一緒に立ち向かわなくてはならない「レイドボス」みたいな存在もある。やりごたえは抜群だ。本書によって，1 人でも多くの仲間ができれば嬉しい。そして何より，心理学のけっして華々しくない，生々しい側面を，1 人でも多くの方々に知ってもらえたなら，今回の，私の小さな遊撃は大成功である。

　業界屈指の遅筆である私は，今回，その負の才能のすべてを遺憾なく発揮してしまった。手元のメールを読み返してみると，この本について，ちとせプレスさんとの最初のきっかけとなったやりとりは 2022 年 3 月 25 日に行われていた。そしていま，このあとがきを書いているのが 2023 年 6 月 25 日である。現時点でまだ完全に脱稿してはおらず，それでもここまで書くのに 1 年 3 カ月もかかってしまった。自分でも遅いなあと思う。著書を多数出版されている同業の皆様は，いったいどうやってそのスーパープレイを実現しているのか聞いてみたいものである。しかも，私はこの期間，忙しくなかったのである。いやこれだけだと語弊があるが，つまり 1 年間のサバティカル中だったのである。通常サバティカルでは海外に行って研究に勤しむものだが，私はあえて大学の自室に籠もって意識的に多くの時間をこの執筆に充てていた。そしてその結果がこれである。さらに，「はじめに」で述べたとおり，書くべき内容も最初にほぼ決まっていた。つまり「プロットが決まらない」とかで長時間悩んだわけではないのである。私が普段考え，論文やブログや X（旧 Twitter）などで書いている，ごく普通のトピックについて文章化するだけでよかったのである。私と日常的に接することの多い人たちには，本書のほとんどは「まーた言うとる」とつぶやいてしまう話ばかりだっただろう。それだけのお膳立てがあったのにここまで時間がかかるというのは，やっぱり私は何かがおかしいのだと思う。「遅筆は，作家の恥辱である」と太宰治が言っていたが（太宰，1942），これはほんとにそう思う。そしてその原因も，おそらく彼が言うとおりで間違っておらず，「語彙が貧弱だから，ペンが渋る」のだ。おまけに専門知識も貧弱なので，ペンの重量感ときたら途方もないものだった。ゆえに，おそらく巨大な不安を感じつつもそんな私を静かにお待ちいただき，粘り強いサポートを賜った

ちとせプレスの櫻井堂雄さんには心から感謝申し上げるしだいなのである。

　お読みいただけたら誰もが感じると思うが，本書の内容は旬が短いというか，足が早いというか，とにかくすぐに陳腐化してしまうような，現状報告に近いものである。なかでもAIに関する情報は，おそらく出版される時点ですでにもう古臭くなっていることだろう。AIや大規模言語モデルについては，この1年3カ月の執筆期間中にも急激な発展があり，どこまで本書に含めるべきか非常に悩んだ。しかし結果的に，私はあえてそれらのトピックを含めることにした。本書ではさまざまな話題の時代背景や，時間という流れの中で変化していく文脈を明確にすることを重視している。通常，学術書には，少なくともその執筆時点において考えうる，永続的な真理や本質に焦点を当てる傾向がある。私もそういった，長く読まれる本を書いてみたいものである。しかし本書では少し違うアプローチを試みた。時の流れとともに陳腐化してしまう話題を避けるのではなく，それをあえて取り入れ，現象や議論の背後にある時間的な文脈を浮き彫りにしたいと思った。これは一種のリスクを伴う挑戦だけれども，私は伝統的な学術書のスタイルではなく，時の流れに対する一種のクロニクル，あるいは「スナップショット」を提示する側面をもったものにしたかったのである。まさに現在進行形である再現性問題という話題を扱うには，それしかなかったともいえる。その結果として生まれたのがこの本であり，その一部始終に，時代とともに変わりゆく知識や見解や印象，そしてそれらを形成する背後の情景を反映した「瞬間」の記録が詰まっている。これにどの程度の意義があるのかは正直わからないが，これが，私にできることのすべてだった。

　もう一点，本書は心理学を学び始めた人々や，学生，初期キャリア研究者を読者と想定しているが，その一方で，彼らに対して何らかの価値観や規範へ向けた教唆を行うことはできるだけ避けようとした。その理由は明瞭で，現在，専門家の間で「新しい」と認識されているような知見や価値観，プラクティスなどが，必ずしも正しいとは限らないからだ。私自身，自分の考えを含めたすべての科学関連事象に対して絶えず疑問をもっている。そのため，そのような疑問や迷いの闇の中で，特定の方向に無責任に人々を誘導したくはないの

だ。私が抱くのは，各自が本書から自分自身で何かを感じ取り，それをもと
に自分自身のアクションを起こしてほしいという願いだ。本書は1つのツール，
1つの視点を提供する。しかし，それをどう活用し，どう行動するかは各自の
手に委ねられている。それぞれが自由に，自分自身の戦略を練り，遊撃行動を
仕掛けてほしい（いや，普通に正規の活動をしてくれて全然いいのだが）。それこそ
が，この本が目指すところである。

　最後に，1つの質問で本書を締めくくりたい。あなたが学ぼうとしている学
問が大規模なリフォームの真っ只中で，今後，それを研究するためのアプロー
チすら自分で好きなように決めていいのだとしたら，あなたはまず何をする？

Abbott, A. (2023, March 17). Strife at *eLife*: Inside a journal's quest to upend science publishing. *Nature*. https://doi.org/10.1038/d41586-023-00831-6

Allen, L., O'Connell, A., & Kiermer, V. (2019). How can we ensure visibility and diversity in research contributions? How the Contributor Role Taxonomy (CRediT) is helping the shift from authorship to contributorship. *Learned Publishing, 32*(1), 71-74. https://doi.org/10.1002/leap.1210

Almaatouq, A., Griffiths, T. L., Suchow, J. W., Whiting, M. E., Evans, J., & Watts, D. J. (2022). Beyond playing 20 questions with nature: Integrative experiment design in the social and behavioral sciences. *Behavioral and Brain Sciences*, 1-55. https://doi.org/10.1017/S0140525X22002874

Amarante, V., Burger, R., Chelwa, G., Cockburn, J., Kassouf, A., McKay, A., & Zurbrigg, J. (2022). Underrepresentation of developing country researchers in development research. *Applied Economics Letters, 29*(17), 1659-1664. https://doi.org/10.1080/13504851.2021.1965528

Anderson, C. J., Bahník, Š., Barnett-Cowan, M., Bosco, F. A., Chandler, J., Chartier, C. R., Cheung, F., Christopherson, C. D., Cordes, A., Cremata, E. J., Della Penna, N., Estel, V., Fedor, A., Fitneva, S. A., Frank, M. C., Grange, J. A., Hartshorne, J. K., Hasselman, F., Henninger, F., van der Hulst, M., Jonas, K. J., Lai, C. K., Levitan, C. A., Miller, J. K., Moore, K. S., Meixner, J. M., Munafò, M. R., Neijenhuijs, K. I., Nilsonne, G., Nosek, B. A., Plessow, F., Prenoveau, J. M., Ricker, A. A., Schmidt, K., Spies, J. R., Stieger, S., Strohminger, N., Sullivan, G. B., van Aert, R. C. M., van Assen, M. A. L. M., Vanpaemel, W., Vianello, M., Voracek, M., & Zuni, K. (2016). Response to Comment on "Estimating the reproducibility of psychological science". *Science, 351*(6277), 1037. https://doi.org/10.1126/science.aad9163

Anderson, S. F., & Liu, X. (2023). Questionable research practices and cumulative science: The consequences of selective reporting on effect size bias and heterogeneity. *Psychological Methods*. Advance online publication. https://doi.org/10.1037/met0000572

あの人 ［@_anohito］(2010, February 25). 「理系にとって論文とは排泄物である．文系にとっては論文は食物．［Tweet］」Twitter. https://twitter.com/_anohito/status/9622494477

Arcadia (n.d.). https://research.arcadiascience.com/

Armstrong, M. J., & Sodergren, S. E. (2015). Refighting Pickett's Charge: Mathematical modeling of the civil war battlefield. *Social Science Quarterly, 96*(4), 1153-1168. https://doi.org/10.1111/ssqu.12178

Arnett, J. J. (2008). The neglected 95%: Why American psychology needs to become less American. *The American Psychologist, 63*(7), 602-614. https://doi.org/10.1037/0003-066X.63.7.602

Atkinson, R. C., & Shiffrin, R. M. (1968). Human memory: A proposed system and its control processes. In K. W. Spence & J. T. Spence (Eds.), *Psychology of learning and motivation* (Vol. 2, pp. 89-195). Elsevier. https://www.sciencedirect.com/science/article/pii/S0079742108604223

ATLAS Collaboration, CMS Collaboration, Aad, G., Abbott, B., Abdallah, J., Abdinov, O., Aben, R., Abolins, M., AbouZeid, O. S., Abramowicz, H., Abreu, H., Abreu, R., Abulaiti, Y., Acharya, B. S., Adamczyk, L., Adams, D. L., Adelman, J., Adomeit, S., Adye, T., ... Woods, N. (2015). Combined measurement of the Higgs boson mass in *pp* collisions at $\sqrt{s}$ = 7 and 8 TeV with the ATLAS and CMS experiments. *Physical Review Letters, 114*(19), Article 191803. https://doi.org/10.1103/PhysRevLett.114.191803

Bago, B., Kovacs, M., Protzko, J., Nagy, T., Kekecs, Z., Palfi, B., Adamkovic, M., Adamus, S., Albalooshi, S., Albayrak-Aydemir, N., Alfian, I. N., Alper, S., Alvarez-Solas, S., Alves, S. G., Amaya, S., Andresen, P. K., Anjum, G., Ansari, D., Arriaga, P., ... Aczel, B. (2022). Situational factors shape moral judgements in the trolley dilemma in Eastern, Southern and Western countries in a culturally diverse sample. *Nature Human Behaviour, 6*(6), 880-895. https://doi.org/10.1038/s41562-022-01319-5

Bai, Y., Zhu, B., Rovira-Clave, X., Chen, H., Markovic, M., Chan, C. N., Su, T.-H., McIlwain, D. R., Estes, J. D., Keren, L., Nolan, G. P., & Jiang, S. (2021). Adjacent cell marker lateral spillover compensation and reinforcement for multiplexed images. *Frontiers in Immunology, 12*, Article 652631. https://doi.org/10.3389/fimmu.2021.652631

Baldwin, M. (2015). Credibility, peer review, and *Nature*, 1945-1990. *Notes and Records, 69*(3), 337-352. https://doi.org/10.1098/rsnr.2015.0029

Baldwin, M. (2018). Scientific autonomy, public accountability, and the rise of "peer review" in the Cold War United States. *Isis, 109*(3), 538-558. https://doi.org/10.1086/700070

Bargh, J. A., & Chartrand, T. L. (1999). The unbearable automaticity of being. *American Psychologist, 54*(7), 462-479. https://doi.org/10.1037/0003-066X.54.7.462

Baribault, B., Donkin, C., Little, D. R., Trueblood, J. S., Oravecz, Z., van Ravenzwaaij, D., White, C. N., De Boeck, P., & Vandekerckhove, J. (2018). Metastudies for robust tests of theory. *Proceedings of the National Academy of Sciences of the United States of America, 115*(11), 2607-2612. https://doi.org/10.1073/pnas.1708285114

Bartoš, F., & Schimmack, U. (2022). Z-curve 2.0: Estimating replication rates and discovery rates.

Meta-Psychology, 6. https://doi.org/10.15626/MP.2021.2720

Baumeister, R. F., Tice, D. M., & Bushman, B. J. (2022). A review of multisite replication projects in social psychology: Is it viable to sustain any confidence in social psychology's knowledge base? *Perspectives on Psychological Science*, *18*(4), 912-935. https://doi.org/10.1177/17456916221121815

Beck, S., Brasseur, T.-M., Poetz, M., & Sauermann, H. (2022). Crowdsourcing research questions in science. *Research Policy*, *51*(4), Article 104491. https://doi.org/10.1016/j.respol.2022.104491

Bem, D. J. (2004). Writing the empirical journal article. In J. M. Darley, M. P. Zanna, & H. L. Roediger III (Eds.), *The compleat academic: A career guide* (pp. 185-219). American Psychological Association. https://psycnet.apa.org/record/2003-06256-010

Bem, D. J. (2011). Feeling the future: Experimental evidence for anomalous retroactive influences on cognition and affect. *Journal of Personality and Social Psychology*, *100*(3), 407-425. https://doi.org/10.1037/a0021524

Bem, D., Tressoldi, P., Rabeyron, T., & Duggan, M. (2015). Feeling the future: A meta-analysis of 90 experiments on the anomalous anticipation of random future events. *F1000Research*, *4*, Article 1188. https://doi.org/10.12688/f1000research.7177.2

Berdejo-Espinola, V., & Amano, T. (2023). AI tools can improve equity in science. *Science*, *379*(6636), 991. https://doi.org/10.1126/science.adg9714

Block, R. A. (1978). Remembered duration: Effects of event and sequence complexity. *Memory & Cognition*, *6*(3), 320-326. https://doi.org/10.3758/BF03197462

Botvinick, M., & Cohen, J. (1998). Rubber hands "feel" touch that eyes see. *Nature*, *391*(6669), 756. https://doi.org/10.1038/35784

Boutron, I., Dutton, S., Ravaud, P., & Altman, D. G. (2010). Reporting and interpretation of randomized controlled trials with statistically nonsignificant results for primary outcomes. *JAMA*, *303*(20), 2058-2064. https://doi.org/10.1001/jama.2010.651

Braun, V., & Clarke, V. (2006). Using thematic analysis in psychology. *Qualitative Research in Psychology*, *3*(2), 77-101. https://doi.org/10.1191/1478088706qp063oa

Breznau, N., Rinke, E. M., Wuttke, A., Nguyen, H. H. V., Adem, M., Adriaans, J., Alvarez-Benjumea, A., Andersen, H. K., Auer, D., Azevedo, F., Bahnsen, O., Balzer, D., Bauer, G., Bauer, P. C., Baumann, M., Baute, S., Benoit, V., Bernauer, J., Berning, C., ... Żółtak, T. (2022). Observing many researchers using the same data and hypothesis reveals a hidden universe of uncertainty. *Proceedings of the National Academy of Sciences of the United States of America*, *119*(44), Article e2203150119. https://doi.org/10.1073/pnas.2203150119

Brunner, J., & Schimmack, U. (2020). Estimating population mean power under conditions of

heterogeneity and selection for significance. *Meta-Psychology, 4.* https://doi.org/10.15626/
MP.2018.874

Bryan, C. J., Yeager, D. S., & O'Brien, J. M. (2019). Replicator degrees of freedom allow publication
of misleading failures to replicate. *Proceedings of the National Academy of Sciences of the United
States of America, 116*(51), 25535-25545. https://doi.org/10.1073/pnas.1910951116

Bulhan, H. A. (2015). Stages of colonialism in Africa: From occupation of land to occupation of
being. *Journal of Social and Political Psychology, 3*(1), 239-256. https://doi.org/10.5964/jspp.
v3i1.143

Carpenter, S. (2012). Psychology's bold initiative. *Science, 335*(6076), 1558-1561. https://doi.
org/10.1126/science.335.6076.1558

Casasanto, D. (2009). Embodiment of abstract concepts: Good and bad in right- and left-handers.
Journal of Experimental Psychology: General, 138(3), 351-367. https://doi.org/10.1037/a0015854

Chambers, C. D., & Tzavella, L. (2022). The past, present and future of Registered Reports. *Nature
Human Behaviour, 6*(1), 29-42. https://doi.org/10.1038/s41562-021-01193-7

Chartier, C. R., Riegelman, A., & McCarthy, R. J. (2018). StudySwap: A platform for interlab
replication, collaboration, and resource exchange. *Advances in Methods and Practices in
Psychological Science, 1*(4), 574-579. https://doi.org/10.1177/2515245918808767

Chen, L.-X., Su, S.-W., Liao, C.-H., Wong, K.-S., & Yuan, S.-M. (2023). An open automation system
for predatory journal detection. *Scientific Reports, 13*(1), Article 2976. https://doi.org/10.1038/
s41598-023-30176-z

Choi, J. H., Hickman, K. E., Monahan, A., & Schwarcz, D. (2023). ChatGPT goes to law school.
Journal of Legal Education (Forthcoming). https://doi.org/10.2139/ssrn.4335905

Chu, J. S. G., & Evans, J. A. (2021). Slowed canonical progress in large fields of science.
Proceedings of the National Academy of Sciences of the United States of America, 118(41), Article
e2021636118. https://doi.org/10.1073/pnas.2021636118

Chuard, P. J. C., Vrtílek, M., Head, M. L., & Jennions, M. D. (2019). Evidence that nonsignificant
results are sometimes preferred: Reverse *P*-hacking or selective reporting? *PLoS Biology, 17*(1),
Article e3000127. https://doi.org/10.1371/journal.pbio.3000127

Cohen, J. (1962). The statistical power of abnormal-social psychological research: A review.
Journal of Abnormal and Social Psychology, 65(3), 145-153. https://doi.org/10.1037/h0045186

Coles, N. A., Larsen, J. T., & Lench, H. C. (2019). A meta-analysis of the facial feedback literature:
Effects of facial feedback on emotional experience are small and variable. *Psychological Bulletin,
145*(6), 610-651. https://doi.org/10.1037/bul0000194

Coles, N. A., March, D. S., Marmolejo-Ramos, F., Larsen, J. T., Arinze, N. C., Ndukaihe, I. L. G.,

Willis, M. L., Foroni, F., Reggev, N., Mokady, A., Forscher, P. S., Hunter, J. F., Kaminski, G., Yüvrük, E., Kapucu, A., Nagy, T., Hajdu, N., Tejada, J., Freitag, R. M. K., ... Liuzza, M. T. (2022). A multi-lab test of the facial feedback hypothesis by the Many Smiles Collaboration. *Nature Human Behaviour, 6*(12), 1731-1742. https://doi.org/10.1038/s41562-022-01458-9

Conry-Murray, C., Mcconnon, A., & Bower, M. (2022). The effect of preregistration and *P*-value patterns on trust in psychology and biology research. *Collabra: Psychology, 8*(1), Article 36306. https://doi.org/10.1525/collabra.36306

Cooke, S., & Lapointe, N. W. R. (2012). Addressing editor(ial) malpractice in scientific journals. *Ideas in Ecology and Evolution, 5*(2), 1-9. https://doi.org/10.4033/iee.2012.5b.17.f

Cooper, G. A., Frost, H., Liu, M., & West, S. A. (2021). The evolution of division of labour in structured and unstructured groups. *eLife, 10*, Article e71968. https://doi.org/10.7554/eLife.71968

COPE (2023). *Authorship and AI tools.* https://publicationethics.org/cope-position-statements/ai-author

Costa, E., Inbar, Y., & Tannenbaum, D. (2022). Do registered reports make scientific findings more believable to the public? *Collabra: Psychology, 8*(1), Article 32607. https://doi.org/10.1525/collabra.32607

COVIDSurg Collaborative, GlobalSurg Collaborative (2021). SARS-CoV-2 vaccination modelling for safe surgery to save lives: Data from an international prospective cohort study. *British Journal of Surgery, 108*(9), 1056-1063. https://doi.org/10.1093/bjs/znab101

Crandall, C. S., & Sherman, J. W. (2016). On the scientific superiority of conceptual replications for scientific progress. *Journal of Experimental Social Psychology, 66*, 93-99. https://doi.org/10.1016/j.jesp.2015.10.002

CREP (n.d.). https://www.crep-psych.org/

Cumming, G. (2014). The new statistics: Why and how. *Psychological Science, 25*(1), 7-29. https://doi.org/10.1177/0956797613504966

Dadkhah, M., Kahani, M., & Borchardt, G. (2018). A method for improving the integrity of peer review. *Science and Engineering Ethics, 24*(5), 1603-1610. https://doi.org/10.1007/s11948-017-9960-9

Dance, A. (2023). Stop the peer-review treadmill. I want to get off. *Nature, 614*(7948), 581-583. https://doi.org/10.1038/d41586-023-00403-8

Datteri, E., & Laudisa, F. (2014). Box-and-arrow explanations need not be more abstract than neuroscientific mechanism descriptions. *Frontiers in Psychology, 5*, Article 464. https://doi.org/10.3389/fpsyg.2014.00464

太宰治 (1942).『信天翁』昭南書房

de Groot, A. D. (2014). The meaning of "significance" for different types of research [translated and annotated by Eric-Jan Wagenmakers, Denny Borsboom, Josine Verhagen, Rogier Kievit, Marjan Bakker, Angelique Cramer, Dora Matzke, Don Mellenbergh, and Han L. J. van der Maas]. *Acta Psychologica, 148*, 188-194. https://doi.org/10.1016/j.actpsy.2014.02.001

DeHaven, A. (2020, January 24). Answering your preregistration questions. *Center for Open Science.* https://www.cos.io/blog/answering-your-preregistration-questions

DeKay, M. L., Rubinchik, N., Li, Z., & De Boeck, P. (2022). Accelerating psychological science with metastudies: A demonstration using the risky-choice framing effect. *Perspectives on Psychological Science, 17*(6), 1704-1736. https://doi.org/10.1177/17456916221079611

Dhar, P. (2023). Octopus and ResearchEquals aim to break the publishing mould. *Nature.* https://doi.org/10.1038/d41586-023-00861-0

Donker, T. (2023). The dangers of using large language models for peer review. *The Lancet Infectious Diseases, 23*(7), 781. https://doi.org/10.1016/S1473-3099(23)00290-6

DORA (n.d.).「研究評価に関するサンフランシスコ宣言」https://sfdora.org/read/read-the-declaration-japanese/

Dorison, C. A., Lerner, J. S., Heller, B. H., Rothman, A. J., Kawachi, I. I., Wang, K., Rees, V. W., Gill, B. P., Gibbs, N., Ebersole, C. R., Vally, Z., Tajchman, Z., Zsido, A. N., Zrimsek, M., Chen, Z., Ziano, I., Gialitaki, Z., Ceary, C. D., Lin, Y., ... Coles, N. A. (2022). In COVID-19 health messaging, loss framing increases anxiety with little-to-no concomitant benefits: Experimental evidence from 84 countries. *Affective Science, 3*(3), 577-602. https://doi.org/10.1007/s42761-022-00128-3

Dowling, M., & Lucey, B. (2023). ChatGPT for (Finance) research: The Bananarama Conjecture. *Finance Research Letters, 53*, Article 103662. https://doi.org/10.1016/j.frl.2023.103662

Dunn, A. (2023, March 31). *Octopus and Royal Society Open Science.* The Royal Society, Blog. https://royalsociety.org/blog/2023/03/Octopus-and-Royal-Society-Open-Science/

Dyke, G. (2019). Does the early career "publish or perish" myth represent an opportunity for the publishing industry? *Learned Publishing, 32*(1), 90-94. https://doi.org/10.1002/leap.1217

Ebersole, C. R., Atherton, O. E., Belanger, A. L., Skulborstad, H. M., Allen, J. M., Banks, J. B., Baranski, E., Bernstein, M. J., Bonfiglio, D. B. V., Boucher, L., Brown, E. R., Budiman, N. I., Cairo, A. H., Capaldi, C. A., Chartier, C. R., Chung, J. M., Cicero, D. C., Coleman, J. A., Conway, J. G., ... Nosek, B. A. (2016). Many Labs 3: Evaluating participant pool quality across the academic semester via replication. *Journal of Experimental Social Psychology, 67*, 68-82. https://doi.org/10.1016/j.jesp.2015.10.012

Ebersole, C. R., Mathur, M. B., Baranski, E., Bart-Plange, D.-J., Buttrick, N. R., Chartier, C. R., Corker, K. S., Corley, M., Hartshorne, J. K., IJzerman, H., Lazarević, L. B., Rabagliati, H., Ropovik, I., Aczel, B., Aeschbach, L. F., Andrighetto, L., Arnal, J. D., Arrow, H., Babincak, P., … Nosek, B. A. (2020). Many Labs 5: Testing pre-data-collection peer review as an intervention to increase replicability. *Advances in Methods and Practices in Psychological Science*, 3(3), 309-331. https://doi.org/10.1177/2515245920958687

Eisen, M. B., Akhmanova, A., Behrens, T. E., Diedrichsen, J., Harper, D. M., Iordanova, M. D., Weigel, D., & Zaidi, M. (2022). Scientific publishing: Peer review without gatekeeping. *eLife, 11*, Article e83889. https://doi.org/10.7554/eLife.83889

Eisen, M. B., Akhmanova, A., Behrens, T. E., Harper, D. M., Weigel, D., & Zaidi, M. (2020). Peer review: Implementing a "publish, then review" model of publishing. *eLife, 9*, Article e64910. https://doi.org/10.7554/eLife.64910

Elali, F. R., & Rachid, L. N. (2023). AI-generated research paper fabrication and plagiarism in the scientific community. *Patterns, 4*(3), Article 100706. https://doi.org/10.1016/j.patter.2023.100706

Else, H. (2020). How a torrent of COVID science changed research publishing — In seven charts. *Nature, 588*(7839), 553. https://doi.org/10.1038/d41586-020-03564-y

Else, H. (2022a). Hijacked-journal tracker helps researchers to spot scam websites. *Nature.* https://doi.org/10.1038/d41586-022-01666-3

Else, H. (2022b). 'Papermill alarm' software flags potentially fake papers. *Nature.* https://doi.org/10.1038/d41586-022-02997-x

Epskamp, S., & Nuijten, M. B. (2018). *statcheck: Extract statistics from articles and recompute p-values.* R package version 1.3.0. Web implementation at https://michelenuijten.shinyapps.io/statcheck-web/

Eronen, M. I., & Bringmann, L. F. (2021). The theory crisis in psychology: How to move forward. *Perspectives on Psychological Science, 16*(4), 779-788. https://doi.org/10.1177/1745691620970586

Fanelli, D. (2010). "Positive" results increase down the hierarchy of the sciences. *PLoS ONE, 5*(4), Article e10068. https://doi.org/10.1371/journal.pone.0010068

Fauth, J. E., & Resetarits, W. J., Jr. (1991). Interactions between the salamander Siren intermedia and the keystone predator Notophthalmus viridescens. *Ecology, 72*(3), 827-838. https://doi.org/10.2307/1940585

Feldman Barrett, L. (2015, September 1). *Psychology is not in crisis.* The New York Times. https://www.nytimes.com/2015/09/01/opinion/psychology-is-not-in-crisis.html

Ferguson, C. J. (2015). "Everybody knows psychology is not a real science": Public perceptions of psychology and how we can improve our relationship with policymakers, the scientific community, and the general public. *The American Psychologist, 70*(6), 527-542. https://doi.org/10.1037/a0039405

Fire, M., & Guestrin, C. (2019). Over-optimization of academic publishing metrics: Observing Goodhart's Law in action. *GigaScience, 8*(6), Article giz053. https://doi.org/10.1093/gigascience/giz053

Fisher, G. R., Olimpo, J. T., McCabe, T. M., & Pevey, R. S. (2018). The *Tigriopus* CURE: A course-based undergraduate research experience with concomitant supplemental instruction. *Journal of Microbiology & Biology Education, 19*(1). https://doi.org/10.1128/jmbe.v19i1.1503

Flake, J. K., & Fried, E. I. (2020). Measurement schmeasurement: Questionable measurement practices and how to avoid them. *Advances in Methods and Practices in Psychological Science, 3*(4), 456-465. https://doi.org/10.1177/2515245920952393

Flanagin, A., Bibbins-Domingo, K., Berkwits, M., & Christiansen, S. L. (2023). Nonhuman "authors" and implications for the integrity of scientific publication and medical knowledge. *JAMA, 329*(8), 637-639. https://doi.org/10.1001/jama.2023.1344

Frank, M. C., & Saxe, R. (2012). Teaching replication. *Perspectives on Psychological Science, 7*(6), 600-604. https://doi.org/10.1177/1745691612460686

Freeman, A. (2019, October 29). *Octopus: A radical new approach to scientific publishing.* The Royal Society, Blog. https://royalsociety.org/blog/2019/10/octopus-a-radical-new-approach-to-scientific-publishing/

Freyd, J. J., & Finke, R. A. (1984). Representational momentum. *Journal of Experimental Psychology: Learning, Memory, and Cognition, 10*(1), 126-132. https://doi.org/10.1037/0278-7393.10.1.126

Frith, U. (2020). Fast lane to slow science. *Trends in Cognitive Sciences, 24*(1), 1-2. https://doi.org/10.1016/j.tics.2019.10.007

Frontiers Communications in Frontiers Announcements (2020, July 1). *Artificial Intelligence to help meet global demand for high-quality, objective peer-review in publishing.* frontiers Science News. https://blog.frontiersin.org/2020/07/01/artificial-intelligence-peer-review-assistant-aira/

Frontiers for Young Minds (n.d.). https://kids.frontiersin.org

藤澤洋徳 (2017). 『ロバスト統計——外れ値への対処の仕方』近代科学社

Gabelica, M., Bojčić, R., & Puljak, L. (2022). Many researchers were not compliant with their published data sharing statement: A mixed-methods study. *Journal of Clinical Epidemiology, 150*, 33-41. https://doi.org/10.1016/j.jclinepi.2022.05.019

Ganel, T., & Goodale, M. A. (2018). The effects of smiling on perceived age defy belief. *Psychonomic Bulletin & Review, 25*(2), 612-616. https://doi.org/10.3758/s13423-017-1306-8

Gao, C. A., Howard, F. M., Markov, N. S., Dyer, E. C., Ramesh, S., Luo, Y., & Pearson, A. T. (2023). Comparing scientific abstracts generated by ChatGPT to real abstracts with detectors and blinded human reviewers. *NPJ Digital Medicine, 6*(1), Article 75. https://doi.org/10.1038/s41746-023-00819-6

Garrett, H. E. (1922). A study of the relation of accuracy to speed. *Archives of Psychology, 56,* 1-104.

Gelman, A. (2018, November 19). *Essay: The experiments are fascinating. But nobody can repeat them.* New York Times. https://www.nytimes.com/2018/11/19/science/science-research-fraud-reproducibility.html

Gelman, A. (2020, April 3). *Noise-mining as standard practice in social science.* Statistical Modeling, Causal Inference, and Social Science. https://statmodeling.stat.columbia.edu/2020/04/03/noise-mining-as-standard-practice-in-social-science/

Gewin, V. (2022). Decolonization should extend to collaborations, authorship and co-creation of knowledge. *Nature, 612*(7938), 178. https://doi.org/10.1038/d41586-022-03822-1

Gibson, J. J. (1937). Adaptation with negative after-effect. *Psychological Review, 44*(3), 222-244. https://doi.org/10.1037/h0061358

GIGAZINE (2021, April 19).「有名なダニング・クルーガー効果は『無能な人ほど自分を有能だと考える』という法則ではない」https://gigazine.net/news/20210419-dunning-kruger-effect/

Gilbert, D. T., King, G., Pettigrew, S., & Wilson, T. D. (2016). Comment on "Estimating the reproducibility of psychological science". *Science, 351*(6277), 1037. https://doi.org/10.1126/science.aad7243

GitHub (2022). *tenzing-contrib/pasang.* https://github.com/tenzing-contrib/pasang

GO FAIR (n.d.). *FAIR Principles.* https://www.go-fair.org/fair-principles/

Gonzalo-Fonrodona, I., & Porras, M. A. (2013). Scaling effects in crossmodal improvement of visual perception by motor system stimulus. *Neurocomputing, 114,* 76-79. https://doi.org/10.1016/j.neucom.2012.06.047

Goodman, S. N., Fanelli, D., & Ioannidis, J. P. A. (2016). What does research reproducibility mean? *Science Translational Medicine, 8*(341), 341ps12. https://doi.org/10.1126/scitranslmed.aaf5027

Greenfield, P. M. (2017). Cultural change over time: Why replicability should not be the gold standard in psychological science. *Perspectives on Psychological Science, 12*(5), 762-771. https://doi.org/10.1177/1745691617707314

Greenwald, A. G., Pratkanis, A. R., Leippe, M. R., & Baumgardner, M. H. (1986). Under what conditions does theory obstruct research progress? *Psychological Review, 93*(2), 216-229. https://www.ncbi.nlm.nih.gov/pubmed/3714929

Gump, S. (2004). Writing successful covering letters for unsolicited submissions to academic journals. *Journal of Scholarly Publishing*, 35(2), 92-102. https://doi.org/10.3138/jsp.35.2.92

Guo, W., Liu, H., Yang, J., Mo, Y., Zhong, C., & Yamada, Y. (2020). Stage 2 registered report: How subtle linguistic cues prevent unethical behaviors. *F1000Research*, 9, Article 996. https://doi.org/10.12688/f1000research.25573.2

Haberman, J., & Whitney, D. (2007). Rapid extraction of mean emotion and gender from sets of faces. *Current Biology*, 17(17), R751-R753. https://doi.org/10.1016/j.cub.2007.06.039

Haeussler, C., & Sauermann, H. (2020). Division of labor in collaborative knowledge production: The role of team size and interdisciplinarity. *Research Policy*, 49(6), Article 103987. https://doi.org/10.1016/j.respol.2020.103987

Hardwicke, T. E., & Wagenmakers, E.-J. (2023). Reducing bias, increasing transparency and calibrating confidence with preregistration. *Nature Human Behaviour*, 7(1), 15-26. https://doi.org/10.1038/s41562-022-01497-2

Hartgerink, C. H. J. (2016). 688,112 statistical results: Content mining psychology articles for statistical test results. *Data*, 1(3), Article 14. https://doi.org/10.3390/data1030014

長谷川龍樹・多田奏恵・米満文哉・池田鮎美・山田祐樹・高橋康介・近藤洋史 (2021). 「実証的研究の事前登録の現状と実践— OSF 事前登録チュートリアル」『心理学研究』92(3), 188-196. https://doi.org/10.4992/jjpsy.92.20217

Hassell, M. P., & May, R. M. (1974). Aggregation of predators and insect parasites and its effect on stability. *The Journal of Animal Ecology*, 43(2), 567-594. https://doi.org/10.2307/3384

林和弘 (2013). 「研究論文の影響度を測定する新しい動き —— 論文単位で即時かつ多面的な測定を可能とする Altmetrics」『科学技術動向』134, 20-29.

Henrich, J., Heine, S. J., & Norenzayan, A. (2010). The weirdest people in the world? *Behavioral and Brain Sciences*, 33(2-3), 61-83; discussion 83-135. https://doi.org/10.1017/S0140525X0999152X

Herman, L. M., Peacock, M. F., Yunker, M. P., & Madsen, C. J. (1975). Bottle-nosed dolphin: Double-slit pupil yields equivalent aerial and underwater diurnal acuity. *Science*, 189(4203), 650-652. https://doi.org/10.1126/science.1162351

Héroux, M. E., Butler, A. A., Cashin, A. G., McCaughey, E. J., Affleck, A. J., Green, M. A., Cartwright, A., Jones, M., Kiely, K. M., van Schooten, K. S., Menant, J. C., Wewege, M., & Gandevia, S. C. (2022). Quality Output Checklist and Content Assessment (QuOCCA): A new tool for assessing research quality and reproducibility. *BMJ Open*, 12(9), Article e060976. https://doi.org/10.1136/bmjopen-2022-060976

Hicks, D., Wouters, P., Waltman, L., de Rijcke, S., & Rafols, I. (2015). Bibliometrics: The Leiden

Manifesto for research metrics. *Nature, 520*(7548), 429-431. https://doi.org/10.1038/520429a

Higginson, A. D., & Munafò, M. R. (2016). Current incentives for scientists lead to underpowered studies with erroneous conclusions. *PLoS Biology, 14*(11), Article e2000995. https://doi.org/10.1371/journal.pbio.2000995

平石界・池田功毅 (2023).「オンライン時代の研究コミュニティ運営——ReproducibiliTea Tokyo 繁盛記」『認知科学』*30*(2), 146-153. https://doi.org/10.11225/cs.2023.004

平石界・中村大輝 (2022a).「心理学における再現性危機の 10 年——危機は克服されたのか，克服されうるのか（非短縮版）」*PsyArXiv.* https://doi.org/10.31234/osf.io/r72vt

平石界・中村大輝 (2022b).「心理学における再現性危機の 10 年——危機は克服されたのか，克服され得るのか」『科学哲学』*54*(2), 27-50. https://doi.org/10.4216/jpssj.54.2_27

平石界・斎藤彩乃・西尾眞紀・藤井那侑・森峻人 (2019).「配偶者選好における身体的魅力重視度の男女差は消えたのか」『心理学評論』*62*(3), 244-261. https://doi.org/10.24602/sjpr.62.3_244

Holcombe, A. (2019). Farewell authors, hello contributors. *Nature, 571*(7764), 147. https://doi.org/10.1038/d41586-019-02084-8

Hollenbeck, J. R., & Wright, P. M. (2017). Harking, Sharking, and Tharking: Making the case *for* post hoc analysis of scientific data. *Journal of Management, 43*(1), 5-18. https://doi.org/10.1177/0149206316679487

翻訳センター (n.d.).「ICMJE 統一投稿規定（2017 年改訂版）」https://www.honyakucenter.jp/usefulinfo/uniform-requirements2018/

Horta, H., & Li, H. (2022). Nothing but publishing: The overriding goal of PhD students in mainland China, Hong Kong, and Macau. *Studies in Higher Education, 48*(2), 263-282. https://doi.org/10.1080/03075079.2022.2131764

Horton, R. (1995). The rhetoric of research. *BMJ, 310*(6985), 985-987. https://doi.org/10.1136/bmj.310.6985.985

Hosseini, M., & Horbach, S. P. J. M. (2023). Fighting reviewer fatigue or amplifying bias? Considerations and recommendations for use of ChatGPT and other large language models in scholarly peer review. *Research Integrity and Peer Review, 8*, Article 4. https://doi.org/10.1186/s41073-023-00133-5

How I Met Your Mother Wiki (n.d.). *The cheerleader effect.* https://how-i-met-your-mother.fandom.com/wiki/The_Cheerleader_Effect

Huang, N., Slaney, M., & Elhilali, M. (2018). Connecting deep neural networks to physical, perceptual, and electrophysiological auditory signals. *Frontiers in Neuroscience, 12*, Article 532. https://doi.org/10.3389/fnins.2018.00532

Hubbard, T. L. (2013). Do the flash-lag effect and representational momentum involve similar extrapolations? *Frontiers in Psychology, 4*, Article 290. https://doi.org/10.3389/fpsyg.2013.00290

Hubbard, T. L., & Ruppel, S. E. (2013). Displacement of location in illusory line motion. *Psychological Research, 77*(3), 260-276. https://doi.org/10.1007/s00426-012-0428-x

井隼経子・石田利恵・野畑友恵・山田祐樹・三浦佳世 (2005).「パターンランダムネスが時間知覚に及ぼす影響」『九州大学心理学研究』6, 237-242. https://doi.org/10.15017/15701

Ikeda, A., Xu, H., Fuji, N., Zhu, S., & Yamada, Y. (2019). Questionable research practices following pre-registration. *Japanese Psychological Review, 62*(3), 281-295. https://doi.org/10.24602/sjpr.62.3_281

Ikeda, A., Yonemitsu, F., Yoshimura, N., Sasaki, K., & Yamada, Y. (2022). The Open Science Foundation clandestinely abused for malicious activities. *PsyArXiv*. https://doi.org/10.31234/osf.io/xtuen

池田功毅・樋口匡貴・平石界・藤島喜嗣・三浦麻子 (2015, October 26).「心理学研究は信頼できるか？――再現可能性をめぐって（全4回）」サイナビ！ http://chitosepress.com/2015/10/26/125/

池田功毅・山田祐樹・平石界 (2023, November 6).「深層学習と新しい心理学」『「こころ」のための専門メディア　金子書房』note. https://www.note.kanekoshobo.co.jp/n/n7641e643a1d8

Ikeda, K., Yamada, Y., & Takahashi, K. (2020). Post-publication peer review for real. *PsyArXiv*. https://doi.org/10.31234/osf.io/sp3j5

Ioannidis, J. P. A., Klavans, R., & Boyack, K. W. (2018). Thousands of scientists publish a paper every five days. *Nature, 561*(7722), 167-169. https://doi.org/10.1038/d41586-018-06185-8

Jalal, B., Krishnakumar, D., & Ramachandran, V. S. (2015). "I feel contaminated in my fake hand": Obsessive-compulsive-disorder like disgust sensations arise from dummy during rubber hand illusion. *PLoS ONE, 10*(12), Article e0139159. https://doi.org/10.1371/journal.pone.0139159

Jarke, H., Anand-Vembar, S., Alzahawi, S., Andersen, T. L., Bojanić, L., Carstensen, A., Feldman, G., Garcia-Garzon, E., Kapoor, H., Lewis, S., Todsen, A. L., Većkalov, B., Zickfeld, J. H., & Geiger, S. J. (2022). A roadmap to large-scale multi-country replications in psychology. *Collabra: Psychology, 8*(1), Article 57538. https://doi.org/10.1525/collabra.57538

John, L. K., Loewenstein, G., & Prelec, D. (2012). Measuring the prevalence of questionable research practices with incentives for truth telling. *Psychological Science, 23*(5), 524-532. https://doi.org/10.1177/0956797611430953

Jordão, E. M. A. (2019). PhDs in Brazil are perishing even when they publish. *Nature Human Behaviour, 3*(10), 1015. https://doi.org/10.1038/s41562-019-0723-2

Julesz, B. (1971). *Foundations of cyclopean perception*. Chicago Press.

科学技術・イノベーション推進事務局 (2023).「G7 仙台科学技術大臣会合（概要）」https://www8.cao.go.jp/cstp/kokusaiteki/g7_2023/2023.html

Karathanasis, N., Hwang, D., Heng, V., Abhimannyu, R., Slogoff-Sevilla, P., Buchel, G., Frisbie, V., Li, P., Kryoneriti, D., & Rigoutsos, I. (2022). Reproducibility efforts as a teaching tool: A pilot study. *PLoS Computational Biology*, *18*(11), , Article e1010615. https://doi.org/10.1371/journal.pcbi.1010615

柏原宗一郎・清水裕士 (2022).「事前登録研究：自尊心尺度と相関する自尊心 IAT の開発」『パーソナリティ研究』*31*(2), 122-124. https://doi.org/10.2132/personality.31.2.6

Kekecs, Z., Palfi, B., Szaszi, B., Szecsi, P., Zrubka, M., Kovacs, M., Bakos, B. E., Cousineau, D., Tressoldi, P., Schmidt, K., Grassi, M., Evans, T. R., Yamada, Y., Miller, J. K., Liu, H., Yonemitsu, F., Dubrov, D., Röer, J. P., Becker, M., ... Aczel, B. (2023a). Raising the value of research studies in psychological science by increasing the credibility of research reports: The transparent Psi project. *Royal Society Open Science*, *10*(2), Article 191375. https://doi.org/10.1098/rsos.191375

Kekecs, Z., Palfi, B., Szaszi, B., Szecsi, P., Zrubka, M., Kovacs, M., Bakos, B. E., Cousineau, D., Tressoldi, P., Schmidt, K., Grassi, M., Evans, T. R., Yamada, Y., Miller, J. K., Liu, H., Yonemitsu, F., Dubrov, D., Röer, J. P., Becker, M., ... Aczel, B. (2023b). Correction to: "Raising the value of research studies in psychological science by increasing the credibility of research reports: The Transparent Psi Project" (2023) by Kekecs et al. *Royal Society Open Science*, *10*(8), Article 231080. https://doi.org/10.1098/rsos.231080

研究不正ポータル (2017).「【5th World Conference on Research Integrity（WCRI）レポート】 第 4 回：研究公正の取組に対する効果を把握する〜アムステルダム・アジェンダ〜」取材レポート https://www.jst.go.jp/kousei_p/eventreport/er_originreport/201709275thWCRI4.html

Kennefick, D. (2005). Einstein versus the *Physical Review*. *Physics Today*, *58*(9), 43-48. https://doi.org/10.1063/1.2117822

Kent, B. A., Holman, C., Amoako, E., Antonietti, A., Azam, J. M., Ballhausen, H., Bediako, Y., Belasen, A. M., Carneiro, C. F. D., Chen, Y.-C., Compeer, E. B., Connor, C. A. C., Crüwell, S., Debat, H., Dorris, E., Ebrahimi, H., Erlich, J. C., Fernández-Chiappe, F., Fischer, F., ... Weissgerber, T. L. (2022). Recommendations for empowering early career researchers to improve research culture and practice. *PLoS Biology*, *20*(7), Article e3001680. https://doi.org/10.1371/journal.pbio.3001680

Kerr, N. L. (1998). HARKing: Hypothesizing after the results are known. *Personality and Social Psychology Review*, *2*(3), 196-217. https://doi.org/10.1207/s15327957pspr0203_4

桐生正幸・古河逞箭 (2008).「大学における犯罪者プロファイリングをテーマとした犯罪心理学の講義」『研究紀要』9, 77-87 http://id.nii.ac.jp/1084/00000267/

Kiser, G. L. (2018). No more first authors, no more last authors. *Nature, 561*(7724), 435. https://doi.org/10.1038/d41586-018-06779-2

北村英哉・松尾朗子 (2022).「事前登録追試研究：道徳領域と感情の対応性および，道徳違反の伝達性についての政治態度を含めた検討」『パーソナリティ研究』30(3), 167-169. https://doi.org/10.2132/personality.30.3.9

Klein, R. A., Cook, C. L., Ebersole, C. R., Vitiello, C., Nosek, B. A., Hilgard, J., Ahn, P. H., Brady, A. J., Chartier, C. R., Christopherson, C. D., Clay, S., Collisson, B., Crawford, J. T., Cromar, R., Gardiner, G., Gosnell, C. L., Grahe, J., Hall, C., Howard, I., ... Ratliff, K. A. (2022). Many Labs 4: Failure to replicate mortality salience effect with and without original author involvement. *Collabra: Psychology, 8*(1), Article 35271. https://doi.org/10.1525/collabra.35271

Klein, R. A., Ratliff, K. A., Vianello, M., Adams, R. B., Bahník, Š., Bernstein, M. J., Bocian, K., Brandt, M. J., Brooks, B., Brumbaugh, C. C., Cemalcilar, Z., Chandler, J., Cheong, W., Davis, W. E., Devos, T., Eisner, M., Frankowska, N., Furrow, D., Galliani, E. M., ... Nosek, B. A. (2014). Investigating variation in replicability: A "Many Labs" replication project. *Social Psychology, 45*(3), 142-152. https://doi.org/10.1027/1864-9335/a000178

Klein, R. A., Vianello, M., Hasselman, F., Adams, B. G., Adams, R. B., Alper, S., Aveyard, M., Axt, J. R., Babalola, M. T., Bahník, Š., Batra, R., Berkics, M., Bernstein, M. J., Berry, D. R., Bialobrzeska, O., Binan, E. D., Bocian, K., Brandt, M. J., Busching, R., ... Nosek, B. A. (2018). Many Labs 2: Investigating variation in replicability across samples and settings. *Advances in Methods and Practices in Psychological Science, 1*(4), 443-490. https://doi.org/10.1177/2515245918810225

Klockmann, V., von Schenk, A., & von Siemens, F. A. (2021). Division of labor and the organization of knowledge in production: A laboratory experiment. *Games and Economic Behavior, 130*, 196-210. https://doi.org/10.1016/j.geb.2021.08.002

Kriegeskorte, N. (2015). Deep neural networks: A new framework for modeling biological vision and brain information processing. *Annual Review of Vision Science, 1*, 417-446. https://doi.org/10.1146/annurev-vision-082114-035447

Kriegeskorte, N., Simmons, W. K., Bellgowan, P. S. F., & Baker, C. I. (2009). Circular analysis in systems neuroscience: The dangers of double dipping. *Nature Neuroscience, 12*(5), 535-540. https://doi.org/10.1038/nn.2303

Kung, T. H., Cheatham, M., ChatGPT, Medenilla, A., Sillos, C., De Leon, L., Elepaño, C., Madriaga, M., Aggabao, R., Diaz-Candido, G., Maningo, J., & Tseng, V. (2022). Performance of ChatGPT on USMLE: Potential for AI-Assisted medical education using large language models. *medRxiv.*

https://doi.org/10.1101/2022.12.19.22283643

Kung, T. H., Cheatham, M., Medenilla, A., Sillos, C., De Leon, L., Elepaño, C., Madriaga, M., Aggabao, R., Diaz-Candido, G., Maningo, J., & Tseng, V. (2023). Performance of ChatGPT on USMLE: Potential for AI-assisted medical education using large language models. *PLOS Digital Health*, *2*(2), Article e0000198. https://doi.org/10.1371/journal.pdig.0000198

Kupfer, J. A., Webbeking, A. L., & Franklin, S. B. (2004). Forest fragmentation affects early successional patterns on shifting cultivation fields near Indian Church, Belize. *Agriculture, Ecosystems & Environment*, *103*(3), 509-518. https://doi.org/10.1016/j.agee.2003.11.011

Kwon, N. (2017). How work positions affect the research activity and information behaviour of laboratory scientists in the research lifecycle: Applying activity theory. *Information Research*, *22*(1), Article 744. https://informationr.net/ir/22-1/paper744.html

Lakens, D. (2020). Pandemic researchers: Recruit your own best critics. *Nature*, *581*(7807), 121. https://doi.org/10.1038/d41586-020-01392-8

Lakens, D. (2023). Is my study useless? Why researchers need methodological review boards. *Nature*, *613*(7942), 9. https://doi.org/10.1038/d41586-022-04504-8

Lakens, D., Scheel, A. M., & Isager, P. M. (2018). Equivalence testing for psychological research: A tutorial. *Advances in Methods and Practices in Psychological Science*, *1*(2), 259-269. https://doi.org/10.1177/2515245918770963

Lanchester, F. W. (1916). *Aircraft in warfare: The dawn of the fourth arm*. Constable limited.

Langlois, J. H., & Roggman, L. A. (1990). Attractive faces are only average. *Psychological Science*, *1*(2), 115-121. https://doi.org/10.1111/j.1467-9280.1990.tb00079.x

Laudan, L. (1983). The demise of the demarcation problem. In R. S. Cohen & L. Laudan (Eds.), *Physics, philosophy and psychoanalysis: Essays in honour of Adolf Grünbaum* (pp. 111-127). Springer. https://doi.org/10.1007/978-94-009-7055-7_6

Lilienfeld, S. O. (2012). Public skepticism of psychology: Why many people perceive the study of human behavior as unscientific. *American Psychologist*, *67*(2), 111-129. https://doi.org/10.1037/a0023963

List, B. (2017). Crowd-based peer review can be good and fast. *Nature*, *546*(7656), 9. https://doi.org/10.1038/546009a

Liu, H., Yang, J., & Yamada, Y. (2020). Heat and fraud: Evaluating how room temperature influences fraud likelihood. *Cognitive Research: Principles and Implications*, *5*, Article 60. https://doi.org/10.1186/s41235-020-00261-2

Loken, E., & Gelman, A. (2017). Measurement error and the replication crisis. *Science*, *355*(6325), 584-585. https://doi.org/10.1126/science.aal3618

Lundh, L.-G. (2019). The crisis in psychological science and the need for a person-oriented approach. In J. Valsiner (Ed.), *Social philosophy of science for the social sciences* (pp. 203-223). Springer International Publishing. https://doi.org/10.1007/978-3-030-33099-6_12

Machery, E. (2020). What is a replication? *Philosophy of Science, 87*(4), 545-567. https://doi.org/10.1086/709701

Maciocci, G., Aufreiter, M., & Bentley, N. (2019). Introducing eLife's first computationally reproducible article. *eLife Labs.* https://elifesciences.org/labs/ad58f08d/introducing-elife-s-first-computationally-reproducible-article

Mackay, N., & Price, C. (2011). Safety in numbers: Ideas of concentration in Royal Air Force fighter defence from Lanchester to the Battle of Britain. *History, 96*(323), 304-325. https://doi.org/10.1111/j.1468-229X.2011.00521.x

Mackworth, N. H. (1948). The breakdown of vigilance during prolonged visual search. *Quarterly Journal of Experimental Psychology, 1*(1), 6-21. https://doi.org/10.1080/17470214808416738

Mackworth, N. H. (1956). Vigilance. *Nature, 178*(4547), 1375-1377. https://doi.org/10.1038/1781375a0

Makin, A. D. J., Rahman, A., & Bertamini, M. (2020). No effect of multi-axis dot pattern symmetry on subjective duration. *PLoS ONE, 15*(12), Article e0238554. https://doi.org/10.1371/journal.pone.0238554

Manning, P. (2022, July 27). *University of Fukui professor called out for fake peer review, loses "love hormone" paper.* Retraction Watch. https://retractionwatch.com/2022/07/27/university-of-fukui-professor-called-out-for-fake-peer-review-loses-love-hormone-paper/

Marmolejo-Ramos, F., Elosúa, M. R., Yamada, Y., Hamm, N. F., & Noguchi, K. (2013). Appraisal of space words and allocation of emotion words in bodily space. *PLoS ONE, 8*(12), Article e81688. https://doi.org/10.1371/journal.pone.0081688

Marston, S. A., Jones III, J. P., & Woodward, K. (2005). Human geography without scale. *Transactions of the Institute of British Geographers, 30*(4), 416-432. http://www.jstor.org/stable/3804505

Marwick, B., Wang, L.-Y., Robinson, R., & Loiselle, H. (2020). How to use replication assignments for teaching integrity in empirical archaeology. *Advances in Archaeological Practice, 8*(1), 78-86. https://doi.org/10.1017/aap.2019.38

益田佳卓 (2022).『ラジカルランダマイゼーションを用いたフラッシュ顔変形効果の一般化可能性の探索』九州大学大学院人間環境学府修士論文 https://catalog.lib.kyushu-u.ac.jp/opac_detail_md/?lang=0&amode=MD823&bibid=6776839

McAndrew, W. P., & Roth, M. G. (2016). Up from "Arts and Crafts": Division of Labor in Forensic

Science Laboratories. *Forensic Science Policy & Management, 7*(3-4), 61-68. https://doi.org/10.10
80/19409044.2016.1153173

McGrath, J. E. (1981). Dilemmatics: The study of research choices and dilemmas. *American Behavioral Scientist, 25*(2), 179-210. https://doi.org/10.1177/000276428102500205

Medical English Service (2018, August 31).「PubPeer と出版後査読の重要性」Science News. https://www.med-english.com/news/vol38.php

Meehl, P. E. (1967). Theory-testing in psychology and physics: A methodological paradox. *Philosophy of Science, 34*(2), 103-115. https://doi.org/10.1086/288135

Meehl, P. E. (1984). Foreword. In D. Faust (Ed.), *The limits of scientific reasoning* (pp. 11-25). University of Minnesota Press.

microPublication Biology (n.d.). https://www.micropublication.org/journals/biology

右田晃一・井上和哉 (2023).「事前登録追試研究：空間的視点取得と共感的視点取得の関係の再検討」『パーソナリティ研究』*31*(3), 191-193. https://doi.org/10.2132/personality.31.3.8

三中信宏 (2016).「統計学の現場は一枚岩ではない」『心理学評論』*59*(1), 123-128. https://doi.org/10.24602/sjpr.59.1_123

MinDAO (n.d.). https://www.mindao.org/

三浦麻子・友永雅己・原田悦子・山田祐樹・竹澤正哲 (2019).「心理学研究の新しいかたち CHANGE we can believe in――特集号の刊行にあたって」『心理学評論』*62*(3), 197-204. https://doi.org/10.24602/sjpr.62.3_197

三浦佳世編 (2016).『感性認知――アイステーシスの心理学』北大路書房

Miyakawa, T. (2020). No raw data, no science: Another possible source of the reproducibility crisis. *Molecular Brain, 13*, Article 24. https://doi.org/10.1186/s13041-020-0552-2

宮下英之 (2021, April 27).「e スポーツ界にはびこる不正行為, 『チート』の現実とは？」Esports World. https://esports-world.jp/column/10307

Mogil, J. S., & Macleod, M. R. (2017). No publication without confirmation. *Nature, 542*(7642), 409-411. https://doi.org/10.1038/542409a

Moher, D., Bouter, L., Kleinert, S., Glasziou, P., Sham, M. H., Barbour, V., Coriat, A.-M., Foeger, N., & Dirnagl, U. (2020). The Hong Kong Principles for assessing researchers: Fostering research integrity. *PLOS Biology, 18*(7), Article e3000737. https://doi.org/10.1371/journal.pbio.3000737

Montagnes, D. J. S., Montagnes, E. I., & Yang, Z. (2022). Finding your scientific story by writing backwards. *Marine Life Science & Technology, 4*(1), 1-9. https://doi.org/10.1007/s42995-021-00120-z

Moors, A., & De Houwer, J. (2006). Automaticity: A theoretical and conceptual analysis.

Psychological Bulletin, 132(2), 297-326. https://doi.org/10.1037/0033-2909.132.2.297

Moradi, S. (2019). Publication should not be a prerequisite to obtaining a PhD. *Nature Human Behaviour, 3*(10), 1025. https://doi.org/10.1038/s41562-019-0690-7

Mori, Y., Takashima, K., Ueda, K., Sasaki, K., & Yamada, Y. (2022). Trinity review: Integrating Registered Reports with research ethics and funding reviews. *BMC Research Notes, 15*, Article 184. https://doi.org/10.1186/s13104-022-06043-x

Munafò, M. R., & Davey Smith, G. (2018). Robust research needs many lines of evidence. *Nature, 553*(7689), 399-401. https://doi.org/10.1038/d41586-018-01023-3

Nakagawa, S., Ivimey-Cook, E. R., Grainger, M. J., O'Dea, R. E., Burke, S., Drobniak, S. M., Gould, E., Macartney, E. L., Martinig, A. R., Morrison, K., Paquet, M., Pick, J. L., Pottier, P., Ricolfi, L., Wilkinson, D. P., Willcox, A., Williams, C., Wilson, L. A. B., Windecker, S. M., ... Lagisz, M. (2023). Method Reporting with Initials for Transparency (MeRIT) promotes more granularity and accountability for author contributions. *Nature Communications, 14*, Article 1788. https://doi.org/10.1038/s41467-023-37039-1

Nature (2023a). Research assessment exercises are necessary - but we need to learn to do them better. *Nature, 617*(7961), 437. https://doi.org/10.1038/d41586-023-01611-y

Nature (2023b). *Nature* welcomes Registered Reports. *Nature, 614*(7949), 594. https://doi.org/10.1038/d41586-023-00506-2

Nature (2023c). Tools such as ChatGPT threaten transparent science; here are our ground rules for their use. *Nature, 613*(7945), 612. https://doi.org/10.1038/d41586-023-00191-1

Nature Human Behaviour (2019). How we evaluate your manuscripts. *Nature Human Behaviour, 3*(11), 1127-1128. https://doi.org/10.1038/s41562-019-0778-0

Navarrete-Cortes, J., Fernández-López, J. A., López-Baena, A., Quevedo-Blasco, R., & Buela-Casal, G. (2010). Global psychology: A bibliometric analysis of Web of Science publications. *Universitas Psychologica, 9*(2), 567-582. https://doi.org/10.11144/Javeriana.upsy9-2.gpba

Neuroskeptic (2012). The nine circles of scientific hell. *Perspectives on Psychological Science, 7*(6), 643-644. https://doi.org/10.1177/1745691612459519

日本経済新聞 (2019, Desember 14).「心理学実験，再現できず信頼揺らぐ　学界に見直す動き」https://www.nikkei.com/article/DGXMZO53325930T11C19A2MY1000/

日本心理学会 (2015).「特集：その心理学信じていいですか？」『心理学ワールド』68. https://psych.or.jp/publication/world068/

日本心理学会 (2022).『執筆・投稿の手びき（2022 年版）』https://psych.or.jp/manual

日本心理学会監修，楠見孝編 (2018).『心理学って何だろうか？──四千人の調査から見える期待と現実』誠信書房

Nitta, H., Tomita, H., Zhang, Y., Zhou, X., & Yamada, Y. (2018). Disgust and the rubber hand illusion: A registered replication report of Jalal, Krishnakumar, and Ramachandran (2015). *Cognitive Research: Principles and Implications*, *3*, Article 15. https://doi.org/10.1186/s41235-018-0101-z

Nogrady, B. (2023). Hyperauthorship: The publishing challenges for 'big team' science. *Nature*, *615*(7950), 175-177. https://doi.org/10.1038/d41586-023-00575-3

野村和博 (2020, July 10).「アビガン臨床研究で結果，有意差無しも『有効な可能性』 ―― 藤田医科大学が発表，200 人対象なら検出力満たしたか」『日経バイオテク』https://bio.nikkeibp.co.jp/atcl/news/p1/20/07/10/07183/

Norman, C. (1974). Guinea-pig charters. *Nature*, *251*(5470), 2-3. https://doi.org/10.1038/251002a0

Nosek, B. A., Ebersole, C. R., DeHaven, A. C., & Mellor, D. T. (2018). The preregistration revolution. *Proceedings of the National Academy of Sciences of the United States of America*, *115*(11), 2600-2606. https://doi.org/10.1073/pnas.1708274114

Nosek, B. A., & Errington, T. M. (2020). What is replication? *PLOS Biology*, *18*(3), Article e3000691. https://doi.org/10.1371/journal.pbio.3000691

Nuijten, M. B., Hartgerink, C. H. J., van Assen, M. A. L. M., Epskamp, S., & Wicherts, J. M. (2016). The prevalence of statistical reporting errors in psychology (1985-2013). *Behavior Research Methods*, *48*(4), 1205-1226. https://doi.org/10.3758/s13428-015-0664-2

Oberauer, K., & Lewandowsky, S. (2019). Addressing the theory crisis in psychology. *Psychonomic Bulletin & Review*, *26*(5), 1596-1618. https://doi.org/10.3758/s13423-019-01645-2

Obradović, S. (2019). Publication pressures create knowledge silos. *Nature Human Behaviour*, *3*(10), 1028. https://doi.org/10.1038/s41562-019-0674-7

緒方康介 (2021).「大学生は誰から犯罪心理学を学んでいるのか？―― 『司法・犯罪心理学』担当教員の実態」『犯罪心理学研究』*59*(1), 29-40. https://doi.org/10.20754/jjcp.59.1_29

Ojiro, Y., Gobara, A., Nam, G., Sasaki, K., Kishimoto, R., Yamada, Y., & Miura, K. (2015). Two replications of "Hierarchical encoding makes individuals in a group seem more attractive (2014; Experiment 4)". *The Quantitative Methods for Psychology*, *11*(2), r8-r11. https://doi.org/10.20982/tqmp.11.2.r008

Oka, T., Takashima, K., Ueda, K., Mori, Y., Sasaki, K., Hamada, H. T., Yamagata, M., & Yamada, Y. (2022). Autonomous, bidding, credible, decentralized, ethical, and funded (ABCDEF) publishing. *PsyArXiv*. https://doi.org/10.31234/osf.io/t4kcm

大久保街亜・岡田謙介 (2012).『伝えるための心理統計 ―― 効果量・信頼区間・検定力』勁草書房

O'Mahony, C., Brassil, M., Murphy, G., & Linehan, C. (2023). The efficacy of interventions in reducing belief in conspiracy theories: A systematic review. *PLoS ONE, 18*(4), Article e0280902. https://doi.org/10.1371/journal.pone.0280902

小野寺夏生・伊神正貫 (2016).「研究計量に関するライデン声明について」『STI Horizon』 *2*(4), 35-39. http://doi.org/10.15108/stih.00050

Open Science Collaboration (2015). Estimating the reproducibility of psychological science. *Science, 349*(6251), aac4716. https://doi.org/10.1126/science.aac4716

Orben, A. (2019). A journal club to fix science. *Nature, 573*(7775), 465. https://doi.org/10.1038/d41586-019-02842-8

Orben, A., & Lakens, D. (2020). Crud (re)defined. *Advances in Methods and Practices in Psychological Science, 3*(2), 238-247. https://doi.org/10.1177/2515245920917961

OSF (n.d.). https://osf.io/

Ouhnana, M., Bell, J., Solomon, J. A., & Kingdom, F. A. A. (2013). Aftereffect of perceived regularity. *Journal of Vision, 13*(8), Article 18. https://doi.org/10.1167/13.8.18

Pal, A., Parmar, A., & Sharma, P. (2022). Predatory Awards: The new threat in the block. *Indian Journal of Psychological Medicine, 44*(5), 533-535. https://doi.org/10.1177/02537176211042181

Parsons, S., Azevedo, F., Elsherif, M. M., Guay, S., Shahim, O. N., Govaart, G. H., Norris, E., O'Mahony, A., Parker, A. J., Todorovic, A., Pennington, C. R., Garcia-Pelegrin, E., Lazić, A., Robertson, O., Middleton, S. L., Valentini, B., McCuaig, J., Baker, B. J., Collins, E., ... Aczel, B. (2022). A community-sourced glossary of open scholarship terms. *Nature Human Behaviour, 6*, 312-318. https://doi.org/10.1038/s41562-021-01269-4

parumo (2022, April 3).「素人が抑えるべき科学論文の見方。まずは査読に注意しよう」カラパイア https://karapaia.com/archives/52311551.html

Paruzel-Czachura, M., Baran, L., & Spendel, Z. (2021). Publish or be ethical? Publishing pressure and scientific misconduct in research. *Research Ethics, 17*(3), 375-397. https://doi.org/10.1177/1747016120980562

Pashler, H., & Harris, C. R. (2012). Is the replicability crisis overblown? Three arguments examined. *Perspectives on Psychological Science, 7*(6), 531-536. https://doi.org/10.1177/1745691612463401

Patil, P., Peng, R. D., & Leek, J. T. (2016). What should researchers expect when they replicate studies? A statistical view of replicability in psychological science. *Perspectives on Psychological Science, 11*(4), 539-544. https://doi.org/10.1177/1745691616646366

Paulus, F. M., Rademacher, L., Schäfer, T. A. J., Müller-Pinzler, L., & Krach, S. (2015). Journal impact factor shapes scientists' reward signal in the prospect of publication. *PLoS ONE, 10*(11),

Article e0142537. https://doi.org/10.1371/journal.pone.0142537

Pennycook, G., McPhetres, J., Zhang, Y., Lu, J. G., & Rand, D. G. (2020). Fighting COVID-19 misinformation on social media: Experimental evidence for a scalable accuracy-nudge intervention. *Psychological Science, 31*(7), 770-780. https://doi.org/10.1177/0956797620939054

Pessoa, L. (2017). Cognitive-motivational interactions: Beyond boxes-and-arrows models of the mind-brain. *Motivation Science, 3*(3), 287-303. https://doi.org/10.1037/mot0000074

Phaf, R. H. (2020). Publish less, read more. *Theory & Psychology, 30*(2), 263-285. https://doi.org/10.1177/0959354319898250

Pham, M. T., & Oh, T. T. (2021). Preregistration is neither sufficient nor necessary for good science. *Journal of Consumer Psychology, 31*(1), 163-176. https://doi.org/10.1002/jcpy.1209

Popper, K. R. (1959). *The logic of scientific discovery*. Hutchinson.

PPS 読書会 (n.d.). 「『実験結果の再現可能性』特集号読書会」 https://sites.google.com/site/ppsjournalclub/

preLights (n.d.). https://prelights.biologists.com/

Psychological Micro Reports (n.d.). https://sites.google.com/view/pmr-journal/

Psychological Science Accelerator Self-Determination Theory Collaboration (2022). A global experiment on motivating social distancing during the COVID-19 pandemic. *Proceedings of the National Academy of Sciences, 119*(22), Article e2111091119. https://doi.org/10.1073/pnas.2111091119

PubPeer (2014). Stimulus-triggered fate conversion of somatic cells into pluripotency. *PubPeer.* https://pubpeer.com/publications/8B755710BADFE6FB0A848A44B70F7D

PubPeer (2016). The role of orientation processing in the scintillating grid illusion. *PubPeer.* https://pubpeer.com/publications/485764BA35AEE0C8CB19797D428242#

PubPeer (n.d.). https://pubpeer.com/

Rai, A., Batra, D., & Meier, F. (2023, March 31). *Robots that learn from videos of human activities and simulated interactions*. Meta. https://ai.meta.com/blog/robots-learning-video-simulation-artificial-visual-cortex-vc-1/

Raymond, J. E., Shapiro, K. L., & Arnell, K. M. (1992). Temporary suppression of visual processing in an RSVP task: An attentional blink? *Journal of Experimental Psychology: Human Perception and Performance, 18*(3), 849-860. https://doi.org/10.1037/0096-1523.18.3.849

Rechavi, O., & Tomancak, P. (2023). Who did what: Changing how science papers are written to detail author contributions. *Nature Reviews Molecular Cell Biology, 24*, 519-520. https://doi.org/10.1038/s41580-023-00587-x

Resnick, B. (2016, September 30). *A bot crawled thousands of studies looking for simple math errors.*

The results are concerning: "Statcheck" is a program that automatically detects errors in psychology papers. Vox. https://www.vox.com/science-and-health/2016/9/30/13077658/statcheck-psychology-replication

Retraction Watch Database (n.d.). http://retractiondatabase.org/

Riley, J. W., Jr. (1958). Proceedings of the thirteenth conference on Public Opinion Research. *Public Opinion Quarterly, 22*(2), 169-216. http://www.jstor.org/stable/2746656

Riordan, C. A., & Marlin, N. A. (1987). Some good news about some bad practices. *American Psychologist, 42*(1), 104-106. https://doi.org/10.1037/0003-066X.42.1.104.b

Roderick, G. K., & Gillespie, R. G. (1998). Speciation and phylogeography of Hawaiian terrestrial arthropods. *Molecular Ecology, 7*(4), 519-531. https://doi.org/10.1046/j.1365-294x.1998.00309.x

Roediger III, H. L. (2007). Twelve tips for authors. *Observer, 20*(6). https://www.psychologicalscience.org/observer/twelve-tips-for-authors

Romero, F. (2018). Who should do replication labor? *Advances in Methods and Practices in Psychological Science, 1*(4), 516-537. https://doi.org/10.1177/2515245918803619

六方晶は夜を綴らない［@precipitatedHCP］(2022, December 19).「この前査読した論文のレヴュアー数ワロタ。この人数からのコメントをまとめて投げられたら著者泣くだろ。［画像貼付］［Tweet］」Twitter. https://twitter.com/precipitatedHCP/status/1604807267588616197?s=20&t=xnEnwtUyJGu2EnEmZmmQOQ

Ross-Hellauer, T. (2017). What is open peer review? A systematic review. *F1000Research, 6*, Article 588. https://doi.org/10.12688/f1000research.11369.2

Rouder, J. N. (2016). The what, why, and how of born-open data. *Behavior Research Methods, 48*(3), 1062-1069. https://doi.org/10.3758/s13428-015-0630-z

Rubin, M. (2017). When does HARKing hurt? Identifying when different types of undisclosed post hoc hypothesizing harm scientific progress. *Review of General Psychology, 21*(4), 308-320. https://doi.org/10.1037/gpr0000128

Rubin, M. (2020). Does preregistration improve the credibility of research findings? *The Quantitative Methods for Psychology, 16*(4), 376-390. https://doi.org/10.20982/tqmp.16.4.p376

Rubin, M. (2023). Questionable metascience practices. *Journal of Trial & Error.* https://doi.org/10.36850/mr4

Ruggeri, K., Haslam, S., Capraro, V., Boggio, P., Ellemers, N., Cichoka, A., Douglas, K., Rand, D., van der Linden, S., Cikara, M., Finkel, E., Druckman, J., Wohl, M., Petty, R., Tucker, J., Shariff, A., Gelfand, M., Packer, D., Jetten, J., ... & Willer, R. (2023). A synthesis of evidence for policy from behavioral science during COVID-19. *Nature.* https://doi.org/10.1038/s41586-023-06840-9

Ruggeri, K., Panin, A., Vdovic, M., Većkalov, B., Abdul-Salaam, N., Achterberg, J., Akil, C., Amatya,

J., Amatya, K., Andersen, T. L., Aquino, S. D., Arunasalam, A., Ashcroft-Jones, S., Askelund, A. D., Ayacaxli, N., Sheshdeh, A. B., Bailey, A., Barea Arroyo, P., Mejía, G. B., ... García-Garzon, E. (2022). The globalizability of temporal discounting. *Nature Human Behaviour, 6*(10), 1386-1397. https://doi.org/10.1038/s41562-022-01392-w

﨑村耕二 (2017).『最新 英語論文によく使う表現 基本編』創元社

Sasaki, K., & Yamada, Y. (2017). Regular is longer. *I-Perception, 8*(5). https://doi.org/10.1177/2041669517728944

Sasaki, K., & Yamada, Y. (2020a). Boosting immunity of the registered reports system in psychology to the pandemic. *Frontiers in Research Metrics and Analytics, 5*, Article 607257. https://doi.org/10.3389/frma.2020.607257

Sasaki, K., & Yamada, Y. (2020b). Regularity ≠ symmetry: A comment on Makin, Rahman, and Bertamini (2020). *PsyArXiv.* https://doi.org/10.31234/osf.io/fqmce

佐々木恭志郎・山田祐樹 (2020).「実験心理学者も快適に論文投稿したい」『認知心理学会テクニカルレポート』COGPSY-TR-007, 1-6. http://cogpsy.jp/wp/wp-content/uploads/COGPSY-TR-007.pdf

佐々木恭志郎・米満文哉・山田祐樹 (2019).「利き手側の良さ──事前登録された Casasanto（2009）の直接的追試」『心理学評論』62(3), 262-271. https://www.jstage.jst.go.jp/article/sjpr/62/3/62_262/_article/-char/ja/

Scheel, A. M., Schijen, M. R. M. J., & Lakens, D. (2021). An excess of positive results: Comparing the standard psychology literature with registered reports. *Advances in Methods and Practices in Psychological Science, 4*(2). https://doi.org/10.1177/25152459211007467

Schimmack, U. (2021). The validation crisis in psychology. *Meta-Psychology, 5*. https://doi.org/10.15626/MP.2019.1645

Schnall, S. (2014, November 18). *Moral intuitions, replication, and the scientific study of human nature.* Edge. https://www.edge.org/conversation/simone_schnall-simone-schnall-moral-intuitions-replication-and-the-scientific-study-of

Schooler, J. W. (2014). Metascience could rescue the 'replication crisis'. *Nature, 515*(7525), 9. https://doi.org/10.1038/515009a

Schweinsberg, M., Feldman, M., Staub, N., van den Akker, O. R., van Aert, R. C. M., van Assen, M. A. L. M., Liu, Y., Althoff, T., Heer, J., Kale, A., Mohamed, Z., Amireh, H., Venkatesh Prasad, V., Bernstein, A., Robinson, E., Snellman, K., Amy Sommer, S., Otner, S. M. G., Robinson, D., ... Luis Uhlmann, E. (2021). Same data, different conclusions: Radical dispersion in empirical results when independent analysts operationalize and test the same hypothesis. *Organizational Behavior and Human Decision Processes, 165*, 228-249. https://doi.org/10.1016/

j.obhdp.2021.02.003

Scientific American (2009, January 29). *Voodoo correlations: Have the results of some brain scanning experiments been overstated?* Scientific American. https://www.scientificamerican.com/article/brain-scan-results-overstated/

Seitz, A. R., Kim, D., & Watanabe, T. (2009). Rewards evoke learning of unconsciously processed visual stimuli in adult humans. *Neuron, 61*(5), 700-707. https://doi.org/10.1016/j.neuron.2009.01.016

Sever, R. (2023). Preprint review should form part of PhD programmes and postdoc training. *Nature, 613*(7944), 415. https://doi.org/10.1038/d41586-023-00085-2

Shadish, W. R., Jr. (1989). The perception and evaluation of quality in science. In B. Gholson, W. R. Shadish, Jr., R. A. Neimeyer, & A. C. Houts (Eds.), *Psychology of science: Contributions to metascience* (pp. 383-426). Cambridge University Press.

Shafer, G. (2020). On the nineteenth century origins of significance testing and *p*-hacking. *The Game-theoretic Probability and Finance Project*. Working paper 55.

Sheth, B. R., Nijhawan, R., & Shimojo, S. (2000). Changing objects lead briefly flashed ones. *Nature Neuroscience, 3*(5), 489-495. https://doi.org/10.1038/74865

心理学評論刊行会 (2016). 「特集：心理学の再現可能性」『心理学評論』 *59*(1). https://www.jstage.jst.go.jp/browse/sjpr/59/1/_contents/-char/ja

Silberzahn, R., Uhlmann, E. L., Martin, D. P., Anselmi, P., Aust, F., Awtrey, E., Bahník, Š., Bai, F., Bannard, C., Bonnier, E., Carlsson, R., Cheung, F., Christensen, G., Clay, R., Craig, M. A., Dalla Rosa, A., Dam, L., Evans, M. H., Flores Cervantes, I., ... Nosek, B. A. (2018). Many analysts, one data set: Making transparent how variations in analytic choices affect results. *Advances in Methods and Practices in Psychological Science, 1*(3), 337-356. https://doi.org/10.1177/2515245917747646

Siler, K., Vincent-Lamarre, P., Sugimoto, C. R., & Larivière, V. (2021). Predatory publishers' latest scam: Bootlegged and rebranded papers. *Nature, 598*(7882), 563-565. https://doi.org/10.1038/d41586-021-02906-8

Simmons, J. P., Nelson, L. D., & Simonsohn, U. (2011). False-positive psychology: Undisclosed flexibility in data collection and analysis allows presenting anything as significant. *Psychological Science, 22*(11), 1359-1366. https://doi.org/10.1177/0956797611417632

Simmons, J., Nelson, L., & Simonsohn, U. (2012). A 21 word solution. *Dialogue: The Official Newsletter of the Society for Personality and Social Psychology, 26*(2), 4-7. https://psychologicalsciences.unimelb.edu.au/__data/assets/pdf_file/0004/2888095/21-word-solution.pdf

Simmons, J. P., Nelson, L. D., & Simonsohn, U. (2018). False-positive citations. *Perspectives on Psychological Science, 13*(2), 255-259. https://doi.org/10.1177/1745691617698146

Simons, D. J., Shoda, Y., & Lindsay, D. S. (2017). Constraints on Generality (COG): A proposed addition to all empirical papers. *Perspectives on Psychological Science, 12*(6), 1123-1128. https://doi.org/10.1177/1745691617708630

Simonsohn, U., Nelson, L. D., & Simmons, J. P. (2014). P-curve: A key to the file-drawer. *Journal of Experimental Psychology: General, 143*(2), 534-547. http://doi.org/10.1037/a0033242

Singh Chawla, D. (2016, September 2). *Here's why more than 50,000 psychology studies are about to have PubPeer entries.* Retraction Watch. https://retractionwatch.com/2016/09/02/heres-why-more-than-50000-psychology-studies-are-about-to-have-pubpeer-entries/

Singh Chawla, D. (2023). Unearned authorship pervades science. *Nature.* https://doi.org/10.1038/d41586-023-00016-1

Smith, J. (1994). Gift authorship: A poisoned chalice? *BMJ, 309*(6967), 1456-1457. https://doi.org/10.1136/bmj.309.6967.1456

Snoek, A. (2019). Why publishing should be a pleasure, not a pressure. *Nature Human Behaviour, 3*(10), 1032. https://doi.org/10.1038/s41562-019-0668-5

Sohn, R. (2023, February 13). *Paper with authorship posted for sale retracted over a year after Retraction Watch report.* Retraction Watch. https://retractionwatch.com/2023/02/13/paper-with-authorship-posted-for-sale-retracted-over-a-year-after-retraction-watch-report/

Solmi, M., Estradé, A., Thompson, T., Agorastos, A., Radua, J., Cortese, S., Dragioti, E., Leisch, F., Vancampfort, D., Thygesen, L. C., Aschauer, H., Schloegelhofer, M., Akimova, E., Schneeberger, A., Huber, C. G., Hasler, G., Conus, P., Cuénod, K. Q. D., von Känel, R., ... Correll, C. U. (2022). Physical and mental health impact of COVID-19 on children, adolescents, and their families: The Collaborative Outcomes study on Health and Functioning during Infection Times - Children and Adolescents (COH-FIT-C&A). *Journal of Affective Disorders, 299*, 367-376. https://doi.org/10.1016/j.jad.2021.09.090

杣取恵太・国里愛彦 (2019).「アンヘドニア（anhedonia）と遅延割引──Lempert & Pizzagalli（2010）の追試」『心理学評論』*62*(3), 231-243. https://doi.org/10.24602/sjpr.62.3_231

Spielman, R. M., Dumper, K., Jenkins, W., Lacombe, A., Lovett, M., & Perlmutter, M. (2014). Psychology. *OpenStax.* https://openstax.org/books/psychology/pages/1-introduction

Spivak, G. C. (2003). *Death of a discipline.* Columbia University Press.

Ssenyonga, N., Stiller, C., Nakata, K., Shalkow, J., Redmond, S., Bulliard, J.-L., Girardi, F., Fowler, C., Marcos-Gragera, R., Bonaventure, A., Saint-Jacques, N., Minicozzi, P., De, P.,

Rodríguez-Barranco, M., Larønningen, S., Di Carlo, V., Mägi, M., Valkov, M., Seppä, K., ... CONCORD Working Group (2022). Worldwide trends in population-based survival for children, adolescents, and young adults diagnosed with leukaemia, by subtype, during 2000-14 (CONCORD-3): Analysis of individual data from 258 cancer registries in 61 countries. *The Lancet. Child & Adolescent Health*, *6*(6), 409-431. https://doi.org/10.1016/S2352-4642(22)00095-5

Stäger, L., Roel Lesur, M., & Lenggenhager, B. (2021). What am I drinking? Vision modulates the perceived flavor of drinks, but no evidence of flavor altering color perception in a mixed reality paradigm. *Frontiers in Psychology*, *12*, Article 641069. https://doi.org/10.3389/fpsyg.2021.641069

Stanovich, K. E. (1989). *How to think straight about psychology* (2nd ed.). Scott, Foresman & Co.（スタノヴィッチ, K. E., 金坂弥起監訳 (2016).『心理学をまじめに考える方法 —— 真実を見抜く批判的思考』誠信書房）

Stanovich, K. E. (2013). *How to think straight about psychology* (10th ed.). Pearson Education.

Starns, J. J., Cataldo, A. M., Rotello, C. M., Annis, J., Aschenbrenner, A., Bröder, A., Cox, G., Criss, A., Curl, R. A., Dobbins, I. G., Dunn, J., Enam, T., Evans, N. J., Farrell, S., Fraundorf, S. H., Gronlund, S. D., Heathcote, A., Heck, D. W., Hicks, J. L., ... Wilson, J. (2019). Assessing theoretical conclusions with blinded inference to investigate a potential inference crisis. *Advances in Methods and Practices in Psychological Science*, *2*(4), 335-349. https://doi.org/10.1177/2515245919869583

Stefan, A. M., & Schönbrodt, F. D. (2023). Big little lies: A compendium and simulation of *p*-hacking strategies. *Royal Society Open Science*, *10*(2), Article 220346. https://doi.org/10.1098/rsos.220346

Sterling, T. D. (1959). Publication decisions and their possible effects on inferences drawn from tests of significance—or vice versa. *Journal of the American Statistical Association*, *54*(285), 30-34. https://doi.org/10.1080/01621459.1959.10501497

Stoevenbelt, A. H. (2019). Reward PhDs' high-quality, slow science. *Nature Human Behaviour*, *3*(10), 1033. https://doi.org/10.1038/s41562-019-0694-3

Strack, F., Martin, L. L., & Stepper, S. (1988). Inhibiting and facilitating conditions of the human smile: A nonobtrusive test of the facial feedback hypothesis. *Journal of Personality and Social Psychology*, *54*(5), 768-777. https://doi.org/10.1037//0022-3514.54.5.768

Stroebe, W., & Strack, F. (2014). The alleged crisis and the illusion of exact replication. *Perspectives on Psychological Science*, *9*(1), 59-71. https://doi.org/10.1177/1745691613514450

StudySwap (n.d.). https://osf.io/meetings/StudySwap

Syed, M. (2021). Reproducibility, diversity, and the crisis of inference in psychology. *PsyArXiv*.

https://doi.org/10.31234/osf.io/89buj

手記千号 (2021a, September 3).「心理学は信頼できるのか？　再現性の問題【心理学】」 note. https://note.com/s1000s/n/n535be7155581

手記千号 (2021b, September 11).「心理学・行動経済学等の著名な研究論文が次々に追試失敗【心理学】」note. https://note.com/s1000s/n/na0dbd2e8632d

立花恵理・御領謙 (2013).「ターゲット間の時間差の関数としての Attentional Blink——漢字系列中の仮名探索課題における加齢効果の検討を通して」『発達教育学研究』7, 77-87. http://hdl.handle.net/11173/196

武田美亜 (2016).「再現可能性の問題から始める心理学研究の『バックヤードツアー』——科学技術コミュニケーションの観点からのコメント」『心理学評論』59(1), 129-132. https://doi.org/10.24602/sjpr.59.1_129

田中優子・犬塚美輪・藤本和則 (2022).「誤情報持続効果をもたらす心理プロセスの理解と今後の展望—— 誤情報の制御に向けて」『認知科学』29(3), 509-527. https://doi.org/10.11225/cs.2022.003

Tangen, J. M., Murphy, S. C., & Thompson, M. B. (2011). Flashed face distortion effect: Grotesque faces from relative spaces. *Perception*, *40*(5), 628-630. https://doi.org/10.1068/p6968

谷井将人 (2023, March 8).「『当社なら必ず有意差を出せます！』　臨床試験を絶対クリアさせるサービスが登場し物議　意図を聞いた」Itmedia NEWS. https://www.itmedia.co.jp/news/articles/2303/08/news189.html

Teixeira da Silva, J. A. (2016). On the abuse of online submission systems, fake peer reviews and editor-created accounts. *Persona Y Bioética*, *20*(2), 151-158. https://doi.org/10.5294/PEBI.2016.20.2.3

Teixeira da Silva, J. A., Moradzadeh, M., Yamada, Y., Dunleavy, D. J., & Tsigaris, P. (2023). Cabells' Predatory Reports criteria: Assessment and proposed revisions. *The Journal of Academic Librarianship*, *49*(1), Article 102659. https://doi.org/10.1016/j.acalib.2022.102659

Teixeira da Silva, J. A., & Yamada, Y. (2021). An extended state of uncertainty: A snap-shot of expressions of concern in neuroscience. *Current Research in Behavioral Sciences*, *2*, Article 100045. https://doi.org/10.1016/j.crbeha.2021.100045

寺田晃他 (1988).「『教育心理学研究』の方向性とあり方を考える—— 最近の動向を通して」『教育心理学年報』27, 20-29. https://doi.org/10.5926/arepj1962.27.0_20

Terwiesch, C. (2023). Would chat GPT3 get a wharton MBA? A prediction based on its performance in the operations management course. Mack Institute for Innovation Management at the Wharton School, University of Pennsylvania. https://mackinstitute.wharton.upenn.edu/wp-content/uploads/2023/01/Christian-Terwiesch-Chat-GTP.pdf

Thorp, H. H. (2023). ChatGPT is fun, but not an author. *Science*, *379*(6630), 313. https://doi.org/10.1126/science.adg7879

Thorp, H. H., & Vinson, V. (2023). Editor's note. *Science*, *379*(6636), 991. https://doi.org/10.1126/science.adh3689

Tijdink, J. K., Smulders, Y. M., & Bouter, L. M. (2017). Publiphilia Impactfactorius: A new psychiatric syndrome among biomedical scientists? *PeerJ Preprints*, *5*, Article e3347v1. https://doi.org/10.7287/peerj.preprints.3347v1

Tijdink, J. K., Verbeke, R., & Smulders, Y. M. (2014). Publication pressure and scientific misconduct in medical scientists. *Journal of Empirical Research on Human Research Ethics*, *9*(5), 64-71. https://doi.org/10.1177/1556264614552421

Tim Smits［@TimSmitsTim］(2014, June 16). *@dalejbarr let us call that p-slacking* [Tweet]. Twitter. https://twitter.com/TimSmitsTim/status/478293738461356032

Tiokhin, L., Panchanathan, K., Lakens, D., Vazire, S., Morgan, T., & Zollman, K. (2021). Honest signaling in academic publishing. *PLoS ONE*, *16*(2), Article e0246675. https://doi.org/10.1371/journal.pone.0246675

Tomkins, S. (1962). *Affect imagery consciousness. Vol. 1: The positive affects*. Springer Publishing Company.

Tononi, G. (2004). An information integration theory of consciousness. *BMC Neuroscience*, *5*, Article 42. https://doi.org/10.1186/1471-2202-5-42

Trafimow, D., Amrhein, V., Areshenkoff, C. N., Barrera-Causil, C. J., Beh, E. J., Bilgiç, Y. K., Bono, R., Bradley, M. T., Briggs, W. M., Cepeda-Freyre, H. A., Chaigneau, S. E., Ciocca, D. R., Correa, J. C., Cousineau, D., de Boer, M. R., Dhar, S. S., Dolgov, I., Gómez-Benito, J., Grendar, M., ... Marmolejo-Ramos, F. (2018). Manipulating the alpha level cannot cure significance testing. *Frontiers in Psychology*, *9*, Article 699. https://doi.org/10.3389/fpsyg.2018.00699

Tuk, M. A., Trampe, D., & Warlop, L. (2011). Inhibitory spillover: Increased urination urgency facilitates impulse control in unrelated domains. *Psychological Science*, *22*(5), 627-633. https://doi.org/10.1177/0956797611404901

植田航平・益田佳卓・佐々木恭志郎・山田祐樹 (2023).「これからの『再現性問題』の話をしよう」『電子情報通信学会誌』*106*(4), 321-325.

Ueda, K., & Yamada, Y. (2023). ChatGPT is not an author, but then, who is eligible for authorship? *PsyArXiv*. https://psyarxiv.com/h5aj3/

Urban Dictionary (2012). *p*-hacking. https://www.urbandictionary.com/define.php?term=p-hacking

VanRullen, R. (2017). Perception science in the age of deep neural networks. *Frontiers in*

Psychology, *8*, Article 142. https://doi.org/10.3389/fpsyg.2017.00142

Vazire, S. (2020). A toast to the error detectors. *Nature*, *577*(7788), 9. https://doi.org/10.1038/d41586-019-03909-2

Velde, H. M., van Heteren, J. A. A., Smit, A. L., & Stegeman, I. (2021). Spin in published reports of tinnitus randomized controlled trials: Evidence of overinterpretation of results. *Frontiers in Neurology*, *12*, Article 693937. https://doi.org/10.3389/fneur.2021.693937

Visser, I., Bergmann, C., Byers-Heinlein, K., Dal Ben, R., Duch, W., Forbes, S., Franchin, L., Frank, M. C., Geraci, A., Hamlin, J. K., Kaldy, Z., Kulke, L., Laverty, C., Lew-Williams, C., Mateu, V., Mayor, J., Moreau, D., Nomikou, I., Schuwerk, T., ... Zettersten, M. (2022). Improving the generalizability of infant psychological research: The ManyBabies model. *Behavioral and Brain Sciences*, *45*, Article e35. https://doi.org/10.1017/S0140525X21000455

Vul, E., Harris, C., Winkielman, P., & Pashler, H. (2009). Puzzlingly high correlations in fMRI studies of emotion, personality, and social cognition. *Perspectives on Psychological Science*, *4*(3), 274-290. https://doi.org/10.1111/j.1745-6924.2009.01125.x

Wagenmakers, E.-J., Beek, T., Dijkhoff, L., Gronau, Q. F., Acosta, A., Adams, R. B., Albohn, D. N., Allard, E. S., Benning, S. D., Blouin-Hudon, E.-M., Bulnes, L. C., Caldwell, T. L., Calin-Jageman, R. J., Capaldi, C. A., Carfagno, N. S., Chasten, K. T., Cleeremans, A., Connell, L., DeCicco, J. M., ... Zwaan, R. A. (2016). Registered replication report: Strack, Martin, & Stepper (1988). *Perspectives on Psychological Science*, *11*(6), 917-928. https://doi.org/10.1177/1745691616674458

Wagenmakers, E.-J., Wetzels, R., Borsboom, D., van der Maas, H. L. J., & Kievit, R. A. (2012). An agenda for purely confirmatory research. *Perspectives on Psychological Science*, *7*(6), 632-638. https://doi.org/10.1177/1745691612463078

Wagge, J. R., Brandt, M. J., Lazarevic, L. B., Legate, N., Christopherson, C., Wiggins, B., & Grahe, J. E. (2019). Publishing research with undergraduate students via replication work: The Collaborative Replications and Education Project. *Frontiers in Psychology*, *10*, Article 247. https://doi.org/10.3389/fpsyg.2019.00247

Walker, D., & Vul, E. (2014). Hierarchical encoding makes individuals in a group seem more attractive. *Psychological Science*, *25*(1), 230-235. https://doi.org/10.1177/0956797613497969

Wang, K., Goldenberg, A., Dorison, C. A., Miller, J. K., Uusberg, A., Lerner, J. S., Gross, J. J., Agesin, B. B., Bernardo, M., Campos, O., Eudave, L., Grzech, K., Ozery, D. H., Jackson, E. A., Garcia, E. O. L., Drexler, S. M., Jurković, A. P., Rana, K., Wilson, J. P., ... Moshontz, H. (2021). A multi-country test of brief reappraisal interventions on emotions during the COVID-19 pandemic. *Nature Human Behaviour*, *5*(8), 1089-1110. https://doi.org/10.1038/s41562-021-01173-x

渡邊芳之 (1995).「心理学における構成概念と説明」『北海道医療大学看護福祉学部紀要』 *2*, 1-7. https://cir.nii.ac.jp/crid/1572261550942725760

Webster, M. A. (2011). Adaptation and visual coding. *Journal of Vision*, *11*(5), Article 3. https://doi.org/10.1167/11.5.3

Wikipedia (n.d.).「巡回セールスマン問題」https://ja.wikipedia.org/wiki/ 巡回セールスマン問題

Wolf, D., & Felger, B. (2019, April 3). *Developing successful laboratory teams: The next generation of adaptive team designs and development will be critical drivers of success for every lab*. Lab Manager. https://www.labmanager.com/big-picture/leading-team-to-success/developing-successful-laboratory-teams-1213

Wu, L., Wang, D., & Evans, J. A. (2019). Large teams develop and small teams disrupt science and technology. *Nature*, *566*(7744), 378-382. https://doi.org/10.1038/s41586-019-0941-9

Yahoo! ニュース・ウェブアーカイブ (n.d.).「心理学の研究結果，6 割以上が再現不可能 検証調査」Yahoo! ニュース，2015 年 8 月 28 日 https://web.archive.org/web/20150911195407/https:/news.yahoo.co.jp/pickup/6172381

Yamada, Y. (2015). Gender and age differences in visual perception of pattern randomness. *Science Postprint*, *1*(2), Article e00041. http://doi.org/10.14340/spp.2015.01A0002

山田祐樹 (2016).「認知心理学における再現可能性の認知心理学」『心理学評論』 *59*(1), 15-29. https://doi.org/10.24602/sjpr.59.1_15

Yamada, Y. (2018a). How to crack pre-registration: Toward transparent and open science. *Frontiers in Psychology*, *9*, Article 1831. https://doi.org/10.3389/fpsyg.2018.01831

Yamada, Y. (2018b, February 20).「プレスリリースがみんなにとってめんどくさいので作りました」note. https://note.com/momentumyy/n/n51cfb139df0c

山田祐樹 (2018).「自由を棄てて透明な心理学を掴む［こころの測り方］」『心理学ワールド』 *83*, 34-35. https://psych.or.jp/publication/world083/pw15/

Yamada, Y. (2019). Publish but perish regardless in Japan. *Nature Human Behaviour*, *3*(10), 1035. https://doi.org/10.1038/s41562-019-0729-9

山田祐樹 (2019).「未来はごく一部の人達の手の中 —— 研究者評価の歪みがもたらす心理学界全体の歪み」『心理学評論』 *62*(3), 296-303. https://doi.org/10.24602/sjpr.62.3_296

Yamada, Y. (2020a). Micropublishing during and after the COVID-19 era. *Collabra: Psychology*, *6*(1), Article 36. https://doi.org/10.1525/collabra.370

Yamada, Y. (2020b, December 25).「投稿（だ）した後にプレデタリジャーナルで気づいたときにやれる 10 のこと」note. https://note.com/momentumyy/n/n2cd7fcdc7145

Yamada, Y. (2021). How to protect the credibility of articles published in predatory journals.

Publications, 9(1), Article 4. https://doi.org/10.3390/publications9010004

山田祐樹 (2021).「『心理学の将来』の将来から見る心理学の将来」『認知科学』*28*(3), 419-423. https://doi.org/10.11225/cs.2021.023

山田祐樹 (2022a).「事前登録制度 —— 再現性問題を端緒とする信頼性改革」『科学』*92*(9), 796-800.

山田祐樹 (2022b).「捕食学術誌とのつきあい方」『心理学ワールド』*96*, 13-16. https://psych.or.jp/publication/world096/pw05/

Yamada, Y., Ariga, A., Miura, K., & Kawabe, T. (2010). Erroneous selection of a non-target item improves subsequent target identification in rapid serial visual presentations. *Advances in Cognitive Psychology, 6*(1), 35-46. https://doi.org/10.2478/v10053-008-0075-3

Yamada, Y., Blackburn, A. N., Chang, G., Han, H., Jeftic, A., & Vestergren, S. (2021, March 16). *Remarks on rapid, remote international collaborations under lockdown.* Research Data at Springer Nature. https://researchdata.springernature.com/posts/remarks-on-rapid-remote-international-collaborations-under-lockdown

Yamada, Y., Ćepulić, D.-B., Coll-Martín, T., Debove, S., Gautreau, G., Han, H., Rasmussen, J., Tran, T. P., Travaglino, G. A., COVIDiSTRESS Global Survey Consortium, & Lieberoth, A. (2021). COVIDiSTRESS Global Survey dataset on psychological and behavioural consequences of the COVID-19 outbreak. *Scientific Data, 8*(1), Article 3. https://doi.org/10.1038/s41597-020-00784-9

Yamada, Y., Kawabe, T., & Miura, K. (2008). Dynamic gaze cueing alters the perceived direction of apparent motion. *Psychologia, 51*(3), 206-213. https://doi.org/10.2117/psysoc.2008.206

Yamada, Y., Kawabe, T., & Miura, K. (2010). Representational momentum modulated by object spin. *The Japanese Journal of Psychonomic Science, 28*(2), 212-220. https://doi.org/10.14947/psychono.KJ00006393800

Yamada, Y., Kawabe, T., & Miyazaki, M. (2013). Pattern randomness aftereffect. *Scientific Reports, 3*, Article 2906. http://doi.org/10.1038/srep02906

山田祐樹・河邉隆寛・宮崎真 (2013).「パターンの乱雑さの残効」Scientific Reports「おすすめのコンテンツ」https://www.natureasia.com/ja-jp/srep/abstracts/49489

Yamada, Y., & Kawahara, J. (2005). Lag-1 sparing in the attentional blink with multiple RSVP streams. *The Japanese Journal of Psychonomic Science, 24*(1), 1-10. https://doi.org/10.14947/psychono.KJ00004348769

Yamada, Y., & Kawahara, J. (2007). Dividing attention between two different categories and locations in rapid serial visual presentations. *Perception & Psychophysics, 69*(7), 1218-1229. https://doi.org/10.3758/bf03193957

Yamada, Y., & Teixeira da Silva, J. A. (2022). A psychological perspective towards understanding the objective and subjective gray zones in predatory publishing. *Quality & Quantity*, *56*, 4075-4087. https://doi.org/10.1007/s11135-021-01307-3

Yamada, Y., & Teixeira da Silva, J. A. (2023). A measure to quantify predatory publishing is urgently needed. *Accountability in Research*, 1-3. https://doi.org/10.1080/08989621.2023.2186225

Yamada, Y., Xue, J., Li, P., Ruiz-Fernández, S., Özdoğru, A. A., Sarı, Ş., Cervera-Torres, S., Hinojosa, J. A., Montoro, P. R., AlShebli, B., Bolatov, A. K., McGeechan, G. J., Zloteanu, M., Razpurker-Apfeld, I., Samekin, A., Tal-Or, N., Tejada, J., Freitag, R., Khatin-Zadeh, O., Banaruee, H., Robin, N., Sanchez, G. B., Barrera-Causil, C. J., & Marmolejo-Ramos, F. (in revision). Where the 'bad' and the 'good' go: A multi-lab direct replication report of Casasanto (2009, Experiment 1).

Yarkoni, T. (2020). The generalizability crisis. *Behavioral and Brain Sciences*, *45*, Article e1. https://doi.org/10.1017/S0140525X20001685

Yonemitsu, F., Sung, Y., Naka, K., Yamada, Y., & Marmolejo-Ramos, F. (2017). Does weight lifting improve visual acuity? A replication of Gonzalo-Fonrodona and Porras (2013). *BMC Research Notes*, *10*(1), Article 362. https://doi.org/10.1186/s13104-017-2699-1

Yoshimura, N., Morimoto, K., Murai, M., Kihara, Y., Marmolejo-Ramos, F., Kubik, V., & Yamada, Y. (2021). Age of smile: A cross-cultural replication report of Ganel and Goodale (2018). *Journal of Cultural Cognitive Science*, *5*(1), 1-15. https://doi.org/10.1007/s41809-020-00072-3

Zaadnoordijk, L., Buckler, H., Cusack, R., Tsuji, S., & Bergmann, C. (2021). A global perspective on testing infants online: Introducing ManyBabies-AtHome. *Frontiers in Psychology*, *12*, Article 703234. https://doi.org/10.3389/fpsyg.2021.703234

Zhang, J., Chen, X., Gao, X., Yang, H., Zhen, Z., Li, Q., Lin, Y., & Zhao, X. (2017). Worldwide research productivity in the field of psychiatry. *International Journal of Mental Health Systems*, *11*, Article 20. https://doi.org/10.1186/s13033-017-0127-5

Zhang, Q., Masuda, Y., Toda, K., Ueda, K., & Yamada, Y. (2023). Is the past farther than the future? A registered replication and test of the time-expansion hypothesis based on the filling rate of duration. *Cortex*, *158*, 24-36. https://doi.org/10.1016/j.cortex.2022.10.005

Zwaan, R. A., Etz, A., Lucas, R. E., & Donnellan, M. B. (2017). Making replication mainstream. *Behavioral and Brain Sciences*, *41*, Article e120. https://doi.org/10.1017/S0140525X17001972

事項索引

人名索引

著者

山田 祐樹

2008 年，九州大学大学院人間環境学府博士後期課程修了，博士（心理学）

現在，九州大学基幹教育院准教授

主要著作：『認知心理学者が教える最適の学習法 —— ビジュアルガイドブック』（日本語版監修，東京書籍，2022 年），『日常と非日常からみる こころと脳の科学』（共編著，コロナ社，2017 年），Publish but perish regardless in Japan (*Nature Human Behaviour*, *3*, Article 1035，2019 年)，How to crack pre-registration: Toward transparent and open science (*Frontiers in Psychology*, *9*, Article 1831，2018 年)，Pattern randomness aftereffect（共著，*Scientific Reports*, *3*, Article 2906，2013 年）など。

心理学を遊撃する

再現性問題は恥だが役に立つ

2024 年 1 月 10 日　第 1 刷発行

著　者　　山 田 祐 樹

発行者　　櫻 井 堂 雄

発行所　　株式会社ちとせプレス
　　　　　〒 157-0062
　　　　　東京都世田谷区南烏山 5-20-9-203
　　　　　電話　03-4285-0214
　　　　　http://chitosepress.com

装　幀　　髙 林 昭 太

印刷・製本　大日本法令印刷株式会社